U0910645

陕西省社会科学基金项目（13W004）

陕西师范大学中央高校基本科研业务费专项资金项目

中国突发事件传播模式研究

滕　朋⊙著

中国社会科学出版社

图书在版编目(CIP)数据

中国突发事件传播模式研究／滕朋著．—北京：中国社会科学出版社，2016.6
ISBN 978－7－5161－8440－0

Ⅰ.①中… Ⅱ.①滕… Ⅲ.①突发事件—信息—传播—研究—中国
Ⅳ.①D631.4②G206

中国版本图书馆 CIP 数据核字(2016)第 138251 号

出 版 人　赵剑英
选题策划　刘　艳
责任编辑　刘　艳
责任校对　陈　晨
责任印制　戴　宽

出　　版　中国社会科学出版社
社　　址　北京鼓楼西大街甲 158 号
邮　　编　100720
网　　址　http://www.csspw.cn
发 行 部　010－84083685
门 市 部　010－84029450
经　　销　新华书店及其他书店

印　　刷　北京金瀑印刷有限责任公司
装　　订　廊坊市广阳区广增装订厂
版　　次　2016 年 6 月第 1 版
印　　次　2016 年 6 月第 1 次印刷

开　　本　710×1000　1/16
印　　张　13.5
插　　页　2
字　　数　239 千字
定　　价　52.00 元

序

滕朋2007年以其博士学位论文《从组织传播到大众传播——我国突发事件传播模式研究》高分通过答辩，获得华中科技大学优秀博士学位论文之称。现在，他的博士学位论文以《我国突发事件传播模式研究》的简明标题出版了。我仔细一读，比当年的博士学位论文更胜一筹。论文总的结构、主要观点都没有变，但新观点更多，论证更深入，而且收入了近3年的新事例、新材料。现在可以当之无愧地说，这本书是研究突发事件传播最有深度的一本著作。

在本书中，组织传播被界定为突发事件信息在政府组织内的传播；大众传播被界定为突发事件信息借助大众媒介向社会大众的公开传播。本书的主要部分，是论述我国突发事件所经历和呈现的5种模式，首先是突发事件的组织传播模式。它是封闭的传播，政府缺少与社会之间的信息交换。毫无疑问，仅以组织传播模式传播突发事件，无论观念上和实践效率上都是最落后的。它的观念说到底，是基于不相信人民群众，而认为群众是遇事即乱的群氓，并以避免人心惶惶，民心不稳为由，实则是害怕国内外人识破事件背后的政府或公共机构的无能、失职或其他责任。最理想的是大众传播模式，其特点在于：适应突发事件本身的规律；强化信息传播的概念；以公众为中心。它强调的是媒介、政府与社会的信息互动。

而在以上二者之间的是：先组织传播、后大众传播的“依次传播模式”；组织传播、大众传播并行的“并行传播模式”；宣传主导传播模式。这3种传播模式则是组织传播模式与大众传播模式之间的过渡类型，体现了突发事件报道中组织属性与社会属性的消长。

这三种模式，在过去几十年的新闻实践中使用最多，并且创造了许多不科学的概念甚至伪命题为之辩护。比如“时宜性”。新闻的发生，特别是突发事件的发生，是不以新闻人的意志为转移的，既然发生了就要服从新闻“及时性”规律，在第一时间报道，这就是通用世界的新闻规律。所谓“时宜性”，并不是按新闻规律报道新闻，而是为着一种并不能达到的目的去要弄新闻。

又如，“内紧外松”。新闻报道首先是及时，至于是紧是松，也是根据新闻本身决定的。对于重大突发事件，越是报道充分、透明，越是能安定人心。通过讲一些、藏一些的方式进行报道，导致留言满天飞，绝对达不到“外松”的目的，而且由于“外松”，失去问责的气氛，导致救灾缺乏应有的压力，最后“外松”导致“内松”。本书对这些多年来被反复玩弄的概念提出质疑，本人十分欣赏，并且认为，不解剖这些概念，还其伪科学的面目，突发事件的报道就很难得到改进。国务院早在处理“渤海二号”事故的决定中就指出：“一切重大事故均应及时如实报道，不得隐瞒和歪曲。”但是上述似是而非的说法，阻挡了“及时如实报道”的实现。

过去的那些不科学的报道模式之所以能长期存在，是因为我们对突发事件报道的思考只有一个参照系，就是如何减小和消除对突发事件报道的“负面影响”，以为报道得越少，负面影响越小，于是就采用各种能瞒多少就瞒多少的报道模式。

可是在民主社会中，思考这类问题还有一个更重要的参照系，就是要尊重和维护人民群众的知情权。国家发生什么事件，无论是自然的还是人为的，还是两种因素兼有的，都要原原本本地告诉人民大众，也只有这样，人民公仆们才能在社会主人的监督下更有效率地投入救灾和预防，才能及时地、最大限度地调动各种力量来解决问题。

组织传播模式以及种种过渡性质的模式，也许在极个别的情况下也能找到它存在的理由，但滕朋的研究表明，它们总体上都是不科学、不合理的，只有大众传播模式是理想的突发事件传播模式。但突发事件的大众传播模式的形成，绝非大众媒体自身可以完成的，这需要有着良好的外部环境以及相应的物质基础，在社会、政府、媒介三方的共同努力下，才会真正实现公共突发事件信息的透明与公开。

有必要提到，对突发事件遮遮掩掩，也是损害媒体公信力的行为。在网络传播高度发达的今天，在手机传播无所不在的情况下，组织传播模式和那几种遮遮掩掩的过渡模式越来越失去效能，只能使大众传播媒介本身受到越来越大的伤害。本人在美国和澳大利亚访学时，都看到校园里有一种电视台，播放许多国家的电视新闻节目，每个国家每天差不多半小时。

外国的电视新闻节目对突发事件报道很多，而且都放在前面，而中国电视新闻充满着“好事新闻”，很少有突发事件的报道，即使有也放在最后。这种安排使我们电视显示极浓的宣传味，也严重影响了我国媒体的公信力。大众媒介要参与破除组织传播壁垒，才能提高自己的公信力和影响力。

近几年，我国在这方面进步很快。一方面，新闻学界和业界都加强了这方面的研究，并在实践中做出了努力。另一方面，更重要的是，国家在保障公民的知情权、参与权、表达权、监督权上不断有所建树，特别是不断制定和完善这方面的法律、法规。《国家突发事件应急预案》规定：“事件发生的第一时间要向社会发布简要信息，随后发布初步核实情况、政府应对措施和公众防范措施等，并根据事件处置情况做好后续发布工作。”2005 年，民政部规定，因自然灾害导致的死亡人数不再是国家秘密。2010 年 2 月，《保守国家秘密法（修订草案）》规定，保密期限将最长不超过 30 年，有望结束目前保密工作中秘密“一定终身”的状况。这对于了解历史上发生的突发事件，将具有很大的意义。

最后想说一点，本人对滕朋的研究能力比较欣赏。2004 年，我招他这个刚毕业的硕士生作为自己的博士生，是因为从他的文章中、谈话中，看到他有适宜于做研究的潜质。他作这篇博士论文时，开动脑筋提炼观点，贴切地概括出这几种报道模式。他在证明论点搜集资料上，也舍得花精力和时间。他对每一个模式都有深入的案例研究。在研究“1959 年信阳饥荒的信息传播”这一个案时，就查阅和研究了相关县的县志，得出组织传播可能导致“组织不传播”的结论。他一毕业，刚走上陕西师范大学的教学岗位，就能以自报的题目获得国家社会科学基金，说明他的科研潜力比较大。本人希望他永不骄傲，奋斗不止，为我国新闻学的发展做出自己应有的贡献。

孙旭培

2010 年春于华中科技大学

目　录

第一章　绪论

2006年1月8日，国务院发布《国家突发公共事件总体应急预案》，预案对突发公共事件的概念与分类做出了界定：突发公共事件是指突然发生，造成或者可能造成重大人员伤亡、重大财产损失、重大生态环境破坏和对全国或者一个地区的经济社会稳定、政治安定构成重大威胁或损害，有重大社会影响的涉及公共安全的紧急事件。突发公共事件分为自然灾害、事故灾难、公共卫生事件、社会安全事件四类。

在国务院办公厅等部门出台的有关新闻报道规定中，“突发公共事件”常被称为“突发事件”①，如1994年的《关于国内突发事件对外报道工作的通知》，2004年的《关于改进和加强国内突发事件新闻发布工作的实施意见》等。突发公共事件与突发事件，“公共”两字差异值得玩味。突发事件本身就有公共性，这是其自然属性与社会属性所决定的，表现为突发事件对于社会环境、公众生活所产生的影响；但在既往，政府却更多强调了突发事件政治属性的一面：“要充分考虑事件的复杂性、敏感性和报道后在国内外可能产生的影响，并据此决定是否报道，如何报道以及报

---

① 在各省级应急预案中，对突发公共事件的报道还适用于中共中央办公厅、国务院办公厅的规定。如天津市应急预案规定：“对突发公共事件的新闻报道，要认真贯彻《中共中央办公厅、国务院办公厅关于进一步改进和加强国内突发事件新闻报道工作的通知》”；福建省应急预案规定：“各级人民政府要切实加强突发公共事件新闻报道的管理工作，按照《中共中央办公厅、国务院办公厅关于进一步改进和加强国内突发事件新闻报道工作的通知》（中办发〔2003〕22号）、《关于改进和加强国内突发事件新闻发布工作的实施意见》（国务院办公厅2004年2月27日印发）和《国务院办公厅关于进一步加强国内突发事件对外报道工作的通知》（国办发〔2001〕6号）的有关规定，掌握信息和新闻的主导权，做好突发公共事件新闻报道工作。新闻单位要增强大局意识、责任意识和纪律意识，做好舆论引导工作，减少负面影响，维护社会安定稳定。”因此，本书在用词上，选取“突发事件”而非突发公共事件，但在涉及有关突发公共事件政策、法规时，仍然沿用突发公共事件。

道范围等。"[①] 与应急预案关注的"事件影响"不同，报道规定将焦点聚于在"报道影响"，将突发事件报道更多置于政治框架之内。两种思路的转换值得思考，也为本书提供了研究视角。

SARS 期间，媒体"失语"引起新闻传播研究者的关注，国家应急预案的出台也引发对于大众媒体如何进行应急传播的讨论。在诸多研究中，学者多是批判传媒的不作为引起社会恐慌，并根据相关理论，从宏观论述指出传媒应该如何，但在微观层面，一些问题却无人回答：SARS 疫情中的媒体表现是特例，还是一贯如此？在不同类型的突发事件中，有没有其他报道的"模式"存在？这些模式是如何运行的？形成这些模式的原因是什么？突发事件报道如何改进？回答这些微观的、具体的问题，并力争提升突发事件报道的传播效果，是本研究的初衷。

第一节　研究动机

一　社会现实：突发事件高发[②]

近年来，中国每年因自然灾害、事故灾害、公共卫生事件和社会安全事件造成的人员伤亡逾百万，经济损失高达 6500 亿元，占中国 GDP 的 6%。[③] 我国在"十一五"期间仍将处于"突发性事件高发期"[④]，在过去的 2009 年，突发事件频繁发生。

2009 年，我国部分地区自然灾害十分严重，区域性极端暴雨、阶段性严重干旱、局地性强风飑线、高频次登陆台风和大范围雪灾给我国经济社会发展和人民生命财产安全带来严重影响。2009 年以来全国各类自然灾害共造成约 4.8 亿人（次）受灾，死亡和失踪 1528 人，紧急转移安置 709.9 万人（次）；农作物受灾面积 4721.4 万公顷，绝收面积 491.8 万公顷；倒塌房屋 83.8 万间；因灾造成直接经济损失 2523.7 亿元。

在生产安全方面，尽管 2009 年我国安全生产形势比 2008 年有所好

① 《国务院办公厅　中央宣传部　关于改进突发事件报道工作的通知》，1989 年 1 月 28 日。

② 本节内容的数据来自各相关部委网站，不再一一标出。

③ 数据来自公安部办公厅副主任王冀昆 2005 年 11 月参加中国首届城市应急联动系统建设高层论坛会议上发言。

④ 北京国际城市发展研究院院长连玉明语，引自阮煜琳《"十一五"时期中国仍处于突发性事件高发期》，中新网，2004 年 9 月 16 日。

转，生产安全事故总量、较大事故、重特大事故和伤亡人数同比较大幅度下降，但2009年1月至11月，全国发生各类事故33万4232起，死亡7万1283人。其中，较大事故发生1636起，死亡6414人。与此同时，矿难事故瞒报却屡禁不止，昭示了监管方面的制度缺陷。2009年全国安全生产工作会议国家煤矿安监局局长赵铁锤总结时就提出生产安全的“三多”：煤矿重特大事故多发、非法违法生产事故多发、瞒报事故多发。

2009年甲型H1N1流感在我国及全球广泛流行，是突发公共卫生事件中的标志性事件。整体来看，2009年卫生部共收到全国31个省、区、市报告的突发公共卫生事件2448起，报告病例23万余例，死亡1004人。2009年我国内地共报告重大事件11起，死亡657人；报告较大事件203起，死亡267人；报告一般事件2234起，死亡80人。无特别重大突发公共卫生事件报告。

社会安全事件中群体性事件是近年来的焦点。土地征收征用、城市建设拆迁、环境保护、企业重组改制和破产、涉法涉诉是引发群体性事件的主要原因。2008年群体性事件的数量及激烈程度都超过以往。社会结构不合理、贫富差距拉大、公平公正缺乏、民意表达渠道有限造成了社会关系长期处于紧绷状态，即使微小的社会冲突，也可能酝酿、爆发大规模的群体性事件，2008年的瓮安事件、2009年的石首事件就是典型案例。我国群体性事件的发展趋势可用四个上升来概括：“数量在上升、严重性在上升、影响力在上升、维稳的成本在大幅度上升。”①

在各级应急预案及《突发事件应对法》中，针对突发事件的类型、规模，都规定了相应的应急处理程序，传媒在应急预处理中担当信息发布的责任也被强调。尽管“第一时间”的规定较之以往有进步意义，但仍将媒介的地位置于突发事件之后，对于媒介在预警、危机教育以及舆论监督方面所担当的职责鲜有涉及。面对突发事件频发，有必要重新评估传媒在突发事件应急处理中的定位，强调突发事件传播的软实力。传媒应急角色的确定必须从突发事件规律、大众传播特点以及公众需求出发，科学地将突发事件传播融入应急系统。

---

① 汪玉凯：《群体性事件高发的原因和对策》，《时事报告》2009年第11期。

二　新闻实践：突发事件报道争议

长期以来，由于我国媒介政策以及媒介体制等原因，突发事件报道存在诸多缺陷，新闻报道遵循的更多是带有主观色彩的硬性规定，与突发事件的应急处理原则难以契合，尽管SARS之后，随着国家突发公共事件应急系统建设，在突发事件报道上，传媒拥有较宽松的活动空间，在传播时效、传播效果方面也取得了进步，但政府以及新闻从业人员对于突发事件报道的理念和实践都需要进一步改进。在突发事件报道错综复杂的关系中，政府与传媒的关系最为关键。长期以来，政府对于突发事件报道实行严格规制，对于报道时间、报道内容、报道模式、传播范围都有详尽的规定。随着社会发展以及媒介改革的进行，某些制度已经不再适应当下社会需求与传播环境，在突发事件报道上，传媒与政府之间时有摩擦。2006年，最能体现政府与传媒之间分歧的就是“桑美”台风报道。

2006年8月10日，“桑美”台风正面登陆福建，造成福建、浙江两省大量的人员伤亡和财物损失。在台风的报道上，也发生了另一起风暴，即“桑美”台风报道之争。尽管风暴中心是新华社浙江分社和福建官方媒体，但其背后是政府与传媒之间的矛盾。政府对突发事件的报道要求与媒介的报道形式和报道焦点之间的分野，是争论焦点所在。

台风发生后的8月13日，新华社浙江分社到福建福鼎沙埕镇龙安村采访，以内参的形式反映了福建省应急措施不足和人员死亡状况。2006年8月19日《福建日报》刊登《福建省委书记批评有媒体对台风灾情报道不实》，内容中有福建省省委领导认为，“某些媒体，包括外省的新闻记者到受灾地区，道听途说，做了许多不实报道，网上也大肆炒作”。随后自8月20日到24日，由福建省委宣传部主管、福建省人民政府新闻办公室主办的福建东南新闻网，以“网友”名义刊登了《“桑美”风灾：拷问媒体良心》、《天灾已走远，莫为人祸所击倒》、《关于桑美台风之后的台风》等三篇文章，矛头直指新华社浙江分社。8月26日，新华网随即发表了《为了新闻工作者的良知——“桑美”台风报道一线采访手记》，署名为新华社浙江分社的4名记者，对于福建媒体的指责一一回应。3天之后的8月29日，福建日报社下属《海峡都市报》，发表了《福建记者赴桑美灾区采访　见闻有所不同》，针对新华社的《采访手记》逐条批驳。①

桑美台风报道争议中有以下几个问题值得进一步说明与思考。

（1）报道内容：台风报道应该报道什么内容？按照福建媒体的观点，“我们的舆论，有些还是主流媒体，包括外省的新闻记者到受灾地区，对灾区群众互帮互助的动人情景、对解放军武警官兵抢险救灾的感人事迹、对当地党委政府组织重建家园的积极作为视而不见、置若罔闻”。福建媒体认为救灾重建应该是台风报道的重点所在；而新华社浙江分社的报道恐怕没有将这样的内容构成新闻主体，更多展现的是灾情。从两方分歧来看，突发事件报道能不能“揭丑”？能不能报灾？

（2）内参报道：新华社浙江分社将灾情以内参——不公开的方式进行传播，仍然引起福建省省委的不满，那么内参在灾难报道中起到什么样的作用？

（3）报道程序：新闻记者进行突发事件采访，应该遵循什么样的工作程序？福建省媒体指责新华社浙江分社“不与当地党委政府联系，道听途说，一味夸大灾情”。而新华社浙江分社则认为依靠群众采访本身没有什么问题。

总而言之，从现有资料来看，福建省媒体认为自然灾害报道应该遵循某种模式，在这种报道模式中，必须做到重点突出，详略分明。那么这种模式究竟是什么？为什么会形成这种模式？在其他类型的突发事件中有没有其他模式存在？本研究将是对以上问题的阐释和回答。

第二节 文献综述

一 突发事件中的媒介作用

在突发事件中，大众媒介扮演最重要角色就是提供信息，是灾难发生前或发生后形成公众认知的重要信息来源，在灾难发生各个阶段皆发挥传播信息的重要作用，可分为告知（awareness）、预报（prediction）、影响（impact）与后果（aftermath）等。童兵通过分析 SARS 中的传媒表现，将

---

① 本书关于“桑美”台风以及“桑美”台风报道争议的相关细节，引自《青年周末》、《南风窗》、《第一财经日报》以及新华网和福建东南新闻网的相关新闻与评论，不再一一标注。

媒介在突发公共事件中的作用分为“告知、沟通、警示、教化”[①]。媒体为公众及时提供有用且真实的信息是媒体最主要的作用，其传播内容影响公众的态度及其行为。

在媒介实践中，媒介作用呈现正、负两个方面，正面作用表现在：（1）发现危机征兆；（2）满足信息需求；（3）引导公众情绪；（4）影响政府决策；（5）塑造政府形象等。[②] 罗伯特·希斯认为媒介在危机发生时也有积极的作用：[③]（1）提供信息，指导公众在不同的危机情境中的行动；（2）增强公众的危机意识；（3）危机发生时警示公众；（4）提醒企业留意他们的利益攸关者的心情和情绪；（5）提供有关做什么、去哪里、联系谁及采取什么措施的信息以控制并解决危机；（6）为危机管理者提供信息。媒介在危机中的负面作用也是明显的：“由于新闻报道的时效性与突发公共事件的正在发生性，新闻事实与客观事实的偏差也无法避免。当这种偏差过大时，就会产生新闻传播负效果。”[④] 媒介往往被视为“社会公共利益和主流价值的代言人，因而媒介在危机中总以‘合法挑战者’的身份出现，其结果会造成舆论的聚合与偏颇”[⑤]。

媒体报道有时与社会要求和公众期待并不相符。辛格（Singer）和恩德雷尼（Endreny）对于15种媒体对灾难报道进行内容分析，发现：（1）媒体通常不会在某一灾难事件发生前报道有关的预警消息，灾难发生后相关报道量往往在短时间内大幅减少，表示媒体通常不太关注灾难引发的安全问题是否已彻底解决；（2）将近一半的灾难报道没有涉及有关灾难的指责与责任，而指责的形式则与灾难的类型有关；（3）灾难报道引用最多的消息来源是政府官员。[⑥] 有研究者用“失语、失真、失度”[⑦] 批评SARS期间的媒体表现。王轩用实证的方法分析上海地区后SARS时期媒

---

① 童兵：《非典时期新闻传媒的角色审视》，《现代传播》2003年第5期。

② 宫秀川：《国际上现代传媒在社会危机管理中的作用》，《哈尔滨市委党校学报》2004年第1期。

③ ［澳］罗伯特·希斯：《危机管理》，王成、宋炳辉、金瑛译，中信出版社2004年版。

④ 胡钰：《我国新闻传播负效应》，《清华大学学报》（哲学社会科学版）1998年第2期。

⑤ 胡百精：《危机传播管理》，中国传媒出版社版2005年版，第165页。

⑥ Singer, E. & Endreny, P. M., *Reporting on Risk: How the Mass Media Portray Accidents, Diseases, Disasters, and Other Hazards*, New York: Russell Sage Foundation, 1993.

⑦ 黄旦、严风华、倪娜：《全世界在观看——从传播学角度看“非典”报道》，《新闻记者》2003年第6期。

体与社会组织互动时发现，媒体对于引导大众回归的作用并不明显。[①] 柯惠新等分析两岸三地对于台湾“9·21”地震的报道，发现三地媒体在危机沟通的“搜集事实真相”与“尽快披露”上整体表现不错，但报道的“事实真相”却各有所偏重。大陆媒体偏重于提供“灾情”和“原因与影响”；香港媒体则对灾情细节与受灾者较为关注；而台湾因系灾难发生地，对“慰问与救灾”最为重视。[②]

二　我国突发事件报道特点

我国对于突发事件报道的研究由来已久，常以“灾害报道研究”、“灾难报道研究”为题，从不同的角度诠释了我国突发事件媒体报道的特点与演变。王中总结灾难报道的特点为，灾难不是新闻，抗灾救灾才是新闻。孙发友认为，“以20世纪80年代初为界分为前后两个阶段。前阶段灾害报道的主要特点是以‘人’为本位，追求的是一种教化层面的意义，后阶段转向以‘事’为本位，追求的是一种信息层面的价值”[③]。沈正赋认为，20世纪80年代以前灾难新闻的报道模式为“轻描淡写的灾情”+“党和毛主席的关怀”+“灾区人民的决心”。20世纪80年代以后，媒体灾难新闻报道有了进步，表现为：报道导向正确，报道质量和时效性明显改进；要求积极影响和引导国际舆论；建立了比较健全的应对突发事件的组织体系。[④]

刘一平认为，20世纪90年代的灾难报道机制主要有：“有利大局，维护形象；宁慢勿抢，准确第一；对报道范围的规定；分阶段发稿；内外有别；统一口径；要守纪律，把握好度。”最后作者认为，中国灾难事件报道机制和灾难报道运作方式，试图共同建立起“多种媒介，一种声音”的一种超稳定的传播秩序，在闭关锁国的环境里，这种稳定性或许有得以实现的可能，但在“全球村”的背景下，这种稳定性越来越受到来自互

---

① 王轩：《危机传播：后SARS时期上海市民危机意识受众行为组织行为分析评估课题研究报告》，传媒学术网（www. mediachina. net），2004年2月6日。

② 柯惠新、刘来、朱川燕、陈洲、南隽：《两岸三地报纸灾难事件报道研究——以台湾921地震报道为例》，《新闻学研究》2004年总第85期。

③ 孙发友：《从“人本位”到“事本位”——我国灾害报道观念变化分析》，《现代传播》2001年第2期。

④ 参见沈正赋《灾难新闻报道方法及对受众知情权的影响》，《新闻大学》2002年夏季号。

联网的挑战与冲击。[①] 王承再认为，当今对于灾难新闻报道的阻碍因素主要有：个人和小集团利益的阻碍；“地方利益”的阻碍；“国家利益”的阻碍。[②] 在政治因素的影响下，媒体通常在突发事件报道中“转换策略”：反弹琵琶——找闪光点；[③] 运用“成就语言”[④]；“丧事喜报”和报道的“主体游离”[⑤]。

博士论文所作相关研究有 5 篇。[⑥] 分别是中国人民大学 2001 年邓利平的《负面新闻信息传播的多维视野》；中国社会科学院 2004 年高世屹的《政府危机管理的传播学研究》；复旦大学 2004 年赵士林的《论中国媒体的危机报道》；复旦大学 2005 年田中初的《当代中国灾难新闻研究——以新闻实践中的政治控制为视角》以及人民大学 2005 年钟新的《危机传播研究——信息流及噪音分析》。

邓利平将自然灾害、生态破坏、意外事故、犯罪活动、法律之外的丑陋现象定位于“负面新闻”展开研究，运用多学科原理深入探讨负面新闻信息传播的历史与政治影响、伦理道德、大众审美间的关系，论文涉及负面新闻信息的内涵、特征与传播功能。高世屹的论文从危机与危机管理的基本概念入手，从危机的不同时期论述了大众媒体在政府危机管理中的地位和作用，提出了政府、媒体、公众的“三者互动模型”。在政府危机管理中，政府是信息发布的主导，公众是信息需求的主体，媒体介于政府和公众之间是危机信息传播的核心。赵士林的论文以国家—社会理论为框架，分析了在总体性社会和分化性社会两个阶段，政治控制和专业控制在灾难新闻报道中的不同呈现，并继而提出政府和媒体合作是应对灾难的必然选择。田中初的论文系统总结了当前中国媒体危机报道的成败得失、经验教训，并从历史的角度阐述了中国危机报道的发展历程以及推动因素。钟新的论文则从信息流的角度分析危机传播，对于公共危机中出现在政

---

① 参见刘一平《试论九十年代中国灾难报道机制》，《新闻大学》2001 年春季号。

② 参见王再承《灾难新闻的阻碍因素及开放性》，《当代传播》2003 年第 5 期。

③ 参见向淑君《新闻报道负面效果管窥》，《广播电视大学学报》（哲学社会科学版）2000 年第 2 期。

④ 参见曹石《灾害报道与“成就语言”》，《中国记者》2000 年第 5 期。

⑤ 参见王长潇《传媒在灾难性报道中的“美化”现象及成因分析》，《报刊之友》2003 年第 2 期。

⑥ 检索数据库包括 CNKI 博硕士论文数据库和国家图书馆学位论文库。检索结果可能仍有欠缺，但能够反映出博士论文涉及该主题的状况，论文提交年代以数据库标识为准。

府、媒体、知识分子以及公众身上的噪音作了分析，论文最后强调了公共危机中政府的组织者和领导者身份。

三　文献评价

综合以上文献，作者认为突发事件报道的研究尚存探讨空间。

（1）我国突发事件的复杂与微妙没有得到充分的认知，政府与媒体关系这一焦点没有被重视甚至在一定程度上被模糊处理，导致研究浮于表面或失之偏颇，完全归因于媒体或者直接套用国外的一些模式，对于我国突发事件报道的改进没有多大意义。

（2）相当一部分研究模糊了一般企业组织与政府组织的差异，由此导致将研究的基点置于组织利益之上，忽视了公共利益的取向。以此思路，公共关系的视角被较多地引入突发事件应急中，政府组织的利益、形象被过分地强调，导致一些分析有失偏颇；在研究中，诸多公共关系的处理技巧被过多引用，事实上，组织性质的差异决定了处理方式会有根本的不同，在国外，20 世纪 60 年代到 80 年代危机处理形成了企业危机管理和公共危机管理两个既独立发展又相互融合的学科分支，双方对于各自的原则界限有着清晰的认知，但在我国现有研究中，两者边界模糊。

（3）媒体价值没有充分体现。媒体在突发事件发生的各个阶段能够产生积极的作用，诸多学者强调了媒体事后的应急作用，对于媒体在突发事件其他环节的作用没有充分论证。媒体的提前介入能够降低突发事件的影响范围，甚至避免公共危机的产生，但在此方面，研究者没有做出有说服力的论证。

（4）突发事件的类型没有完全被涵盖。众多研究主题聚焦于自然灾害、安全事故与公共卫生事件，几乎所有新闻传播领域的研究都没有涉及突发社会事件，包括金融危机、群体事件、恐怖袭击等，此类研究对象的缺失是新闻理论研究的硬伤。

本项研究旨在克服以上几方面的缺陷，选取组织传播、大众传播的概念支撑起本书的研究框架，能够展现突发事件传播中矛盾的焦点所在；利用量化、质化的方法使研究更具针对性；从微观展现突发事件传播中的矛盾与冲突，说明我国突发事件报道从组织传播走向大众传播的规律性和必然性。

第三节 理论框架与研究问题

一 理论框架

理论不外乎是在多个概念之间用逻辑来构建关系的陈述。本研究引入传播学中的两个重要概念——组织传播与大众传播，对突发事件的传播模式进行分析，厘清突发事件传播的发展脉络。我国媒体具有组织属性、组织作用。① 大众媒体被认为是宣传事业的一部分，同时也是政治传播渠道的组成部分，我国以党报为核心的新闻系统体现了政党组织传播的特征，而新闻改革的过程体现组织传播向大众传播的演进脉络。② 用组织传播、大众传播概念分析我国新闻事业有着针对性与适用性。

在本书中，组织传播被界定为突发事件信息在政府组织内的传播；大众传播被界定为突发事件信息借助大众媒体向社会大众的公开传播。随着社会自主性增加，封闭式的组织传播与应急处理规律、公众需求难以匹配；改革开放30多年来，随着政治经济体制改革及新闻改革的全面推进，在突发事件报道上，大众媒体无论是报道时效、报道形式、报道内容都有着明显的改进，更多显示了"社会性"、"公众性"的一面。政治文明进程渐次明晰了政府与媒体的界限，新闻报道的透明度在不断增加。但媒介现实仍然十分复杂与微妙，传统的组织传播"思维模式"仍然在突发事件报道中时有表现，组织传播对大众传播仍有着强烈的影响与渗透。总体来看，突发事件传播有着从组织传播向大众传播的发展趋势，但开放度在不同类型的突发事件中存在差异。

从组织传播、大众传播的概念出发解读突发事件的新闻报道，通过大量传播实践分析，可以发现在突发事件传播中，组织传播与大众传播之间有替换、部分取代、渗透三种关系。基于此，本研究建立5种突发事件传播模式分析复杂的传播现象，包括：突发事件的组织传播模式；先组织传播、后大众传播的（依次）传播模式；组织传播、大众传播并行的（并行）传播模式；宣传主导传播模式；大众传播模式。其中组织传播模式

---

① 甘惜分：《新闻理论基础》，中国人民大学出版社1982年版。

② 参见弭海玲《从组织传播彻底转变为大众传播——关于新闻改革的一点思考》，《学海》1992年第4期；魏永征：《论组织传播》，《新闻大学》1997年秋季号；黄旦：《中国百年新闻思想主潮论》，博士学位论文，复旦大学，1998年。

是封闭的传播，政府缺少与社会之间的信息交换；大众传播模式强调的是媒介、政府与社会的信息互动，是一种理想传播状态；依次传播模式、并行传播模式、宣传主导传播模式则是位列两者间的过渡模式，体现了突发事件报道中组织属性与社会属性的消长。

二　研究重点

突发事件报道历来为政府和社会所重视，其原因在于突发事件报道所蕴含的政治意义及社会价值。传统的新闻理论认为，突发事件的报道隐含对国家形象、政党形象以及社会运行秩序的侵害，新闻传播效果会影响国家安全、社会稳定，因此，对于社会管理者来说，更为看重突发事件的“消极影响”，将突发事件报道严格控制甚至列入保密范围是新中国成立初期各级政府的通常做法。随着改革开放的进行，既有突发事件传播方式无论从理论层面还是实践层面都难以维系，尤其是 2003 年 SARS 时期，媒体公信力受到诸多的质疑，有学者用“从失语到喧哗”概括媒体的“非典”表现。

从 2003 年以来相关论文发表量可以看出，突发事件传播成为学术焦点与学术热点，但相关研究中还有诸多欠缺：新闻专业的研究者将目光放到新闻的公开与发布上，通过公共关系视角来审视并提出突发事件的传播技巧；更有学者完全克隆企业组织“危机传播”的原则来指导政府如何控制媒体活动，这与政府公共组织属性以及突发事件公共性原则相悖。提升现有突发事件报道水平的关键，是厘清政府与媒体在其中应该担当的角色，清晰界定各自界限。本书借助组织传播与大众传播概念，呈现突发事件报道中组织传播对大众传播的限制与影响，展现政府与媒体的交错关系，在此基础上，提出突发事件传播应淡化“政治框架”，回归在应急系统之内，建立以信息传播为核心的突发事件传播模式。

第四节　研究方法

本书以理论构建为目的，以质、量结合的研究方法来验证理论，对于突发事件的演化规律作了揭示与解读，对于如何利用媒介应对突发事件的发生作出展望。本书具体采用的方法包括文献研究、个案研究、内容分析以及新闻框架分析。

一　文献研究

文献研究法就是对文献进行查阅、分析、整理并力图寻找事物本质属性的一种研究方法。广义的文献研究法既包括定性研究，又包括定量研究。狭义的文献研究法仅仅指定性研究。本研究中的文献研究方法以定性为主，辅以量化研究，在文献研究中对于文献的性质、特征和属性做出描述和分析，并揭示其逻辑关系，在此基础上，结合定量的数据，进行趋势分析、比较分析和意向分析。

本书所涉及的文献包括著作、文件、法规、新闻报道等，从中分类、归纳、比对能够发现我国突发事件报道的特征以及演变规律，并在此基础上提出可行的前瞻性结论。从研究目的出发，研究过程中注重记者采访手记、采访随感以及采写经验等文献的搜集与分析，从中发现影响突发事件传播的深层因素。

二　个案研究

个案研究是常见的质化研究方法。个案研究使用大量的资料来源，尽可能系统化地研究个人、组织或者事件。“当研究者需要了解或是解释某一现象时，便会使用个案研究。”① 以事件为研究对象的个案研究，关键是多重资料占有，能够从多维度将事件全貌还原与定位，有助于研究者厘清事件发展逻辑、说明事件发生原因。个案研究通常的步骤是收集资料、资料分析以及撰写报告。

本书运用个案研究法考察1959年河南信阳地区灾荒信息的传播，试图回答灾荒信息传播中断以及不公开的原因。1959年信阳灾荒是“三年自然灾害”期间“信阳事件”的前期表现，对于1959年信阳灾荒的研究能够发现非自然因素是发生大量非正常死亡的主因。鉴于事件的复杂性，本书在搜集资料时，强调以下资料的占有：①地方志。源据原始材料是地方志撰写的特点及其价值所在。本书收集了1959年信阳专区下属各县县志，从而勾勒出信阳饥荒的原貌。②档案。档案是由机关和个人在社会实

---

① ［美］维曼、多米尼克：《大众媒体研究导论》，黄振家译，亚洲汤姆生国际出版有限公司2000年版，第167页。

践活动中直接形成的记录，即历史的原始记录，原始性是其基本特点，[①] 本书获取有关 1959 年信阳饥荒信息传播的几个关键档案，为结论产生提供重要依据。（3）当事人言行。这是本书最为关键的资料部分，本书放弃了当下研究中对于“信阳事件”的结论性论述，着重收集了当事者自己对于事件的认识，这部分资料主要从回忆性文章以及他人著述中得到。

三　内容分析

贝雷尔森将内容分析定义为是针对传播的明显内容进行客观、系统、定量描述的一种研究方法。霍尔斯蒂（Holsti）认为内容分析在实施时必须注意下列几项原则：（1）客观性（objective），重视研究过程中所进行的每一个步骤，都需要依照一定规则与程序来进行；（2）系统性（systematic），指出内容和类目的取舍，须符合前后一致的原则；（3）普遍性（generality），强调研究发现必须与理论相关联，如果只是纯粹的描述分析内容，而无法与数据之其他属性或传播者、接收者之特征联结的研究，则其价值甚低。[②] 在大众传播的研究中，内容分析是单独方法运用频率最高的。内容分析是基于测量变数所发展的一种系统、客观和定量的工具。相对于其他方法，内容分析有经济、安全、超越时空、非亲身访查等优点。[③]

内容分析研究目的有 5 个：描述传播内容；检定信息特性假设；评估社会特定团体形象；对真实世界与内容分析比较；建立媒介效果研究的起点。[④] 本书分析我国突发事件传播的变迁与形式，采用内容分析法目的为：（1）描述同一类型突发事件报道在多个时间点的异同；（2）描述多个媒体进行突发事件报道在同一时间点的特性；（3）将突发事件报道内容与被报道的社会现实相比较，发现其问题所在。

四　新闻框架分析

“框架”的概念最早由戈夫曼（Goffman）提出，他认为“框架”有

---

① 倪代川：《论档案的史料价值》，光明网 2006 年 9 月 16 日。

② 参见 Holsti, O. R, *Content Analysis for the Social Sciences and Humanities*, Reading , Mass: Addison - Wesley, 1969。

③ 王石番：《传播内容分析法——理论与实证》，幼狮文化事业公司 1989 年版，第 20 页。

④ ［美］维曼、多米尼克：《大众媒体研究导论》，黄振家译，亚洲汤姆生国际出版有限公司 2000 年版，第 182—186 页。

助于对社会交往活动进行定位、感知、认识和分类，并给符号与社会交往赋予意义。[①] 20世纪80年代早期，框架理论被运用于大众传媒研究，弗里德兰（Friedland）和钟（Zhong）认为，新闻框架是一种意义建构的活动。新闻报道就是一种选择部分事实以及主观的重组这些社会事实的过程。[②] 恩特曼（Entman）则认为，框架在本质上包含了选择（selection）和凸显（salience）作用，"框架"某件事就是去选择部分事实，透过对问题意义的定义、解读、道德评估、处理建议等方式，让这部分事实在文本中更加凸显出来。[③] 藏国仁认为，新闻框架是新闻媒介或新闻工作者对事件的主观解释与思考架构，新闻框架可以定义为新闻工作中建构"真实"概念。[④] 潘忠党总结诸多论述，将新闻框架分析基本理论观点归为：（1）意义在传播过程中得到建构；（2）传播活动是使用表达载体的社会行动，构成一个社会的符号生产领域；（3）传播活动具体存在，并受外部环境影响；（4）特定组织和团体导致认知和话语的组织原则形成。对于受众而言，新闻框架能够改变公众对有矛盾、有争议问题的态度。[⑤]

总结可知，新闻框架是在新闻从业人员与外部环境互动之中产生的；新闻框架的运用目的是为了构建意义；新闻框架是新闻工作者用来组织新闻事实的原则和手段；新闻框架能够左右受众对于新闻事实的理解。

本书运用新闻框架研究《人民日报》抗洪救灾报道。洪灾的发生，是对社会大众生命、财产的侵害，具有危险性；但从洪灾新闻阅读中，受众体会到的却是安全与和谐。那么在洪水报道中，究竟存在了什么样的框架，将"危险"的事实构建出"安全"的意义？使用什么样的原则与手段，政府通过大众传媒实现了将"危险"进行正面宣传的目的。选取《人民日报》1991年、1998年、2003年的洪灾报道为研究对象，结合量

---

① 参见Goffman, E., *Frame Analysis: An Essay on the Organization of Experience*, New York: Harper and Row, 1974。

② 参见Friedland, L. A. & Zhong, M., International TV Coverage of Beijing: A Comparative Approach, *Journalism & Mass Communication Monographs*, No. 156, 1996。

③ Entman, R. M., Framing: Toward Clarification of a Fractured Paradigm, *Journal of Communication*, 43 (4) 1993: 51-58.

④ 参见藏国仁《新闻媒体与消息来源——媒介框架与真实建构之论述》，（台北）三民书局1999年版，第52页。

⑤ 参见潘忠党《架构分析：一个亟需理论澄清的领域》，《传播与社会学刊》2006年第1期。

化分析，勾勒出《人民日报》对于洪水报道的基本框架。在此基础上，从微观展现出媒体如何构建“意义”？危险洪灾如何进行正面宣传？

本研究的困难主要在两方面。

（1）资料获取的困难。突发事件在1948年之前是被限制到组织内的封闭传播，有些甚至被列入保密范围。目前我国信息公开制度建设仍不完善，相关文件、档案获取不易，组织传播、内参传播有关资料有所欠缺，与之相关的内容只能通过回忆录、相关著作、现有公开文献的片断汇集来加以弥补。

（2）突发事件传播演变的复杂性。突发事件传播的演变虽然从总体上遵循“开放”的规律，但其表现并不是一种单一的线性发展。组织传播模式至今仍有偶发——封闭的组织传播在突发事件中仍会显现；各种模式之间有着一定的交叉，在同一突发事件中，可能会有几种传播模式出现。现实的复杂性给本研究带来一定困难。

第二章　我国突发事件传播的开放过程

我国突发事件传播的开放与改革开放同步，体现出国家管理的透明化以及法治化进程。对突发事件传播的开放不能进行简单地归因，必须置于国内社会环境和国际交往格局的变化之中，只有这样才能从多维度反映突发事件传播的演进路径。我国突发事件报道的变迁有着复杂性，开放度在各类型突发事件中有所不同，开放的过程也体现出偶发性与时滞性的特点。从组织传播、大众传播的概念来解读突发事件报道更利于展现这种复杂性，通过具体、实证的分析，发现在突发事件报道中组织传播对于大众传播有替换、部分取代以及渗透三种关系，在此基础之上形成了突发事件传播的组织传播模式、依次传播模式、并行传播模式以及宣传主导模式。

第一节　突发事件报道的演化

考察我国突发事件报道的演化进程十分必要，结合具体突发事件报道、国内外环境，对既有制度进行梳理，能够发现在突发事件报道演化进程中，政府、传媒、社会之间的互动，同时也展现出政府对突发事件报道管理思路的变化。总而言之，我国突发事件报道管理是从笼统到具体，从单一目的到多重考量，从强调政治立场到强调应急管理的变化过程。

一　1948 年：灾害报道不能客观主义

考察新中国突发事件报道进程须从 1948 年开始。1948 年 10 月 10 日《人民日报》发表了《全区人民团结斗争，战胜灾害》长篇报道，稿件虽以战胜灾害为题，但新闻内容以列举灾情为主；在灾荒原因方面，新闻将其归因于“长期战争”以及土改政策过“左”。针对这两个问题，中宣部对《人民日报》的这篇报道做出批判，认为该报道是客观主义的表现。

在报道灾情方面，中宣部认为灾情过多缺乏鼓舞：

> 华北全区今年秋收既然平均有七成，我们就应当着重从积极方面宣传这是战胜灾荒的巨大成绩，指出好的经验教训，同时批评救灾工作中的缺点，以鼓舞干部和人民继续努力，“把生产提高一寸”。但是这篇新闻却没有或很少有这种鼓舞力量，……忽视积极的鼓舞乃是我们宣传工作中所不许可的客观主义倾向的一种表现。①

而在灾荒原因分析方面，中宣部认为报道对灾情归因缺乏“政治立场”：

> 三种灾荒，每一种的第一项原因都是“长期战争”。……在这里对于我们今天所全力进行的，具有决定一切意义的战争是表现什么立场呢？……战争有各种各样的方面，但是这里完全看不到各种分析，看到的只是战争的罪恶——此外还加上土改的罪恶。……我们能得到什么结论呢？我们必须要求停止战争，或承认在战争中生产自救是不可能的。……这只能从我们宣传工作中所存在的某种客观主义倾向来解释。②

反对客观主义是灾害报道的基本原则，客观主义的报道方式追求的是“纯客观”，认为新闻报道不能有一丝一毫的主观色彩，完全站在“不偏不倚，不党不私”的立场上。③ 这与我国在延安时期确立的党性原则不符，党性原则认为客观主义新闻观是资产阶级报道观，与新闻党性中所提倡的“把尊重事实与革命立场结合起来”④ 不符。1948 年 10 月 13 日，《中宣部对〈人民日报〉发表〈全区人民团结斗争，战胜灾害〉新闻错误指示》就已基本确立了我国突发事件报道的标准：（1）不能列举灾情；

---

① 《中宣部对〈人民日报〉发表〈全区人民团结斗争，战胜灾害〉新闻错误指示》，中国社科院新闻研究所编：《中国共产党新闻工作文件汇编》（上卷），新华出版社 1980 年版，第 203—204 页。

② 同上。

③ 刘建明：《宏观新闻学》，中国人民大学出版社 1991 年版，第 74 页。

④ 陆定一：《我们对于新闻学的基本观点》，《解放日报》1943 年 9 月 1 日。

（2）着重报道成绩；（3）以鼓舞为报道目的；（4）报道要有立场；（5）报道要进行深入分析。以上几条原则是新闻报道不能客观主义的具体化，由此奠定了新中国成立以后的灾害报道风格，至少在1978年之前，灾害报道的制度只是上述标准的演化。

二 1950年：救灾应即转入成绩与经验报道

1950年，《解放日报》刊登《皖北生产救灾工作报告》，报道内容有："灾区达二十余县，灾民达八百万人，因灾民一般的吃些野菜、草根、麦苗、树皮……有劝妻改嫁，卖儿女，也有把儿女抛入河内的，也有饿疯的。"新闻总署认为这种报道把个别特殊的例子夸大为一般现象，片面地、孤立地宣传灾情的严重性，而没有和实际救灾工作相结合，这是客观主义倾向的表现。因而，"各地对救灾工作的报道，现应即转入救灾成绩与经验方面。一般地不要再着重报道灾情"。

与1948年中宣部的指示相比，1950年的规定更为明确与具体。较之事实与立场相联系的规定，此时强调新闻事实的选择是救灾成绩与经验，灾情不是重点，"即"字强调了新闻事实转换的时间点。另一个重要信息是，1953年7月，中共中央《关于新华社记者采写内部参考资料的规定》中，内部参考的报道范围就包括"各地自然灾害的详细情况和反革命分子活动情况"。公开报道和内部参考的分工从此确立，公开报道报道成绩与经验，内参则报道灾情与问题。

新中国成立初期，正是各项制度建立的时期，新闻体制变迁的主题也由承接、过渡转变为建立与完善。在报业结构方面，1952年后实现了"凡报纸皆党报的一统局面"①。1956年三大改造完成后，"新闻业从此被纳入计划经济的轨道，新闻传播被归入组织传播系统中，党性原则成为新闻理论与实践的主流话语"②。在强调党报与党绝对一致的基本思想之下，在"救灾应即转入成绩与经验报道"以及内参报道、公开报道分割的基本思路下，其他突发事件也采取不公开报道或者以正面报道的处理方式，比较有代表性的是1960年的《为了六十一个阶级兄弟》，以现在的眼光

---

① 孙旭培：《解放初期对旧新闻事业的接收和改造》，《新闻与传播研究》1988年第3期。

② 单波：《20世纪中国新闻学与传播学·应用新闻学卷》，复旦大学出版社2001年版，第161页。

来看，这是一起人为的集体中毒事件。平陆当地报纸的记者当时最先得悉此事，但请示县委后，有关领导指示不许报道，《晋南地区报》和《山西日报》同样不作任何报道。而《中国青年报》却将其处理为社会主义社会“一方有难，八方相助”颂歌，但事件的起因（投毒）根本没有涉及。①

1957年之后的报道充满了政治诉求，尽管在20世纪60年代初期社会秩序有短暂的恢复，但连续的政治运动使得正常的报道根本无法进行。如唐山地震报道中最具意识形态特征的是“批邓”的强调，《人民日报》1978年8月11日以头版头条的形式刊登社论《深入批邓　抗震救灾》；而“地震的灾情和急需解决的问题却无法公开传播”②。

三　1989年：突发事件报道的有限度开放

1978年之后，改革开放是我国经济制度变迁的主题，随着市场因素在经济生活中比重的增加，原有政府的控制逐渐削弱，社会、市场对于传媒的影响力增加，媒体自主性相应强化。1987年大兴安岭火灾的报道即是一例，首都近百名新闻记者赶赴火场进行采访报道，《中国青年报》写出了著名的“三色”报道；《人民日报》、《光明日报》、《经济日报》都做出大量报道，对于火灾发生、发展的人为因素，中央各媒体都予以批评与曝光。

对外开放带来国际交往的增加，同时也打破了封闭的传播环境。在封闭传播环境下形成的突发事件报道思路、原则也必须因之调整。过去新闻、旧闻、不闻的报道策略以及“悲剧喜报”的报道模式需要革新，尤其在对外传播中，新闻时效性以及新闻事实的选择必须适应时代变化以及国外同类新闻报道的一般规律。

1987年7月18日，中央宣传部、中央对外宣传小组、新华通讯社发布了《关于改进新闻报道若干问题的意见》明确要求，在突发事件报道上“对国外的报道力争主动权，同外国新闻机构争雄”。在具体措施上提出，突发事件“凡外电可能报道或可能在群众中广为流传的，应及时作公开的连续报道，并力争赶在外电、外台之前”。从制度本身来看，正是

---

① 参见马斗全《“平陆事件”的背后》，《采写编》2003年第3期。

② 河北日报报社编纂委员会：《河北日报五十年》，内部资料，1999年，第141页。

突发事件“对外宣传”的需求才引起了突发事件报道整体时效性的增加。改善突发事件报道的目的不在于提高传播效率，应对突发事件的发生，而是将重点放到与国外媒介“争雄”之上。将突发事件传播完全置于政治框架之内，这样的突发事件报道管理逻辑直到今天还没有完全消除，各级政府都用政府形象、社会影响、改革大局等空泛理由阻挠突发事件的正常报道。淡化突发事件传播政治框架，将其纳入应急信息框架，是回归突发事件报道本原，真正提高应急水平与应急效率的关键。

1989 年 1 月 28 日，国务院办公厅、中央宣传部《关于改进突发事件报道工作的通知》在强调时效性的要求下，进一步细化了分类管理的思想，不同事件有着不同的报道时间要求和报道范围规定，同时对于报道内容也作了具体要求：

> 各种自然灾害，在事实准确的情况下，原则上可报道。但在什么范围报道，要视灾害规模而定。一般自然灾害，只在有关地方进行报道，对影响不大的，地方也不必都报道；重大自然灾害，由中央新闻单位请示国务院后向全国报道。关于震情、汛情、疫情，仍按以往规定，经国务院有关部门或国务院领导批准后进行报道。
>
> 各种严重事故，也应根据上述原则及时报道，但要注意在一个时期不要过分集中。对造成重大事故的原因，在主管部门正式得出结论前，新闻单位不要发表一些猜测之词，以免给事故处理增加人为的困难。
>
> 恐怖主义行为及重大群众性骚动的报道，均须征求事件所在地的省、自治区、直辖市政府或主管业务部门的意见，并请示国务院领导批准后，由新华社、人民日报、中央人民广播电台、中央电视台进行报道。为避免多口发稿可能引起的口径不一，必要时，一些重大新闻应由国家新闻发布机构与新华社统一发布。在报道恐怖主义行为时，对作案手段、作案工具、途径等一般不宜描述，以防止诱发犯罪。
>
> 对重大政治性事件的报道，要严格按照党中央和国务院的处理方针办事并及时请示国务院领导；一般由新华社、人民日报、中央人民广播电台、中央电视台报道，必要时由新华社统一发布。对规模不大，影响较小的非法游行示威、集会、骚乱等事件，一般可不报道，如需公开报道，也只在有关地方报道。

突发事件的分类管理确定了不同类型的突发事件新闻开放度不同，“人的因素”是划分新闻开放的主要标准，自然灾害可以报道，但灾情（死伤人数）报道必须保密；生产事故报道原则和自然灾害相同，但是对于事故原因（人为失误）不能随便公开报道；社会安全事件如群体冲突、金融危机（涉及社会诸多公众）须统一报道或者不报道。

四　1994 年：突发事件报道要注重效果

20 世纪 90 年代初期，市场经济主体地位已经在我国基本确立，国际交往的范围以及频率加大，突发事件的实践在分类管理思路下出现“就高不就低”的现象，所有类型、所有级别都尽量适用重大突发事件的报道标准，选择缓报或不报，导致突发事件报道的负面性不断产生。1994 年年初的“千岛湖事件”报道即是典型事例，使得国家处于舆论被动地位。“千岛湖事件”本是一件恶性刑事案件，台胞在旅游中遭抢劫杀害，事件发生后，当地政府先是阻挠不让报道，后来又对事件原因解释得破绽百出，招致台湾同胞的反感和义愤，台湾和香港一些媒体借此铺天盖地攻击“黑箱作业”、“掩盖事件真相”、“欺骗死者家属”等。①

“千岛湖事件”正面的作用，是促使了 1994 年 8 月 24 日中共中央办公厅、国务院办公厅《关于国内突发事件对外报道工作的通知》的出台。该《通知》明确指出：“近几年，突发事件的对外报道工作虽有所改进，但仍没有从根本上改变被动局面，必须进一步建立健全工作制度，做好突发事件的对外报道。”《通知》在突发事件的总体原则方面规定：“突发事件包括突然发生的重大的政治社会事件、恶性事故、涉外和涉台港澳事件等。突发事件的对外报道，要充分考虑事件的复杂性、敏感性和报道后可能产生的影响。报道要有利于我国的改革、发展和稳定，有利于维护我国的国际形象。报道必须真实准确，争取时效，把握时机，注重效果。”此规定与 1989 年针对不同事件类型的可报道、批准报道以及不报道的分级不同，这次强调了所有突发事件必须争取时效、把握时机、注重效果。“效果说”首次列入突发事件报道的衡量标准，与以往“先报就行”的思路相比，显示出务实的一面。

在具体的操作方面，“空难、铁路交通等恶性事故的报道，要在境外

---

① 参见徐学江《突发事件报道与国家形象》，《中国记者》1998 年第 9 期。

传媒之前报道。对应报道而又较为复杂的事件，可分阶段发稿，先对基本事实作客观、简明、准确的报道，再发后续报道。有的可先对外报道，再对内报道。对境外关注而国内无需报道的消息，可只对外报道。有的可在当地报道，不做全国性报道”。分阶段、分范围发稿的突发事件报道原则成为此后指导生产安全以及环境污染、集体中毒的报道原则。1994 年的《通知》对于突发事件的首发消息有着具体规定，但对于后续如何报道没有规定，甚至给出宽松的裁量权，这给予地方政府在管理突发事件后续报道上以巨大的操作空间。

五　2003 年：突发事件报道与应急管理

1978 年之后，尽管突发事件的报道逐步走向开放，但从以上列举的相关规定不难发现，突发事件报道改进的目的很大程度上在于引导舆论、维护国家形象的需要，突发事件报道往往和对外报道相联系；突发事件报道重点是突发事件的报道效果，而非利用新闻媒体降低突发事件所引起的社会损失；突发事件报道原则是适应的是宣传规律抑或新闻传播规律，而非突发事件本身的规律。因此，尽管突发事件的报道得到改进与完善，但与突发事件应急管理并不契合，甚至有着明显的冲突与分歧，2003 年的 SARS 疫情报道将两者冲突暴露无遗。新闻报道可以控制，疫情难以控制；新闻报道可以被区域性封锁，疫情却跨省发展；大众媒体能够沉默，人际传播却异常活跃。“非典之痛”说明，现有报道模式已经不再适应时代的要求。2003 年年底中共中央办公厅、国务院办公厅发出《关于进一步改进和加强国内突发事件新闻报道工作的通知》，开宗明义地指出：

> 实践证明，在突发事件报道中注重时效、主动引导，就能赢得很好的社会效果；反之，则往往造成工作的被动，导致党和政府的形象受损。特别要看到，在互联网和手机短信等新的信息传播手段迅速发展的情况下，做好突发事件的新闻报道工作，具有更加重要和紧迫的意义。

与以往强调对外报道、国际影响不同，这次对于突发事件报道的改进更多的是在“国内”框架内，提出改进和加强突发事件的新闻报道。在报道的主题方面：强调了政府以及相关管理部门的责任，要求“主动配合新闻部门”；在报道组织方面，将新闻报道纳入应急管理的体系之中；在责任追究方面，强调了对于蓄意封锁消息的处罚；在具体类型突发事件中，详细规划了报道程序，强调了新闻单位和对口部门的共同责任。在报道原则方面，从1988年的“有利于保持社会的安定，有利于经济的稳定发展和改革、开放的顺利进行”，到1994年的“要有利于我国的改革、发展和稳定，有利于维护我国的国际形象”，变为“有利于党和国家工作大局，有利于人民群众的切身利益，有利于社会稳定和人心安定，有利于事件妥善处理”。从对比中不难看出，“有利于”的内涵不断丰富，人民群众的利益、人心安定被列入突发事件报道评价体系中，彰显突发事件传播的以人为本，突发事件报道回归到突发事件应急的核心：人与事。

2005年1月26日在国务院常务会议通过《国家突发公共事件总体应急预案》中，进一步强调了新闻报道在突发公共事件应急体系建设中的地位与职能，“突发公共事件的信息发布应当及时、准确、客观、全面。事件发生的第一时间要向社会发布简要信息，随后发布初步核实情况、政府应对措施和公众防范措施等，并根据事件处置情况做好后续发布工作。信息发布形式主要包括授权发布、散发新闻稿、组织报道、接受记者采访、举行新闻发布会等”。《预案》以法规的形式首先明确了突发事件的报道责任在于政府；其次，尽管突发事件类型的差异导致新闻报道程序不同（如哪些媒体负责报道？哪些单位负责审核？），但在报道时间点上必须统一于“第一时间”。各个部委以及各地方政府应急法规的出台，使我国应急系统逐渐建立并完善，成功地应对了2005年禽流感报道，在矿难报道方面也取得显著进步。

第二节　突发事件报道的复杂性

突发事件报道的复杂性首先源自突发事件的本身性质，突发事件不仅有自然属性、社会属性，在某些类型事件中还蕴含着政治属性。在以往较长时期，对于突发事件报道过于强调其政治属性，遮蔽了突发事件报道的社会价值，并使突发事件的开放进程曲折而缓慢。2005年之后，突发事件报道纳入应急体系的管理范围，如哈尔滨市应急预案中“突发事件的新闻发布工作在市委、市政府的统一领导下，由负责处置突发事件的市委、市政府主管部门归口管理”。宣传部门不再是控制新闻报道的唯一部门，政治因素也不再是考虑的首要因素，取而代之的是应急管理与信息发布的思想，突发事件报道也从“宣传”向“信息传播”过渡，突发事件报道以有利于社会稳定，有利于应急处理进行为新闻标准。但从现实来看，突发事件报道很难借助应急预案进行整体性的革新，原有的政治框架依然是政府官员进行突发事件报道管理的逻辑，由此构成了突发事件报道复杂性之所在。

从历史沿革来看，突发事件类型、突发事件处理者以及突发事件事发地的不同都会对突发事件报道的开放产生影响，因而形成了突发事件报道开放度的不均衡。从突发事件报道的变迁路径来看，偶发性事件往往对突发事件报道方式的革新产生影响，但这种影响经常借助于领导指示才会更加有效。

一　突发事件类型间开放度不均衡

突发事件报道的开放度有不均衡的现象。不同类型突发事件，开放时间有先后，开放程度也有所差异。自然灾害的报道应该是最早允许报道，禁止报道的部分限于灾害所造成的人员伤亡；随后开放的应该属于生产事故的报道。在改革开放的初期，1980 年 7 月 22 日，《人民日报》和《工人日报》同时发表有关“渤海二号”钻井船翻沉的消息，报道持续相当长的一段时间。据不完全统计，两个半月的时间里，相关报道达 2000 件左右。这次报道被认为突破了对重大事故（包括责任事故）和重大决策性错误不公开报道的做法，国务院在关于处理“渤海二号”事故的决定中明确指出：“一切重大事故均应及时如实报道，不得隐瞒和歪曲。”此后生产安全事故如铁路、民航、航运等交通事故，大兴安岭火灾等都进行了报道。①

公共卫生事件的报道开放时间更为晚些，汲取 1988 年甲肝疫情报道的经验，1989 年通过的《中华人民共和国传染病防治法》做出相应的规定：“第二十三条　国务院卫生行政部门应当及时地如实通报和公布疫情，并可以授权省、自治区、直辖市政府卫生行政部门及时地如实通报和公布本行政区域的疫情。”但疫情的及时、公开、有效传播的机制建立却是在 2003 年 SARS 疫情之后。

---

① 方汉奇：《中国新闻事业通史》第 3 卷，中国人民大学出版社 1999 年版，第 469 页。

自然灾害、事故灾难以及公共卫生事件应急预案颁布实施后，一般都能够做到及时报道。2005 年，因自然灾害导致的死亡人数也不再列入保密范围，此三类事件的报道可以认为走向了公开化。但对于突发社会安全事件的新闻报道要求依然严格，包括社会骚乱、群体上访、非法集会和游行示威、罢工罢课、民族宗教冲突以及银行挤兑等重大政治性、群体性事件，仍然坚持不做公开报道，如某省就规定群体性事件“一般不做公开报道，可通过内参进行反映”。

尽管突发事件各类型间开放时间不一，开放度有别，总的来说还是有规可循：其一，突发事件的自然因素含量；其二，突发性事件影响方式：一次性影响，还是持续性影响。通过这两个标准来看，自然灾害的发生基本没有人为的因素，因而新闻报道是最早公开、开放度最高的；生产安全事故由于其对社会影响往往不会持续发生，因而在改革开放之后逐渐开放；公共卫生事件因为其持续的影响所形成的社会冲击力，其开放度受限，全面开放时间也较为滞后；社会安全事件的公开报道因为自然因素的含量极低，加之其有着持续的影响力，进一步的开放还需要国家管理者破除既往的惯性思维，以开明、积极、健康、自信的心态看待社会安全事件公开、有效的报道。

二　突发事件报道的偶发性

即使发生的是同类突发事件，因为时间、地点以及主管人的差异，其报道与否、报道方式都有着极大的不同。突发事件报道在 20 世纪 90 年代之前，更多体现的是偶发性的特征，而非规律性的演变，难以从某单个突发事件的报道中生发出同类突发事件普遍适用的报道规律。

报道与否因突发事件处理者不同而异。1992 年 11 月 24 日，一架民航客机在广西桂林阳朔境内粉碎性解体，新华社记者在一小时后赶到现场，当地领导坚持任何新闻单位不得采访和报道。新华社以采写内参为名进入现场，新闻报道与否争议很大，最后在事故现场最高领导国务院秘书长罗干的认可下，向总社传回了通稿以及境外的遇害者名单。① 新华社的“11·24”报道，及时、准确、全面，其数量超过任何一次空难报道，而报道得以开始、持续、完整的原因很大程度上取决于负责人的态度。

① 鲁炜：《谈空难报道》，《新闻业务》1993 年第 9 期。

报道与否因突发事件发生的时间点而异。1989 年《关于改进突发事件报道工作的通知》中规定："各种严重事故，也应根据上述原则及时报道，但要注意在一个时期不要过分集中。"湖北省在 2003 年也有类似规定："要防止灾难、事故、案件等报道过于集中。"这就意味着，如果某突发事件发生之前有其他多起突发事件发生，其报道的可能性将降低。其他社会环境因素也是突发事件能否报道的重要因素。自然灾害是最早允许公开报道的，但 1975 年淮河洪水是个例外，并没有公开报道，时任国务院副总理纪登奎解释其原因为："不叫公开报道是怕产生副作用，影响稳定。那时候正是毛主席和周总理重病期间，不让公开报道，也是怕他们受刺激，内部报道也只能选择极少量给他们看，这种内部报道是不会给他们看的。"① 另一个影响突发事件报道的因素是重大的庆典，或者具有纪念意义的年份，或者重要节日如国庆节、春节临近以及重要会议如人大、党代会的召开，突发事件往往不予报道或者推迟报道。本研究就发现，在 1999 年，矿难报道在《人民日报》以及《山西日报》（山西省煤矿多、矿难多）均无报道（后文有详细论述），这是由于新中国成立 50 周年的缘故。

报道与否因突发事件发生的地点而异。我国经济发展呈现明显的地区差异，突发事件的报道也存在地区差异，突发事件发生在甲地还是乙地有时会决定是否公开报道。因不同地域有着不同的人文环境、经济发展、政治氛围、执政文化，执政开明度与开放度多有差异。1994 年 11 月 27 日阜新歌舞厅发生大火，烧死几十人。新华社辽宁分社及时向总社报告情况，但当地政府部门对要不要报道、如何报道意见不一致，一再贻误时间。就在这场大火发生 10 天后，12 月 27 日新疆克拉玛依友谊馆发生一起更严重的大火，千名参加会演的小学生有多人被烧死，这次新华社对内对外都发了报道，同时发了公安部的一个通知，进行了消防安全的普查。如果阜新大火作公开报道，呼吁娱乐场所注意消防安全，或许克拉玛依的惨剧可以幸免。② 区域差别对于突发事件的应急处理极为不利，突发事件本身没有明显区域限制，如传染病、水、空气污染以及金融危机等，将突发事件作区域化、个别化的处理，会导致突发事件的扩散与蔓延。及时、

---

① 张广友：《目睹 1975 年淮河大水灾》，《炎黄春秋》2003 年第 1 期。

② 参见徐学江《突发事件报道与国家形象》，《中国记者》1998 年第 9 期。

公开、全面传播信息，动员社会整体性地预防，能够降低突发事件造成的社会损失。

三　突发事件报道开放的时滞性

突发事件报道的开放通常由以下几个因素引起：（1）媒体的偶然性突破，如《人民日报》关于南丹矿难瞒报的报道，对当地政府的瞒报进行了舆论批评。（2）相关法制法规的出台，如2006年国家总体应急预案出台，推进了突发事件的信息公开。（3）领导指示、批示以及讲话。如毛泽东1959年的批示“广东大雨，要如实公开报道”。新闻实践中，三种因素对于突发事件的影响有轻重不同，领导批示、讲话的效力要大于法制法规，这是我国新闻体制下报道的特色之一；媒体突破的效力最低，推广范围有限。媒体在突发事件报道中的偶然突破并不必然带来相应的开放：甲省能报道并不意味着乙省能报道；中央媒体能报道并不意味着地方媒体能报道；这次能报道并不意味着下次能报道。

如果媒体偶然性突破后，经由领导人的肯定与批示，适用范围就会不同。如矿难报道开始于2001年的《人民日报》南丹矿难的报道，2002年修改的《中华人民共和国安全生产法》中也有明确规定：“第六十七条新闻、出版、广播、电影、电视等单位有进行安全生产宣传教育的义务，有对违反安全生产法律、法规行为进行舆论监督的权利。”但从报纸的实践来看，媒体矿难报道全方位展开是在2003年之后，尤其是时任总理温家宝指示之后。

由此可见，突发事件报道的开放不仅需要媒介在实践上的突破，更重要的是需要借助政治权威进行全国性的推广，因而突发事件报道整体在突发事件报道个别开放之后，有时滞的现象。有时即使形成了法规制度，但是由于和新闻纪律难以相容，法制的有效性也会受到影响。在1988年甲肝疫情的影响下，1989年国家出台了《中国传染病防治法》，第二十三条规定：“国务院卫生行政部门应当及时地如实通报和公布疫情，并可授权省、自治区、直辖市政府卫生行政部门及时地如实通报和公布本行政区域的疫情”，但疫情真正意义上被允许及时、公开报道却是在2003年SARS疫情发生之后。

第三节 突发事件的组织传播与大众传播

组织传播概念的起源表明，组织传播更多强调的是组织内的传播，以此来解读我国的党报模式，不难发现，党报、机关报有着鲜明的组织传播特征，在革命年代以及计划经济时期，党报发挥了有效的宣传、组织作用。用组织传播、大众传播概念审视我国突发事件报道的开放，可以发现从封闭到开放的逐渐变迁轨迹。

一 组织传播与大众传播

组织传播发端于言语传播、组织与管理理论、人际关系三大学说之上，在20世纪40年代后组织传播逐渐取代了“商业传播”或“工业传播”。组织传播的内涵也由早期组织中信息的接收与传达，或是商业沟通的技巧，转变成为以传播为手段，组织系统内成员实现互动与协调，以达成组织目标。换言之，传播行为在组织中不再只是线性的、静态的或只是技巧而已，在由互动的个体所组成的组织系统中，传播活动其实就是建构组织的主要活动。①

从组织的定义来看，组织传播研究的对象涉及广义上所有的组织，但组织传播研究更多聚焦于企业组织的传播，从组织传播研究的分类来看，“组织内部的传播是其研究的重点”②。对于企业组织与公共组织而言，如果说在组织内传播中的某些规律一定意义上可以共通的话，那么在“组织外传播上可谓差异显著”③。凯瑟琳·米勒将组织外部传播功能分为“协调组织关系、创立和维护组织形象以及为顾客提供服务”④。郭庆光将组织的信息输出活动大致分为“公关宣传、广告宣传以及企业标识系统宣传”⑤。以此看来，企业组织传播是组织传播研究的重点，但个中规律并不适用于政府组织的传播，其原因是由“组织的性质造成的”⑥。

---

① 参见秦琍琍《组织传播——源起、发展与在台湾之现况》，《新闻学研究》2000年第63期。

② 张国才：《组织传播理论与实务》，厦门大学出版社2002年版，第27页。

③ 程曼丽：《政府传播机理初探》，《北京大学学报》（哲学社会科学版）2004年第2期。

④ ［美］凯瑟琳·米勒：《组织传播》，袁军等译，华夏出版社2000年版。

⑤ 郭庆光：《传播学教程》，中国人民大学出版社1999年版，第107页。

⑥ 程曼丽：《政府传播机理初探》，《北京大学学报》（哲学社会科学版）2004年第2期。

从组织传播的角度出发，诸多研究者将组织传播的概念与政府组织传播联系到一起。王海涛认为“组织传播管道即指政府系统内部的传播管道，这是政府传播的主要管道，政府依据严密的行政结构进行传播”①。在政策理论的宣传方面，梁琴认为“组织传播和大众传播并列同为理论宣传的途径”②；而聂静虹则认为“传统社会中高度一元化的公共政策传播机制，建立在高度集中统一的组织传播形态之上，其他传播方式几近没有生存空间”③。刘蕾、朱维则认为，“在政府形象传播方面，组织传播和大众传播都是重要的管道”④。

郭庆光将大众传播定义为专业化的媒体组织运用先进的传播技术和产业化手段，以社会上一般大众为对象而进行的信息生产和传播活动。大众传播的特异之处在于“受众、传播经验以及传播者的性质之中”⑤。拉斯维尔将大众传播的功能概括为三个方面：环境监视、社会协调以及社会遗产继承的功能；赖特将此发展成为四功能说，即环境监视、解释与规定、社会化以及提供娱乐；施拉姆则结合两者观点，将大众传播功能从政治功能、经济功能以及一般社会功能三个方面进行了总结。

大众传播与组织传播的区别与联系也为诸多研究者重视。由于媒体也具一般组织特性，由此有人认为“大众传播是组织进行传播，是组织传播的一种类别”⑥；更多学者坚持组织传播与大众传播的区别。魏永征详细论述了组织传播与大众传播的区别：组织传播和大众传播的根本区别在于传播者与受众的关系，其中：（1）传播对象是特定还是不特定；（2）受传者接受信息是强制还是自由；（3）传播走向是双向还是单向；（4）组织本位还是受众本位是关键因素。⑦

二　组织传播、大众传播与我国新闻业

结合我国媒体的双重属性，从组织传播的角度考察大众媒体的属性有

---

① 王海涛：《政府传播基础理论研究：概念、渠道和模型》，人民网（http：//media. people. com. cn），2005 年 8 月 16 日。

② 梁琴：《传播与理论宣传》，《长白学刊》2000 年第 3 期。

③ 聂静虹：《论我国公共政策传播机制的演变》，《学术研究》2004 年第 9 期 。

④ 刘蕾、朱维：《政府形象传播刍议》，《安徽广播电视大学学报》2004 年第 3 期。

⑤ 张慧元：《大众传播理论解读》，苏州大学出版社 2005 年版，第 24 页。

⑥ 张国才：《组织传播理论与实务》，厦门大学出版社 2002 年版，第 27 页。

⑦ 参见魏永征《论组织传播》，《新闻大学》1997 年秋季号。

着特殊的意义与价值。新闻党性原则强调了报纸组织属性和宣传属性，甘惜分认为："报纸（以及一切新闻事业）的组织作用是一个极为重要的问题。新闻工作者掌握了这一规律，就能主动运用报纸及一切新闻手段，从政治上、思想上充分发挥报纸的组织作用，加强党和群众的联系，极大地调动群众的革命积极性。"[①] 媒体的"喉舌"角色据此确立。吴廷俊认为："耳目喉舌的定位对于媒介新时期可能会产生不良的后果，如在媒介功能上越来越注重政治功利性；媒介内容上越来越走向封闭性；媒介传递方式上越来越突出自上而下的灌输性；媒介地位上越来越强调依附性。"[②]

研究者也注意到组织传播、大众传播之间的关系在我国现行媒体体制之下的特殊性，黄旦认为1956年新闻改革的主旨是"从组织喉舌向大众喉舌转换"[③]；弭秀玲[④]以组织传播与大众传播的关系阐述了新闻改革的发展方向，提出应从组织传播变为彻底的大众传播。弭秀玲认为，我国新闻业基本上是继承解放区报纸传统而来，《延安日报》模式得到继承而重庆《新华日报》模式被忽视，因而报纸严格说来只是组织传播的一种手段，内容封闭性且传播单向性，机关报尤其如此。魏永征从党报的发展角度说明了我国组织传播对于大众传播的渗透，认为提出"舆论导向"的提法，既是"坚持了传统报纸的宣传功能、喉舌功能，同时又是对过去直接用报纸发号施令、指挥政治运动和经济工作这种片面组织传播做法的扬弃"[⑤]。

三　组织传播、大众传播与突发事件报道

将组织传播与大众传播的概念引入突发事件传播中，更易发现其中的争议点与分歧点。政府组织是突发事件处理的主体，突发事件的相关信息也多为政府所掌握，本书中组织传播被视为相关信息在政府组织内的传

① 甘惜分：《新闻理论基础》，中国人民大学出版社1982年版，第109页。

② 吴廷俊：《对"耳目喉舌"论历史的回顾与反思》，《新闻学研究资料》总第四十六辑，中国社会科学出版社1989年版。

③ 黄旦：《中国百年新闻思想主潮论》，博士学位论文，复旦大学，1998年，未刊。

④ 该文名为《从组织传播彻底转变为大众传播——关于新闻改革的一点思考》发表于《学海》1992年第4期，该文在由中国社会科学院新闻研究所编辑的《新闻研究资料》（总第59辑）1992年12月出版时，名字改为《从组织传播到大众传播——关于新闻改革的一点思考》，在正文中"彻底"两字也鲜有提及，个中深意令人回味。

⑤ 魏永征：《论组织传播》，《新闻大学》1997年秋季号。

播；而大众传播在本书中被界定为突发事件信息借助大众媒介向社会公众的公开传播，在大众传播过程中，媒介在突发事件报道中的自主性增加并担当更为积极的角色。

从组织传播、大众传播概念出发解读突发事件的新闻报道，通过大量新闻实践分析，可以得出在突发事件传播中组织传播与大众传播之间有替换、部分取代以及渗透三种关系。

（1）替换关系是指组织传播完全取代大众传播。突发事件或者在组织内进行传播，不进行公开传播或者仅仅通过内参的形式进行报道，这在1978年之前极为常见，新闻媒体在报道上完全没有自主性，必须听命于政府组织的安排，“驯服”一词能够形容此时媒体的地位，这被认为是突发事件的“组织传播模式”。

（2）部分取代关系分为两种：其一为时间上的取代，在形式上表现为先进行组织传播，待到突发事件处理完毕或者形势明朗之时，再进行大众传播，向社会公布突发事件的相关信息。这被认为是突发事件的“依次传播模式”。其二为内容上的取代，组织传播和大众传播在突发事件发生后同时进行传播，但是传播内容有着明显的差异，大众传播信息量小，关于突发事件的核心信息不多，有时候以“社会稳定的目的”甚至传播一些“虚假”的“好新闻”，而组织传播尤其是内参的报道，更多的是有关突发事件发生、发展的具体、深层原因。组织传播及大众传播虽然在时间上保持同步，但信息却是不对称的。这被认为是突发事件的“并行传播模式”。

（3）渗透关系体现了组织意志与组织目标渗透入大众传播日常运行中，表现在突发事件报道中是宣传报道比例较多，最具代表性的是抗洪救灾报道。正面宣传为主压缩了突发事件的信息传播空间，冲淡了突发事件报道本身所必备的提供应急信息、传递应急经验、进行应急教育、强化应急意识的积极意义，传媒更多体现的是宣传的功能，对于社会运行其他方面的贡献有限。这被认为是突发事件的“宣传主导模式”。

组织传播与大众传播在突发事件报道上交错的关系，很大程度上是因为政府作为社会管理者看重突发事件本身所附带的政治影响、执政安全、国家形象等因素，忽视了突发事件与社会公众的具体利益相关联。突发事件大众传播的目的不仅在于增加或者消除某种政治影响，更重要的是，借由大众传媒的传播渠道实现“减灾”、“防灾”，维护公众安全的目的。本书在厘清组织传播与大众传播之间关系的基础之上，进一步提出了突发事件的“大众传播报道模式”，将突发事件的传播置于突发事件应急系统之内进行分析，强调媒体的信息传播功能。

必须指出的是，在新闻实践中，本书所提出的突发事件的报道模式的界限远非清晰，其表现在：（1）在时间轴上，并没有表现为一种模式对于另外一种模式的取代，即使“组织传播模式”——突发事件信息的封闭传播，在推行政府信息公开的今天仍然时有发生；（2）在具体突发事件中，以上几种模式可能随着事件发生、发展，都会有所表现。如突发事件报道的前期以并行传播模式开始，到事件得到控制后可能会转入宣传主导的传播模式（见表2－1）。

表2－1　**突发事件传播模式**

模式 特点	组织传播	依次传播	并行传播	宣传主导	大众传播
报道时效		滞后	及时	及时	预警、及时
控制形式		时间	体裁	内容	配合应急处理
常用体裁		消息	消息	通讯	全面
报道量		小	小	大	大

第四节　突发事件传播开放的阻碍因素

突发事件报道的开放路线之所以曲折，很大程度上在于政治体制本身所存在的问题以及新闻管理思想的惯性思维，在传媒逐渐市场化并进行社会化运行的同时，传统的传媒体制并没有随之改变。行政手段而非经济手段、法律手段，仍然被认为是传媒管理的主要途径，是实现舆论引导、新闻控制的关键。应急管理强调信息的社会化传播与政府强调的突发事件报道要讲究政治立场，在新时期内的对立与冲突十分明显，SARS疫情期间关于大众传媒角色的讨论使得这种矛盾被公开化。在影响突发事件报道的开放度方面，我国现行的政治体制、新闻政策及执行力度是影响突发事件报道开放的关键因素。

一　我国政治体制的二元特征

马克斯·韦伯的科层制（bureaucracy）为各国政府和企事业管理广泛采用，科层制本质上是西方工业社会对社会管理组织形式的客观要求。按照通行的解释，“科层制指的是一种权力依职能和职位进行分工和分层，以规则为管理主体的组织体系和管理方式，有着专门化、等级制、规则化、非人格化以及技术化的特征”①。

与西方的科层制不同，匹配自给自足的自然经济，中国传统社会管理是以血缘关系为基础的家族式组织。社会主义计划经济体制的建立，使得政府组织具有类似科层制的性质，但传统因素在新的组织形式中并未消失。传统文化对行政管理固然有着积极的一面，但其消极一面更是影响深刻，尤其转化为行政文化的一部分时，对于行政管理的合理与合法性都是一种挑战。我国独特的“二元性行政组织结构”就是“理性科层制与家族式管理思想交织形成”②。这种结构的弊端表现为：“重形式轻效率；重人治轻法治；重权威而轻民主；重共性轻个性；追求等级不尚平等；注重经验忽视制度设计等。”③ 在突发事件传播中，二元性行政组织影响在于：规则意识缺失、封闭处理偏好、政绩观偏向以及保密文化盛行。下面就这几个表现逐一分析。

（一）规则意识缺失

家族式的管理往往强调家长权威性，对于下级而言，“礼”处于绝对地位，在德治传统的影响下，个人职务权威高于一切，把对于上级的尊敬和服从往往混为一谈。而科层制所强调的等级制度，也有类似的要求，由此当代中国行政中有浓厚的官本位色彩。突出表现为“家长制、集权制、

---

① 卢荣春：《韦伯理性科层制的组织特征及其对我国行政组织发展的借鉴意义》，《中山大学学报论丛》2005 年第 6 期。

② 参见朱国云《科层制与中国社会组织管理模式》，《管理世界》1999 年第 5 期；王强《全球行政改革浪潮与中国行政现代化——从官僚制的角度思考》，《江苏社会科学》2000 年第 2 期。

③ 高瑞平：《试论传统文化对我国管理的影响》，《山西煤炭管理干部学院学报》2004 年第 4 期。

长官意志、官念为本、官级为准”①。长官意志大过“规则意识”在突发事件的报道过程中决不鲜见。地方政府的最高长官充分利用自身所具有的“解释权”，将突发事件报道置于自身的掌控之中。从实践来看，突发事件报道革新并不是源于正式制度的变迁，某位领导人的指示或者批示，能够给予传媒更多的报道自由与空间。规则意识的淡化使得尽管在形式上拥有全国统一的法律法规，但在不同地域内，即便是同样的突发事件，报道与否以及怎么报道的差异也十分明显。地方官员更迭后，不同长官的不同偏好，也会直接影响突发事件报道的进行。

（二）封闭处理偏好

我国历经过于长久的小农经济，自给自足的经济体系形成了传统行政组织封闭性与排他性特征。行政系统缺乏与其他社会系统的机制性交流，决策过程也缺乏社会参与。行政系统本位主义、特殊主义倾向严重，各地重视地方利益，只关心地方问题。科层制本来就属于“封闭的组织模式，官僚制的不透明性、组织僵化、严格的等级制度的形式使任何公共组织不可避免地陷入封闭状态中”②。由此在突发事件的态度上，政府倾向于封闭性的处理，政府对于突发事件处理开放的主动性十分有限。在有可能的情况下，政府往往选择沉默的处理方式，从实践来看，突发事件的报道往往是被“挤压”发生的，其中原因包括：（1）上级的关注或者监察机关发现突发事件处理中的问题；（2）突发事件本身没有在封闭的环境下得以控制，事件向更大的规模与范围发展；（3）流言或者谣言四处传播，政府不得不传播相关事件信息平息流言。

封闭式的处理方式对于突发事件的应急极为不利。应急管理强调自下而上、分级管理、分级反应的原则，其中蕴含的是联动思维。封闭性的处理思路在一些小规模突发事件上可能会有些效率，但当突发事件的发展超越属地时，如传染病的控制或者全国性生产安全政策的贯彻，局限于封闭系统，此类突发事件的处理方式会显得效率低下。

封闭式的突发事件处理方式排斥公民参与。《突发事件应对法》明确强调了公民、法人和其他组织有义务参与突发事件应对工作。尽管在突发事件应急中，政府无疑是应急最重要的主体，但是缺乏公众的参与本身就

---

① 陈春花、段淳林：《中国行政组织文化》，华南理工大学出版社 2005 年版。

② 任晓林：《论政府的开放性》，《暨南学报》（人文科学与社会科学版）2004 年第 3 期。

意味着应急的失败。公众利益是应急工作的出发点与落脚点，公众的参与、配合实质上决定了应急管理的质量与效率。

及时传播突发事件信息、避险知识应被视为应急管理与应急处理的重要环节。从国家各种应急预案的出台及各省市正在进行的实践来看，突发事件的信息公开符合国家和人民利益，突发事件的信息传播应该是积极、主动的。突发事件传播的基本原则应该遵循“以公开为原则，不公开为例外”，并用法规的形式将此原则制度化、强制化，政府的自由裁量权必须限制在法律规定的范围内，只有这样，才能达到重置保密制度底线、提升政府服务品质、满足公众的信息需求。媒体在其中应该有效地承担起“信息中介”的作用，一方面强化媒体对于政府所掌握公共信息的传播，有效利用大众传播的传播渠道与传播效果；另一方面，媒介自身信息获取的独立性也必须得到认可，这是保证舆论监督正常实施的关键。

政府应该通过公开信息、公开行政接纳公众参与，明确公众的责任与权利。在突发事件中，公开信息还有降低政府压力以及获取公众理解的作用，“如果能够不断公开信息，即便是政府的失误也不再是罕见的事，其信息公开的压力也会相应减小，从而可以制造出一种良性循环”①。

（三）政绩观偏向

究其本质，“政府不过是具有高度管理权威的公共服务组织，政府的职能只不过是通过法律法规确认下来的，社会与公众对政府在公共管理上的要求，社会、公众意愿和要求是政府和公共行政的出发点和归宿点”②。我国政绩评价却存在本末倒置的现象，表现在：（1）在政府自我评价和社会公众评价之间偏向政府自我评价；（2）在上级领导评价和直接服务对象之间偏向上级领导评价③政府在这种评价体系中，往往会一厢情愿的墨守成规，不顾社会中真正存在的公共服务供应短缺。

“政绩观”偏向上级领导以及政府自我评价之后，导致突发事件处理的随意性增加。“捂盖子”成为地方政府在处理突发事件时最优化的选择。由于科层制的原因，上级政府的信息来源过于依赖组织内部的传播管道，禁止或者限制大众传媒对于突发事件的报道，使组织内部传播能够向

① 刘江华：《信息不对称条件下的政府透明度》，《财政研究》2005年第7期。

② 徐邦友：《社会变迁与政府行政模式转型》，《浙江学刊》1999年第5期。

③ 徐邦友：《中国政府传统行政的逻辑》，中国经济出版社2005年版，第453页。

有利于自身的方向发展；事件的不公开报道，有利于自我评价和上级评价达成一致、形成共识。

政绩在实践中往往等同于经济绩效。导致了地方政府在现代化的建设中，局限于单一的经济追求，全然不顾现代化多维度的丰富内涵。这种单一思维贯穿于自上而下的各级党政领导中。“在经济指标逐级分解的过程中，有一个非常有趣的现象，随着行政层级的下降，经济指标会越来越高，中央提出 GDP 增长率为 8%，省级政府会变成 9%，地市级会依次提高。”① 高经济绩效使地方政府的压力增大，这是强制行政、暴力行政现象多发生在基层的一个重要原因。2004 年，在湖南省嘉禾县珠泉商贸城项目建设中，出现了“谁影响嘉禾一阵子，就影响他一辈子”的标语，以行政命令强制拆迁。② 暴力拆迁激化了社会矛盾，引发公众与政府之间的冲突，由此使群体性突发事件以及群体上访事件连年增加。因拆迁纠纷群众上访人数，2001 年全国共 1763 批次；2002 年共 2081 批次；至 2003 年 8 月 31 日，共 1473 批次，同比上升了 14.1%，2003 年群众上访的人数还是在 SARS 疫情间发生的。③ 由拆迁引起社会矛盾激化可见一斑。

（四）保密文化盛行

我国在统治文化上历来信奉“法藏官府，威不可测”以及“民可使由之，不可使知之”的理念，保密传统根深蒂固。保密对于科层制同样重要，封闭行政是官僚制度维护其权威性、合法性的重要途径。行政机关对于公开的内容享有较大的自由裁量权：掌握公开的主动权、掌握公开的内容、掌握公开的形式。突发事件的“负面性”直接影响对政府政绩的评价，因此对于负面信息，政府是不愿意公开的。突发事件的公开报道在一定程度上会导致政“误”公开。如安全生产中监管职责，环境污染中的设计缺陷以及群体事件中长期社会矛盾的存在等。

1951 年，中央人民政府政务院颁布《保守国家秘密暂行条例》，把国家秘密信息界定为“一切未经决定或者虽经决定尚未公布的国家事务”。这一规定适应了当时国家成立初期所面临的国内外形势的需要，该条例颁布的 30 年内，保密范围基本没有做过变动。1989 年实施的《中华人民共

---

① 徐邦友：《中国政府传统行政的逻辑》，中国经济出版社 2005 年版，第 456 页。

② 张道航：《地产发展考量政府职能》，《中国改革·综合版》2005 年第 6 期。

③ 王鸿谅：《开始被规范的拆迁行为》，《三联生活周刊》2004 年 1 月 19 日。以上数据来自国家信访局研究室专家朱颖。

和国保密法》对国家秘密做出了重新界定："国家秘密是关系国家安全利益，依照法律程序确定，在一定时间内只限一定范围的人员知悉的事项。"由此定义可以看出，所谓国家秘密的成立必须同时具备三个条件：（1）关系国家安全和利益；（2）依照法律程序确定；（3）在一定时间内限定知晓范围。[①] 尽管有着详尽的定义，但源于1951年条例中观念过于根深蒂固，"凡是保密的就是国家秘密"，这样的循环论证成为秘密行政、封闭行政的理由。在新时期保密为突发事件封闭处理、消息封锁披上了"合法化"的外衣，强化了相关规定的刚性原则。

定密不准是行政系统中普遍存在的现象。一项来自某省委办公厅系统定密情况分析显示，该系统一年所确定秘密事项的准确率只有30%左右，"不该定乱定"的现象极其普遍。[②]"任何一个政府都想无拘无束，都想拥有广泛的裁量权。为防备这一点，有若干理由表明需要对政府加以限制。"[③] 保密制度一方面是维护政府治理安全的需要，但从另一方面来看，也是对于其非保密内容的强制性开放。保密概念的泛化强化了前者的作用，而弱化了后者的影响。对于政府官员而言，保密被泛化的关键"并不在于公众被剥夺及时获取信息的权利，而在于政府官员利用自己对信息的控制去扭曲信息以从中获益"[④]。某些突发事件中固然有着涉及国家安全、外交方面的保密内容，但定密必须通过保密程序，依法保护。从现实来看，多数突发事件被隐瞒的目的是为了政府官员自身的利益，定密多是随意为之，如在矿难瞒报中，地方政府往往假借保密为名，保护的却是小组织或小团体私利。

二　新闻政策及实践的影响

我国以党报为核心的社会主义新闻体制是在效法苏联模式基础上建立起来的。苏联新闻制度对于我国的影响涉及新闻业从宏观结构到微观采写的各个层面。正面宣传为主就是一例，正面宣传的形成与强化是从战争时

① 马海群等：《信息法学》，科学出版社2002年版，第153页。

② 周汉华：《我国政务公开的实践与探索》，中国法制出版社2003年版，第198页。

③ ［美］埃尔斯特、［挪］斯莱格斯塔佳编：《宪政与民主—理性与社会变迁研究》，潘勒、谢鹏程译，北京三联书店1997年版，第5页。

④ ［美］斯蒂格里茨：《自由、知情权和公共话语——透明化在公共生活中的作用》，宋华琳译，《环球法律评论》2002年秋季号。

期开始，“宣传战线上不可暴露‘阴暗面’，以免为敌对势力提供反共的‘口实’，‘报喜不报忧’就是基于对外以至对敌斗争的立场”①。在新时期，正面宣传为主在基层政府被置换为“控制负面报道为主”，呈现新的政治景观。计划经济下遗留的传媒与政府格局，在现阶段依然以显性或者隐性的形式施加着影响，致使政府对于媒体的控制更多运用行政手段，而非法制手段，显示出随意性的一面。

（一）正面宣传为主的新闻逻辑

1989年，李瑞环在讲话中首次提出以正面宣传为主的报道方针。对于正面宣传为主的解释如下：

> 我们所说的“正面”，所说的“为主”，就是要着力去宣传报道鼓舞和启迪人们发展社会生产力的东西，鼓舞和启迪人们坚持四项基本原则、坚持改革开放的东西，鼓舞和启迪人们加强社会主义民主和法制建设的东西，鼓舞和启迪人们推进社会主义精神文明建设的东西，鼓舞和启迪人们热爱伟大祖国和弘扬民族文化的东西，鼓舞和启迪人们维护国家统一和民族团结的东西，鼓舞和启迪人们为推动世界和平与发展而斗争的东西。

正面宣传为主是“新闻、旧闻、不闻”思想的延续与补充，正面宣传最重要的功能是鼓舞和启迪。突发事件中不可避免的消极因素，更多时候被认为是“负面新闻”，这使新闻管理者对于突发事件公开报道的重点、模式必然有着种种要求。

如果说正面宣传为主是中央级、省级政府对于下属各个传媒所作要求的话，那么控制负面报道就成为基层政府的首要工作。有些地方甚至成立了“控负”办公室。“控负”的含义是“控制对本地区、本部门的负面报道”。许多单位的宣传处长都描述过这样一个“潜规则”——有些领导评价本单位宣传工作做得好坏的标准就是，看能否将本单位的负面报道控制到零。② 在山东枣庄某区的宣传常委会上，明确提出“要切实抓好以控制

---

① 邵燕祥：《说“内紧外松”》，《羊城晚报》（花地版）2003年5月12日。

② 任卫东、朱薇：《“控负”还是掩耳盗铃?》，新华网（http：//www. xinhuanet. com），2005年9月20日。

负面报道为核心的新闻报道监管工作，营造安定和谐的社会氛围。”突发事件报道也属“控负”对象之一，湖南省某市在2007年度宣传思想工作总结中写道：

> 我们不断完善舆情监控网络，先后与《××××报》、《××××报》、××××网、××电视台等新闻媒体进行关系协调，成功控制了财政局超编购车、西岭中学学生集体疑似食物中毒等7起负面报道。特别是对西岭中学学生集体疑似食物中毒事件负面报道的控制，做到了滴水不漏，堪称我市近年来妥善处理负面报道的典范。

由这段总结可以看出，控制负面报道方式是与新闻媒体进行“协调”；而控制负面报道最好的结果就是“滴水不漏”。在传媒采访时，湖北省红安某职能部门就规定：第一，准确掌握新闻媒体的动向，主要包括采访的时间、人数和与哪些人联系，等等，并积极做好准备工作。第二，全面了解采访的内容，做到心中有底，争取做好工作的主动权。第三，全程陪同，热情接待。由是观之，如果突发事件中涉及政府责任、地方形象等问题时，传媒所面临的外部压力是极为巨大的，报道的可能性以及能在多大程度上反映事实都成为疑问。

将突发事件报道归为负面新闻，“实在是具有主观色彩，以政府意志主旋律的好恶为界分，带有强烈主观意愿的人为规定”①。事件的消极性更多的是自然属性，其消极影响不会随着新闻报道与否而存在或者消失，负面新闻的划分是颠倒了新闻的主客观之间的关系，新闻判断脱离了新闻事实。原《人民日报》总编辑李庄对于正面宣传的理解更加接近新闻规律。“正面宣传就是实事求是、实话实说，全面地而不是片面地更不是凭一己好恶解释事物。”②

（二）长期传播实践的影响

战争期间，宣传战以及舆论战的重要性使得媒体传播所产生的社会影响被放大，由此强调了报纸、新闻的重要性，1942年，《解放日报》社论

---

① 吕霓、闫济欣：《负面消息、政府姿态与新闻的辨析》，《北京邮电大学学报》（社会科学版）2004年第3期。

② 李庄：《我所理解的正面宣传》，《炎黄春秋》2000年第1期。

《党与党报》指出，“报纸是党的喉舌，是这一巨大集体的喉舌。在党报工作的同志，只是整个党组织的一部分。一切要依照党的意志办事，一言一动、一字一句，都要顾到党的影响”。延续到社会主义建设时期，党对媒体实现了绝对掌控，媒体的宣传、组织、鼓动功能被强调。

1957年之后，“左”倾占据上风，通过大众传媒以及其他传播途径建立起文化领导体系。对于媒介强调绝对地服从，这种文化领导权看似非常稳固，但实质上是一种被“政治领导权所同化的文化领导权，它并非建立在广大民众自觉自愿的认可和赞同基础之上”①。在计划经济条件下，传媒更多的是作为政府传递党的政策、规制社会运行的宣传工具，传媒更多显现的是政治化、组织化的特征而非社会化取向。宣传成为其唯一功能，传递无政治意义的信息以及其他功能被完全屏蔽。

改革开放之后，这种传播实践的长期影响并没有立即消退，传媒以及新闻报道依然被赋予重大的政治意义，如“一言兴邦、一言丧邦”的论述，其结果表现在：其一，强调党的领导权，限制了传媒活动的空间。媒体长期以来都在限制下进行活动，政治系统本身运行的逻辑成为媒体运行的逻辑，在这个过程中，媒体没有机会证明自身所具备的自我调适能力，当然，政治系统也不曾给予媒体尝试的机会。在突发事件的报道上，有些做法虽形成于“大跃进”或者“文化大革命”期间，但对媒体的影响依旧，成为带有鲜明中国特色的“规则”，这些规则并没有出现在任何成文规定中，但是媒体本身还仍然“执行”，并在媒体系统中进行传承。

其二，新闻出版管理者有效地利用自己手中所掌握的制度解释权，将裁量权放大，利用现行制度规制媒体，强化现有突发事件报道控制的刚性。如图2-1所示，2001年1月6日，《黑龙江晨报》刊登了有关部门不允许发布的火灾消息，遭到黑龙江新闻出版局的警告。处理依据是2000年5月29日《中央宣传部、新闻出版署 关于建立违纪违规报刊警告制度的意见》，适用条款是“党委宣传部门和新闻行政部门认定的其他严重错误”。这一条款的存在无疑给予党委宣传部门和新闻出版管理部门以宽松的量裁空间，对于哪些类别的新闻报道属于“其他类”，制度并没有明确说明。因此形成凡是“认定的错误就是错误”的循环论证，新闻管理部门的权限被无限放大，媒体没有任何讨价还价的空间。“其他”以及

① 孙晶：《文化霸权理论研究》，社会科学文献出版社2004年版，第282页。

"管理部门认定"的规定对政府而言意味着能够"随意行政"，而对媒体而言则是一种无所不在的限制。突发事件发生后，等待"有关部门"的指示成为媒体的选择。

黑龙江省新闻出版局

报刊违纪违规警告通知书　　(2001年1月8日)

违纪违规报刊名称	黑龙江晨报		
刊号	CN23－0027	违纪违规报刊刊期	2370期
违纪违规主要事实	黑龙江省委有关部门通知《黑龙江晨报》不得发布关于哈尔滨市一酒店发生火灾的消息。《黑龙江晨报》于2001年1月6日刊登了这一消息。		
查处依据	根据《关于建立违纪违规报刊警告制度的意见》中提出警告的第7条；党委宣传部门和新闻出版行政管理部门认定的其他严重错误。		
查处要求	10天内作出检查并提出对责任人的处理意见		

图2－1　报刊违纪警告通知书①

其三，在新闻报道立场上与政府保持绝对一致，报道内容必须体现政府的态度。突发事件的"突发性"本身就具有不确定性，事件的发展难以预期，甚至事件本身都需要很长时间去认知，如非典型性肺炎等传染性疾病的病毒变异。政府管理者在突发事件的认知模糊时，在"新闻政治化"思维下必然会选择不报道、缓报道或者少报道，或者将突发事件改造成艾丰所谓的"宣传性现象"——为了满足某种宣传目的而制造的一类现象。这给政府形象留出足够的话语空间，而媒体囿于新闻体制，对于上级领导尽管颇有微词，但也不能体现在报纸版面与新闻报道中。

"路径依赖"能够更好地解释长期新闻实践对于突发事件报道的影响。经济学家道格拉斯·诺思认为，"路径依赖"类似于物理学中的"惯性"，一旦进入某一路径（无论是"好"的还是"坏"的）就可能对这种路径产生依赖。"人们过去作出的选择决定了他们现在可能的选择。"②沿着既定的路径，可能进入良性循环的轨道；也可能顺着原来的错误路径

① 违纪通知书来自《传媒》2001年第2期。

② ［美］道格拉斯·C. 诺思：《经济史中的结构与变迁》，上海三联书店1994年版，第3页。

往下滑，甚至会被锁定在某种无效率的状态之下。突发事件报道的路径依赖现象在2003年之前极为普遍，既然过去不报道，现在也不报道；既然过去这么报道，现在也这么报道。对突发事件报道的限制成为各级政府的共同选择，尽管偶有冲破路径的新闻报道发生，也催生了相应的制度化规定，但路径的存在使得过去的做法依然保持强硬的“生命力”。最终改变这种路径的只能是社会力量的介入以及政权自身的变化，但客观地说，既往路径还会在一定范围内长期存在，以“潜规则”的形式在正式制度之下发挥其影响力。

本章小结

对突发事件报道相关制度的分析表明，政府对于突发事件传播管理的逻辑逐渐从“政治框架”进入“应急框架”，将人和事置于突发事件传播的核心，与以往更注重“报道影响”相比，显示了进步与开明；突发事件报道实践表明，我国突发事件传播开放度有不均衡、偶发、时滞的现象。本章通过对组织传播、大众传播概念的厘清，对于5种突发事件传播模式作以简要概述。结合我国政治体制，本书认为规则意识缺失、封闭处理偏好、政绩观偏向、保密文化盛行是突发事件传播开放的阻碍因素；而正面宣传为主、长期传播实践也影响了突发事件报道的开放进程。

第三章　突发事件的组织传播模式

政治体制的封闭性特征，表现在突发事件传播上就是将相关信息内部传播，不进行公开报道，这成为遮掩政府失误的最佳手段，充分利用了政府组织在公共信息方面的垄断优势。以至于连曾任《人民日报》总编辑的李庄也不得不承认："过去认为知道事情不少。'文革'以后，全国拨乱反正，我发现这种看法不对，许多事情我不知道，若干大事所知不确不实。"① 突发事件的封闭传播特征在新时期也得到发展，事故瞒报即是新形式，将突发事件信息传播限定在特定的组织之内。从政府组织传播渠道特征来看，单纯地依靠组织传播渠道，限于我国条块分割的特点，难以实现应急信息传播需求，大众传播的参与能够弥补组织传播渠道的固有缺陷。

第一节　"组织传播模式"界定

组织传播模式是封闭的传播模式，依托政府组织结构进行信息传递，拒绝主动与社会系统进行信息交换。突发事件组织传播模式显示了政府的封闭偏好，革命战争时期以及新中国成立初期的敌我思维、阶级斗争论是形成此种报道模式的基础。

一　组织传播模式概念

突发事件的组织传播模式是将组织传播渠道视为突发事件信息唯一的传播渠道，在这种情况下，突发事件的相关信息只能在政府组织内传播，是一种封闭的传播形式，其传播目的、传播流向、传播范围都被预设。突

① 李庄：《我所理解的正面宣传》，《炎黄春秋》2000 年第 1 期。

发事件组织传播模式有两个渠道进行传播：政府内部组织渠道和新闻媒介的内参报道。

在 1978 年之前，组织传播模式被广泛应用于突发事件的报道。从外在形式来看，组织传播表现首先为不公开报道，仅仅通过组织内部的信息传递渠道，传递事件发生、发展、处置的相关信息。从演化与发展来看，突发事件不公开的传播方式在 1978 年之后依然盛行，限制传播边界的组织传播就演化为突发事件的瞒报。

二 组织传播模式的渠道

政府组织渠道以及内参报道是突发事件组织传播的两种渠道。

其一，通过文件、通知、报告的形式进行组织传播。这种传播形式依托现行的组织层级结构进行，组织传播遵循严格的组织程序与组织结构相适应。按照沟通路径，可以分为上行、平行和下行三种。我国现有报灾体制最大特点是逐级上报，所谓逐级上报就是按照行政区域划分，从下级行政单位及同级负责部门向上级行政单位及主管部门报告。组织传播渠道依托于政府“金字塔式”的组织结构，其传播缺点在于下行有余，上行不足；纵向有余，横向不足。有利于贯彻、传达中央的指示与精神，但下级反映的情况、问题却不能得到上级及时反馈；有利于中央—地方形成纵向的管理链，但对同一地方不同职能部门之间的信息交换却没有正常的沟通渠道。因此，单纯的依托组织传播渠道进行突发事件信息传播，常常会发生以下情况：（1）信息传播时间花费较长，不利于突发事件的及时处理，层级制要求信息必须逐级上报，这需要耗费时间；（2）信息失真可能性加大，在逐级传播的过程中，经过层级越多，信息的变异可能就越大；（3）组织传播的封闭性决定了信息的无序性会增加，单一的信源会导致信息熵增加，缺乏其他信息渠道提供的负熵，封闭组织系统内的信息只会向无序的状态演化。

其二，内参传播。内参是我国特有的传播形式，较之公开报道，内参报道是不宜公开发表或暂时不宜公开发表或需要上级领导机关先知道的有重要参考价值之新闻事实的反映。有人称为“不见报的新闻报道”或“新闻舆论的第二战场”①。内参的作用除了沟通情况之外，其更大的作用

① 曹金娣：《采写内参稿也是记者的一项工作》，《传媒观察》1996 年第 3 期。

是督促解决问题。在媒介是耳目喉舌的定位中，内参更多体现的是耳目的作用。所谓耳目，“就是要通过党报来使我们各级党委及时了解群众的意见和要求，据此作出决策，然后通过党报和其他传播工具，以及各种渠道向群众宣传”①。从传播途径来看，与报纸自上而下的宣传鼓动作用不同，内参更多的是自下而上的传播。

内参报道呈现三个特点：（1）从传播方式看，内参报道具有非公开性的特点；（2）从传播渠道看，内参报道是通过专门的机要途径来实现的，客观上具有非泄密性的特点；（3）从读者对象看，内参报道主要是供党政领导干部参阅的，随着密级的增加，内参报道的份数逐渐减少。②从内参的特点来看，内参的制作者虽然与大众传播的传播者重合，但媒体所履行的内部参考职责更多的是作为政府系统内的一环所进行的工作，内参从其特性，尤其是传播对象、传播渠道来看，更多的是倾向于组织传播而非大众传播。据此，胡鞍钢等认为中国领导人获得信息有两条最重要的途径：“一是报告制度——更多反映了地方利益；二是内参情况反映制度——具有中性特征。”③

三　组织传播模式的特点

组织传播与组织结构相适应，其特点典型地体现为层级性与封闭性。

（1）层级性。层级制度在组织传播中体现明显，在组织传播中强调逐级上报，层级制强调阅读对象的属性，但过长的层级传播对于信息而言会造成失真以及延误。内参传播也有鲜明的层级性，报道内容重点也不尽相同。以《湖北日报》为例，内参就有三种：一为《动态》，以记者来稿为主，专门反映突发事件；二为《舆论监督内部版》，以群众来信为主，主要是对一些错误行为进行批评；三为期刊式的《内部参考》。这三种内参分为三个层次分别送不同的领导：《动态》一般只发到省委常委；《舆论监督内部版》一般只发到副省级及相关部门；而《内部参考》则订阅至县团级。④

① 高狄：《经济宣传的宏观把握》，《新闻战线》1991年第7期。

② 高云才：《关于内参报道的思考》，《新闻知识》1994年第6期。

③ 胡鞍钢、王绍光、周建明：《第二次转型——国家制度建设》，清华大学出版社2003年版，第204页。

④ 以上内参分类参见王小南《内参报道要从小处入手》，《新闻前哨》2001年第7期。

（2）封闭性。尽管在 2007 年伊始，国务院审议通过《信息公开条例》，但长久以来权力机构中的信息往往是封闭性传播。与此相适应的是对于保密的强调，对于政府信息保密的规定过于随意以及范围过于宽泛。内参报道也不例外，根据信息的重要性和紧迫性划分为中央级（绝密级）、省部级（机密级）、地司级（秘密级）。

四　革命斗争思维：组织传播模式理论基础

突发事件的组织传播模式的运用，其目的在于政府对相关信息的控制，限制其进入社会系统公开流通。如果说新中国成立初期突发事件报道的控制是出于维护国家安全需要的话，其继续存在更多的是出于政治利益需要，尤其是从 1957—1978 年期间。随着改革开放的进行，行政体制也走向开放，封闭的组织传播在突发事件中比例越来越少，但是突发事件组织传播模式的思维还会继续存在。

新中国成立伊始将突发事件完全限制在组织传播的范围内，与新中国成立初期的政治环境有关。国际敌对势力对我国极力封锁和挤压，国内敌对势力威胁着新生的人民政权，对于突发事件的报道必须防止“帝国主义反动派夸大我国灾情，进行挑拨造谣的借口”。而这种敌我的思维占据中国意识形态很长时间，使突发事件报道并未随着社会主义建设走向正轨而正常进行。如在新中国成立之初，天气预报也是不允许播报的，理由是天气预报能够给敌人带来可乘之机。夏衍对此有过深刻的回忆：①

> 当时报上不登天气预报，所以不久之后上海遭到强台风袭击，事先没有准备，损失很大，一次会议上我提出了这个问题，回答是美蒋飞机经常来轰炸，发表气象预报会给敌人提供情报，看来这也是一个缺乏科学知识的问题。长江口就有美国兵舰，上海一带的气象，他们肯定是知道得很清楚的，台湾的天文台，也可以测度出上海一带的气象的。

阶级斗争是革命战争思维的延续，较之天气预报所考虑的现实危险的可能，政府管理者更看重的是灾难所带来的负面的评价，认为报道突发事

---

① 夏衍：《懒寻旧梦录》，北京三联书店 1985 年版，第 639 页。

件所产生的灾情，容易成为反动势力（更多时候只是假想敌）的口实，成为攻击伟大社会主义的武器。1957年之后，全党全国的各项工作从根本指导思想上说均是以“阶级斗争为纲”，并成为后来“无产阶级专政下继续革命”理论的核心内容。对阶级斗争夸大化、绝对化的提法，一度成为流行口号，渗透到社会各个层次。毛泽东在1957年提出“报纸是阶级斗争工具”。从此“报纸的唯一任务或主要任务，它的性质，就是只搞阶级斗争，而不是其他，没有其他”①。新闻业不但不能按照本身的规律继续发展，“反而从1957年以前的水平上退下来了。报道真实新闻的传统，1956年初步形成的百家争鸣的空气，都从报纸上消失了，代之以1958年的说假话，写假新闻，……人民的报纸成为危害人民的工具”②。阶级斗争论在新闻业的统治地位直到十一届三中全会才被中止，新闻事业才得以向正常的轨道运行。

阶级斗争论使得我国灾难的处理必然处于封闭状态，政府对于突发事件进行完全的操控，国内环境以及国际环境对于“以我为主”的政府行为难以产生什么实质性的影响。唐山地震的伤亡人数在很长一段时间未对外公布，对外国一些报刊的估计也不予更正，以致以讹传讹，至今仍有负面影响。“唐山地震救灾中执行的是封闭式的对外政策，直到1988年的云南省澜沧、耿马的强烈地震，才实行部分开放政策，采取的原则是只接受、不争取。”③

1962年党的八届十中全会上，毛泽东指出：“在整个社会主义社会，始终存在无产阶级和资产阶级之间的阶级斗争，存在社会主义和资本主义两条路线的斗争。阶级斗争和资本主义复辟的危险性，必须年年讲、月月讲。”阶级敌人在社会中无处不在，使得突发事件报道更加难以开展。突发事件的发生对于阶级敌人而言，正是复辟领导、诋毁政府、蛊惑群众的最佳时机。因而报不报道、什么时候报道、报道什么都必须考虑到阶级斗争的需要。由此，通过报纸构建的盛世图景也是为了打击阶级敌人的需要。

---

① 甘惜分：《新闻论争三十年》，新华出版社1988年版，第110页。

② 孙旭培：《建国初期宣传报道与报纸批评特点》，载《新闻研究资料》总第47辑，中国社会科学出版社1989年版。

③ 谢礼立、罗奇峰、许厚德：《论灾区开放政策》，《自然灾害学报》1992年第3期。

第二节 个案研究:1959 年信阳饥荒的信息传播

“三年自然灾害”是我国当代重要历史事件，近些年被各个领域的研究者所关注。信阳事件是“三年自然灾害”的典型案例，通过对于1959年信阳饥荒的信息传播分析，能够发现在1959年组织意志对于饥荒信息传播所起的决定性作用。

1959年是我国“三年自然灾害”的关键年份。1959年是三年自然灾害的开端，其承接1958年的“大跃进”，后连1960年持续的自然灾害。同时这一年有着特殊的政治意义：（1）是人民公社成立的第一年；（2）这一年的8月中央召开了庐山会议，使政治风向从反“左”重新导向反右；（3）1958年“大跃进”，包括粮食产量在内，已经取得巨大“胜利”。

信阳事件是指1959年10月至1960年4月发生在河南省信阳地区的大批农民群众非正常死亡事件，死亡人口超过百万。尽管从1959年到1960年发生了自然灾害导致粮食减产，但“五风”（高指标风、瞎指挥风、浮夸风、共产风、强迫命令风）盛行是导致人口死亡的主要原因。可以说信阳事件既是天灾，更是人祸。信阳事件是三年自然灾害中导致人口大量非正常死亡的典型例子，充分显示了“大跃进”以及人民公社制度的负面作用。信阳事件使“毛泽东得出了‘左’的结论，使‘左’风越刮越猛，以至爆发了全国上下的‘四清’运动和十年‘文革’，这是没有预料到的”①。考察信阳有关旱灾、饥荒信息的传播，能够发现相关信息在组织内部以及组织外部传播的不同形态，借此说明突发事件组织模式的运用更多是出于政治目的，而非救灾需要。

一 信阳旱灾与饥荒

1959年的信阳地区与现在信阳市区划不同，下辖1市、17县（信阳市和固始县、光山县、淮滨县、潢川县、罗山县、确山县、上蔡县、平舆县、汝南县、遂平县、息县、新县、新蔡县、西平县、西峡县、信阳县、正阳县），约是现在辖区面积的一倍（2005年信阳市辖2个市辖区、8个县），人口约800万。

---

① 章重：《信阳事件揭密》，《党史天地》2004年第4期。

1958 年的信阳专区粮食丰收，“尽管大办钢铁等误了农时，没能及时收割，损失了 10% 左右的粮食，但群众生活没有出大问题，这年全区完成征购任务 16 亿斤”[①]。1959 年年初，信阳地区发生了春荒，1959 年 7 月开始，全区大部分县开始干旱，导致秋季歉收。息县“连续 82 天无雨，全县 147 万亩秋作物受损，其中 80 万亩被干绝收”[②]。平舆县“7 月到 9 月中旬总降雨量 32. 6 毫米，只有常年同期降雨量的 9%，是年 120 万亩晚秋作物平均减产 7 成”[③]。正阳县“干旱 83 天，早秋（旱作区）略有收，晚秋基本绝收”[④]。淮滨县“85 天天未落透雨，108 万亩秋作物全部受旱”[⑤]。

息县全年粮食产量由 1958 年的 1. 4 亿公斤下降到 0. 5 亿公斤，由于浮夸风盛行，仍按高指标征收，全县共征收粮 2756 万公斤。[⑥] 信阳全区状况也是如此，1959 年信阳地区的粮食产量只有 32 亿斤，却被高估计为 64 亿斤，以此为标准国家征购粮食 9. 6 亿斤，信阳地区的官员又把征购数提高到 10. 4 亿斤。结果农民一年的人均口粮剩下 164. 5 斤，平均每月 13. 7 斤，每天 4. 5 两。缺粮严重的潢川、光山等县，征购后仅剩下两三个月的口粮。[⑦] 从 1959 年 10 月到 1960 年 4 月信阳专区发生大批饥民饿死、饥民外流的现象，全区 800 万人，死亡 14. 2%。[⑧]

二　信阳旱灾的公开报道

从《河南日报》的公开报道来看，上面所提到的因干旱而造成粮食减产情况根本就不存在，反而是一幅丰收的景象。1959 年 8 月 14 日该报在《鼓足干劲人胜天　抗旱赢得大丰收》报道中说：“光山早稻获得丰收，已打的二千五百零二亩早稻，平均亩产七百二十一斤，较之去年亩产增产二至四成，最高的达一倍。”1959 年 8 月 17 日该报在《抗旱斗争结

---

① 张树藩：《信阳事件：一个沉痛的历史教训》，《百年潮》1998 年第 6 期。

② 《息县志》，河南人民出版社 1989 年版，第 117 页。

③ 《平舆县志》，河南人民出版社 1995 年版，第 84 页。

④ 《正阳县志》，河南人民出版社 1996 年版，第 125 页 。

⑤ 《淮滨县志》，河南人民出版社 1986 年版，第 112 页 。

⑥ 《息县志》，河南人民出版社 1989 年版，第 37、38 页。

⑦ 参见张树德、侯志英《当代中国的河南》，中国社会科学出版社 1990 年版，第 173 页；

⑧ 《驻马店志》，河南人民出版社 1989 年版，第 101 页。驻马店市 1959 年归属确山县，隶属信阳专区——作者注。

出硕果　潢川旱稻喜报丰收》报道中又说：潢川县"截至8月12日，全县已收打旱稻八千三百零一亩，经过验收，平均亩产五百零二斤，比去年增产28%"。1959年8月19日还以《汗换水　水换粮　抗旱夺得粮满仓》为题报道信阳县"8月14日到16日已收割五千多亩，平均亩产五百二十斤三两，比1958年增产23.7%"。1959年8月31日以《人民公社力量大　旱灾长出好庄稼　淮南五县旱稻庆丰收》为题，报道新县"已收旱稻三万多亩，已打的一万一千二百一十亩统计，平均亩产八百三十四斤多；光山已打三万九千一百四十七亩，平均亩产七百三十四斤，比去年增产三成以上"。1959年9月2日该报又以《反右倾　鼓干劲　大战九十两个月　坚决抗旱到底保证秋季丰收　保证种好小麦》为题，报道"信阳专区初步了解，亩产千斤以上的旱稻已有四千五百多亩，两千斤以上的旱稻已有四百多亩"。整个河南省秋粮形势也是一片大好，1959年10月30日《河南时报》以《广大农民欢庆大丰收　踊跃交售爱国粮　我省秋粮征购任务超额完成》为题，报道"我省秋粮征购任务已经超额完成，截至10月27日统计，全省秋粮入库任务超额2.8%"。

《人民日报》对于信阳农业生产的报道也遵循类似的论调。1959年9月4日该报以《河南农民坚持抗旱确保大面积丰产　笑收秋粮　喜摘新棉》为题报道，"今年河南省遭受了严重干旱，但是由于人民公社在抗旱中发挥了巨大威力，大部分地区的早秋作物获得丰收。一连四十多天未下雨的信阳专区的三百多万亩旱稻，普遍超过去年产量。固始县已收打的一万零五百八十亩旱稻，平均亩产量比去年增产约三成"。1959年9月12日该报在《大部受旱地区旱象解除　获雨地区力争丰收　干旱地区坚持抗旱》报道中提到"河南的信阳地区仍在抗旱"。1959年10月14日该报又在《河南五百万亩芝麻大丰收　南阳十七万亩比去年增产四成八》一文中报道"位于淮河中游、干旱最重的信阳专区淮滨县，已经收打的三万二千五百二十亩芝麻，平均亩产一百五十三斤，比去年增产四成以上"。1959年10月28日作家李准以《人民日报》特约记者身份在撰写的《朝霞满天——二访河南遂平县嵖岈山人民公社》中写道："大旱却赢得了大丰收。今年全公社十万亩秋作物，已经收打三万九千三百亩，其中五千三百八十七亩高粱，平均亩产四百三十六斤，比去年增产六成；玉米四千一百九十二亩，平均亩产五百零八斤，比公社化前平均增产一倍半；谷子四千九百六十六亩，平均单产五百三十四斤，比去年增加七成；水稻八千七百八十三亩，已收打的五百亩早稻，平均每亩单产一千二百斤。”总而言之，《人民日报》认为，河南信阳1959年是个丰收年。1959年12月23日该报在《共产党的领导无往不胜　人民公社的威力气吞山河　亿万英雄农民抗灾大胜利保产保丰收》报道中指出，“受旱面积最大的河南省，在一百天基本无雨的情况下，近一亿亩受旱农作物做到了‘天旱地不旱’，粮棉总产量仍然超过了去年”。

三　信阳饥荒的传播

从信阳秋收的公开报道来看，关于旱灾导致粮食歉收的内容一概没有出现，在肯定1959年信阳旱灾确实导致粮食歉收的前提下，研究信阳灾情的传播分为以下两个问题。第一个问题为，有关信阳饥荒的信息，政府组织内部是不是掌握？这是灾情进行传播的前提，如果灾情仅仅被基层组织，如县级以下的政府所掌握并封锁消息，不仅中央难以进行相应的救灾活动，就连省政府也无法进行省内资源的调配；第二个问题，在1959年，报纸或者说大众传媒有没有可能公开信阳饥荒？在政府组织封闭相关信息之后，报纸有没有可能直接呈现旱灾以及引起的粮食歉收的信息，借以引起全社会的关注，迫使政府通过调整现有政策，实施救济措施，化解信阳的灾情。

（一）组织内部是不是掌握灾情

答案是肯定的，起码河南省省委、省政府对于信阳饥荒的事件是知道的，而且相关信息的传播到省级时还是在大规模非正常死亡发生之前。对于信阳饥荒的问题，不能孤立地进行看待，河南省全省性的粮食不足早已存在，在“信阳事件”之前还有“商丘事件”，对于粮食紧缺的事实，省委早已了解。1959年3月25日下午，河南省省委在研究粮食的常委会上，得到的资料是：“据79个县126258个食堂统计，吃粮标准每天1斤以上的占23.69%；12两（1959年6月之前，1斤等于16两——作者注）以上的占14.24%；12两以下的占62.07%。”① 1959年5月7日，中共河南省委在批转开封地委的报告中就得到反映，豫东商丘地区等“春节前

---

① 依据河南省档案，1958年，建Ⅰ，1517。转引自胡悌云《三年困难时期的形成与克服》，载《新中国往事》，中央文献出版社2006年版，第122页。

因浮肿病致死 7116 人，病人最高达 75501 人”[①]。

信阳灾情也很早进入了组织系统，时任中共信阳地委副书记、行政公署专员张树藩，叙述了信阳灾情组织传播的详细过程。“信阳县委有一个纪委干部看到饿死人的严重问题，给省委写信反映情况，受到留党察看处分。当时路宪文（时任信阳地委书记）在省委支持下，为了不让干部群众向中央写信反映情况，还专门开会让各邮局把关，凡是反映情况的信，一律扣压，后来统计被扣压的信件达 12000 多封。即使如此严格限制，还有人跑到许昌地区向上寄信。有一个党支部，23 个党员饿死了 20 个，剩下的三个党员，给省委写了一封信，请求省委救救他们村人民。此信也被省委秘书长戴苏理扣压并要查处。”[②] 以上信息表明，粮食不足的问题已经为省委所了解，即便政府组织传播的渠道不通畅，大量流民的产生，本身也将饥荒的信息进行了传播，“大量饿死人时，说下面不反映，问问省委知道不，外流的人在郑州成堆，省委关心（群众），怎么不给他们粮食吃，看着叫饿死?”[③]

1962 年 1 月，担任河南省省委书记的吴芝圃给中南局的检查中承认：“对河南 58、59 年粮食产量，我曾经作过远远高于实际的估算……不止一次向主席作了河南粮食数字的假报告……反映全省群众生活只有 5% 安排不好，其实那个时候正是信阳地区大批发生浮肿病和死人的时候。”[④]信阳地委书记路宪文在 1985 年写信给中央说：“河南死人问题，当时的省委应负主要责任。死人的主要原因是执行省委错误路线和三高（高估产、高征购、高速度）政策的结果，省委对信阳死人问题自始至终是了解的。”[⑤]上述史料互相印证，可以证实，信阳饥荒事件早在 1959 年 10 月之前，河南省省委就已经知道消息，不仅没有进行正常的组织内传达，反而进行消息封锁，各县派人设卡，禁止饥民外流。

（二）报纸有没有可能公开报道灾情

答案非常明确，根本不可能。即使在政府组织内部，进行灾情传播也

① 依据河南省档案，1958 年，建Ⅰ，1791。转引自同上。

② 张树藩：《信阳事件：一个沉痛的历史教训》，《百年潮》1998 年第 6 期。

③ 转引自贾艳敏《“大跃进”时期乡村政治的典型：河南嵖岈山卫星人民公社研究》，知识产权出版社 2006 年版。

④ 何立波：《吴芝圃与大跃进运动》，《党史文苑》2006 年第 23 期。

⑤ 李锐：《“信阳事件”及其教训——〈信阳事件〉序言》，《炎黄春秋》2002 年第 4 期。

是受到限制的。1959 年的河南省，通用的手段是“一手高指标，一手右倾帽”，任何与人民公社、“大跃进”制度相悖的信息在各级政府组织中都受到限制。1959 年 8 月中旬，平舆县县委书记常久通发现夏粮征购透底，食堂缺粮断炊，秋收无望，人员开始外流的情况，如实向县委作了通报，并向地委写了报告。秋季征购开始，常久通和县长曹铭强调留足种子、饲料，安排好社员生活再抓入库。但此举并没有得到上级支持，1959 年 10 月 8 日至 19 日，地委派人来平舆帮助县委召开四级干部大会，传达中央庐山会议精神和省委三级干部会议精神。把大灾之年说成大丰收，批判右倾思想，坚持高估产。把如实反映情况的常久通、曹铭定为右倾，进行批判斗争。① 时任中共信阳地委副书记、行政公署专员张树藩也是因为正常反映灾情被认为犯了严重右倾错误，其错误之一就是将 1959 年的特大丰收说成大灾荒年。不仅在地委会议上说，到省委扩大会议上还坚持己见。② 从平舆县以及信阳地区整个情况来看，灾情信息不仅从县级政府传到了地市级政府，还从地市级政府传到了省级政府，但是这种传播无一例外都受到上级政府的压制，省政府主要领导凭意志决定，高指标是必需的，省委书记吴芝甫 1959 年 5 月 14 日对研究夏粮征购工作的结论是：“任务这一次通过也得通，不通过也得通，先带回去。今年下个决心，保证征购 43 亿斤，夏季争取主动，出毛病再说，不能犹豫。”③

在组织传播内部将灾情信息极力控制与遮蔽的情况下，大众传媒的公开报道能不能冲破组织意志，进行灾情的公开传播，其核心问题在于 1959 年的报社有没有新闻报道的自主性，媒体在整个政治体系的位置决定媒体的公开报道是不可能的。

《河南日报》进行 1959 年粮食丰收的报道不是个别现象，《人民日报》、新华社以及全国各级媒体都是同样的做法，这也是“浮夸风”的表现。对于“大跃进”时的宣传，中央主要领导也有着自己的态度。1961 年刘少奇说：“新华社、《人民日报》几年来（主要指‘大跃进’时期的宣传报道）净吹牛、浮夸，吹牛成风，你们几年来是犯了罪的，欠了债就要还，不然不如关了门。你们是祸国殃民。你们新闻工作不是党和人民

---

① 《平舆县志》，河南人民出版社 1995 年版，第 128 页。

② 张树藩：《信阳事件：一个沉痛的历史教训》，《百年潮》1998 年第 6 期。

③ 转引自胡悌云《三年困难时期的形成与克服》，载《新中国往事》，中央文献出版社 2006 年版，第 130 页。

联系的主要桥梁。你们成事不足，败事有余……1958 年到 1961 年的报纸、新闻要全面检查，彻底检查，找出吹牛的原因，犯了罪就要领罪，检查了给中央写个报告。”

作为对中央领导批评的回应，1959 年任《人民日报》总编辑兼新华社社长的吴冷西，1961 年 4 月 24 日在人民日报社所作《整顿报道作风》报告中承认：“1959 年的夏收和秋收报道，不再宣传一亩地、几亩地的高产卫星，这是对的，但仍片面地和过多地报道在稍大面积上的一些‘拔尖产量’，而忽视了同时适当报道一些地方因严重自然灾害减产或平产的，所报道的一些‘拔尖’的产量中，也有个别虚假现象。”[①] 中央领导的批评以及吴冷西的认错，似乎说明了三年自然灾害报道的错误报社应该承担主要责任，但这归因流于表面，甚至偏离了重点。新闻媒介所犯的错误与新闻体制有着直接的关系。

对于报社记者、编辑行为的考察必须在“体系内的操纵者”（operatives within a system）层面上去理解，而不是在“体系的操纵者”（operators of a system）层面上去理解。[②] 从“体系内的操纵者”的角度，单纯指责报纸没有报道是无意义的。新闻系统隶属于行政系统，1959 年的《河南日报》根本就是没有自主性的行为主体，新闻“把关人”更多的是由党委来充当，在此情况下，报纸报道与党委要求不同的内容，是绝对不可能的。

首先，《河南日报》处于河南省省委的直接领导之下，从 1958 年开始，省委通过调整组织结构以及整风将《河南日报》掌握在手中。与 1958 年之前省委通过宣传部领导报社不同，“在新形势下，中共河南省委将河南日报紧紧掌握在自己手中，作为组织全省全面大跃进和跃进再跃进的有力武器。……在省委的直接领导下，河南日报编辑部经常在明确的指导思想下进行工作”[③]。

其次，通过在《河南日报》报社内部的整风与反右倾，统一了报社的思想，确立了党委意志在报社日常工作中的绝对权威地位。《河南日报》编辑部被打成右派的有 27 人，在 3000 多通讯员队伍中，打成右派和

---

① 新华社新闻研究所：《吴冷西论新闻报道》，新华出版社 2005 年版，第 139 页。

② Morrison & Tumber, *Journalists at War: The Dynamics of News Reporting during the Falklands Conflict*, London: Sage, 1988.

③ 河南日报编委会：《在省委的坚强领导下》，《新闻战线》1958 年第 10 期。

坏分子的有800多人，由此“才能使报社编辑部同志认清形势，克服右倾保守思想，促进报纸的跃进”[①]。通过省委的直接领导，报社内部的整风运动，1959年的《河南日报》完全成为河南省省委进行组织、鼓动“大跃进”的宣传工具，报社已经成为党委的一个部分，报道方针、宣传重点都由省委决定。

与公开报道的情况类似，1959—1960年的报纸内参并没有发挥其反映情况、反映问题的基本功能。有些记者在报社通过不公开的形式汇报了粮食紧张的状况，但结果无一例外都是右倾的下场。[②] 新华社内参也是如此，“1959年中央下传了‘庐山会议’、‘反右倾’的精神风向后，于是转而组织大家批评先前对‘三面红旗’提过意见的人和有关言论，1959年年初有限的一点反思被迫中断”。[③]

从1959年信阳饥荒信息传播来看，新闻报道的主题、目的包裹着政治诉求，妥协的是新闻的本质——真实性，为了政治目的，“新闻”或者说“事实”可以按照政治要求进行定做。诸多的研究都表明，1959年受自然灾害的影响是个歉收的年份，而无论对抗旱过程和抗旱结果的报道中，灾害都是被战胜的，丰收是肯定的。新闻完全是政治的附庸，新闻的形式和内容完全出于政治的需要。

在政治框架内，突发事件信息传播随意性较大，1975年8月，特大暴雨引发的淮河上游大洪水，使河南省驻马店地区数十座水库漫顶垮坝，1100万亩农田受到毁灭性的灾害，1100万人受灾，超过2.6万人死亡，经济损失近百亿元，成为世界最大的水库垮坝惨剧。[④] 但这样重大的灾情仍然不能公开报道，“中央领导已经决定这次水灾不作公开报道，不发消息，特别是灾情不仅不作公开报道，而且还要保密。”同时对于记者采写的内参内容也有明确指示：“……要搞些内参，宣传抗洪抢救中的先进人

---

① 丁希凌：《坚持报纸工作的两条路线斗争》，《新闻战线》1958年第10期。丁希凌，1956年起任《河南日报》社长、总编辑、省委宣传部副部长、省委候补委员，1959年任河南省委任副秘书长。

② 参见《人民日报》报史编辑组《人民日报回忆录（1948—1988）》，人民日报出版社1988年版。

③ 夏公然、夏小梅：《激情岁月中的清白墨迹》，《观察与思考》2001年第12期。

④ 数据来自原水利部长钱正英亲自作序的《中国历史大洪水》，当代中国出版社1999年版。1975年淮河大水灾的死亡人数至今仍有争议，据采访此次灾情的新华社记者张广友的文章中估计这次水灾中总共死亡人数估计可能是3万多人，此外还有死亡8万多人的说法。

物、先进事迹，如：舍己为人，舍小家顾大家，一方遇灾，八方支援的共产主义风格等；特别是要抓住一些重要问题深入实际，做些调查研究。”1975年11月初，新华社记者将调查报告转送给有关领导，但“石沉大海”，渺无音讯。[①] 由此可见，组织传播的封闭性导致了突发事件组织传播的“断路”会随时发生，在突发事件中单纯的组织传播反而难以传播。

第三节　组织传播：突破组织壁垒

组织传播渠道依附政府组织结构形成，组织传播渠道缺陷同样源自“条块分割”的政权结构，条块结构是我国进行国家管理的主要特点。条条是指不同层级的地方政府之间上下贯通的职能部门或机构，也包括部门、机构与直属的企事业单位；块块是指每一级地方政府内部按照管理内容划分为不同的部门或者机构。[②] 组织传播渠道的封闭性、单向性特点形成了突发事件传播中的条块分割现象，造成突发事件应急处理难以高效、系统进行；同时也为突发事件的瞒报提供了可能，突发事件的组织传播演变为“组织不传播”。

一　组织传播的条块分割

条块结构看似纵横交错，但更多时候体现的是“条块分割”。组织传播渠道的条块分割，对于突发事件的首要影响主要体现在：（1）权限不清，难以确立突发事件应急的责任主体；（2）条块分割导致横向职能各部门之间相互独立，只对上级领导负责；（3）纵向层级制的行政组织系统只在系统内部实施垂直领导。条块之间的信息传播虽然纵横交错，但并没有形成信息交会，没有统一信息平台，因而难以形成有效的情报传递系统。

2003年12月23日，重庆开县发生重大井喷事故，[③] 事件发生后1个小时才发出警报信息，5个小时后，当地政府才开始有组织地疏散事故地

---

① 参见张广友《目睹1975年淮河大水灾》，《炎黄春秋》2003年第1期。

② 房宁、负杰：《突发事件中的公共管理——“非典”之后的反思》，中国社会科学出版社2005年版，第87—89页。

③ 开县井喷事件细节依据《财经》、《瞭望东方周刊》、《21世纪经济报道》等媒体的公开报道，不再一一注出。

区的人民群众，22 个小时后，隶属高层的事故应急指挥部才成立，而 25 个小时后，大规模的搜救工作才开始。群众死亡高达 232 人，信息不畅、应对不及时是主要原因，组织传播渠道的条块分割缺陷暴露无遗。结合开县井喷事故的信息传递，能够发现组织传播问题所在。

（一）封闭的单向传播而非发散传播

条块分割在开县井喷事件中十分明显。事故中的油井隶属中国石油总公司，是中央直属的大型企业，属于条条的范围；而事故中的受害群众、地方政府、警察、医疗系统则属于块块的范围。在事件的第一阶段，表现为条条中的封闭式传播，事故发现之后，没有及时地向周围的群众通知，也没有向当地政府及时报告。向上级报告后，油井工作人员在原地等待上级的处理通知。家离井口只有五六百米的晓阳村六组组长廖代宣说：“要是有个高音喇叭就不会死那么多人了。”当地政府在事发 2 个小时之后，才从基层组织而非事发油井处得到相应信息，开始进行群众疏散与迁移。14 小时后，中石油才向地方政府求援。2003 年 12 月 24 日中午 12 时，中石油觉得“形势严峻”，请求地方政府支援。重庆消防总队总队长同时接到中国石油天然气集团公司四川管理局的支援请求和市委、市政府、市公安局的命令。

突发事件的主要特点就是突发性与公共性：事件突然发生，事件发展难以估计但却影响甚广。因此在事件发生后，相关信息需要尽可能的向外传播，此时对于信息传播的要求是发散性的传播，即事件的信息尽可能多的向周边传播，与事发地临近的地方还必须优先传播，这在海啸、地震、环境污染、生产安全等突发事件中尤为关键，传播效果往往决定突发事件的损害程度。但组织传播渠道所强调的是向上级传播优先，在上级没有发出指令之前，相关信息不允许公开，组织传播的封闭性、单向性与突发事件的应急处理原则极不相符。

（二）传播网络交错而非交会

条块分割影响信息传播最大的问题是，条条和块块虽然在形式上呈现交错的网状，但在实践中并未“交会”，而是形成各自独立的“传播链”。条块分割使得开县职能部门对于其辖区内的中石油生产单位并无监察权，虽然矿井在开县地面上，但开县安监部门对于其安全生产情况基本插不上手。即使偶尔去检查，采气部门也常常以“我们是垂直管理”拒绝监管。

开县井喷事故信息传播的主体本应是矿井（事故发生单位）以及晓

阳村（事故发生地），然而这两个“当事人”之间并没有发生信息的传播，传播主体变成了他们的上级，重庆市政府以及中国石油总公司四川管理局，两个省级单位之间的传播。重庆市政府距离事发地区400公里，舍近求远的传播方式本身就意味着死亡不可避免。事发36个小时之后，灾害核心区的搜救才开始进行。

事故发生后，矿方首先向其上级主管部门报告，近在咫尺的地方政府得到的反而是转手消息，条条的传播限制了块块的传播，纵向传播限制了横向传播，使得地方救援进展缓慢，最终受到损害的是地方群众。条块分割使得本来可以无限制、无成本复制的信息只能在封闭的渠道中流动，只在较高等级的职权部门那里才会有会合（这次是省级，有时甚至在中央级）。假设井喷相关信息会合在油井与晓阳村的传播渠道交叉点上，232人也许会幸免于难。

（三）组织传播渠道常规有余，应急不足

块块传播在开县井喷中也难尽如人意。政府的组织传播是基于应对日常文告的上下传递，这种常规的传播节奏难以适应突发事件应急的要求。危机时期要求快速的信息传递，并在信息快速传递的基础上形成方案，付诸行动，这对于传播是一种非常规的要求。快速开放多条传播通道，保持传播的高效与通畅是应急处理的关键。开县井喷事件中并没有看到针对突发事件应急而建立的传播通道，因此在村—镇—县—市的信息传播中，表现出低效率。

条块分割的信息传播渠道对于信息自上而下的传播影响不大，对于政策、指示的传播是有效的，甚至从一定角度来看，传播渠道纵横交错对于指示的贯彻更具效率，但是对于条条之间、条块之间的信息流动却是无形之中设置了行政壁垒；条块分割的体制导致其效率较低，对于应付日常的信息传播，或者说日常工作式的传播并不能显现出其弊端，然而，对于危机信息的传播其弊端显现无遗。条块分割的传播模式导致没有办法形成一个共享的信息平台，信息不能充分共享导致危机相关各个部门无法形成联动，快速形成一个危机处理方案，开县井喷事件中由于传播渠道的限制，其应急方案在事发两天后才由公安部提出重要处置意见，48小时的时间，足够让死神将生命掳去。

二　从组织传播到“组织不传播”

在我国，将天灾与现有制度相联系有着久远的传统，早在春秋时期就形成了“灾害天谴论”，汉朝董仲舒认为“国家将有失道之败，而天乃先出灾害以谴告之”，以后“历代统治阶级对这种天人感应的学说深信不疑，认为灾异均为上天垂戒，警示其政策或是统治行为有不当之处”①。将灾情与政治因素连接在一起，是妨碍灾情公开传播的重要因素。从1959年信阳灾情的组织传播可以看出，由于将救灾成功与否与人民公社优越性联系一起，那么一切有关“灾”的信息，都是对正在实施中的人民公社制、“大跃进”的否定，隐藏灾情正是掩盖相关的制度、政策的失误之处。改革开放以后，这样的联系也并不罕见，如将突发事件与国家、政府形象甚至改革开放大局相联系，借以说明不公开传播，进行“内部处理”的必要性。20世纪90年代之后，突发事件的组织传播往往是掩盖政府在制定、执行相关制度、政策上存在的不足，借“内部处理”、“内部传达”的方式遮蔽自身的失误与不作为。

当突发事件组织传播目的是为了掩盖政府行为不当时，组织传播往往变成了组织不传播，即突发事件的瞒报。所谓瞒报，就是突发事件事发企业、政府不向或者少向上级政府、上级主管单位报告突发事件的损害、死亡情况。从现实来看，瞒报的主体多是企业与政府的“联盟”。在我国，突发事件的瞒报现象极为普遍，而瞒报的事件类型也基本涵盖突发事件的所有类型。2006年7月，湖南资兴将“碧利斯”台风所造成的死伤状况进行了瞒报，报告死亡人数与实际死亡人数相差3倍之多。瞒报事件类型最为普遍的是生产事故，从2001年南丹矿难事故开始，矿难瞒报就不绝于耳。据媒体公开报道，2001年河北邯郸市被查处的隐瞒事故占事故总数的21.9%，2002年为20%，2003年为15%。如此高比例瞒报事故的发生必然存在制度的缺陷，组织传播渠道固有的不足是瞒报发生的深层原因。

（一）事故瞒报可能：制度缺陷

瞒报大规模的发生，客观上表明了现有的行政组织传播渠道中的固有缺陷。我国组织结构形成于计划经济时代，整个组织传播强调信息自上而

---

①　滕朋：《明代灾情传播研究》，《新闻大学》2007年夏季号。

下的传达与灌输，对于下级而言强调的是遵守与完成，自下而上的信息传递渠道较为单一与狭窄；地方政府比上级政府拥有更多的信息，囿于封闭的组织系统，上级政府也难以从政府组织传播之外的渠道获取信息进行验证。组织传播的封闭性以及上下级政府的信息不对称，使得事故瞒报被查出的几率降低，事实上增加了地方政府、企业主进行瞒报的动力。

封闭的传播渠道在没有其他传播渠道的辅助之下，信息的断路与失真是必然的结果。现行的评价体制使得地方政府及相关职能部门担心影响政绩、上级追究责任以及矿主怕承担事故法律责任和罚款。在当前的制度背景下，作为一个理性的行为主体，地方政府在面对突发事件中存在的长期矛盾和问题时，最优化选择便是瞒报，“捂盖子”、“欺上瞒下”也就成为地方政府“合理”的行为选择。在现有新闻体制之下，地方政府对于地方媒体有着绝对的操控权，规制新闻媒体的活动能够进一步降低败露的可能性。相关制度也为瞒报提供了方便，如湖北省规定的“影响有限的事件，可在当地报道”，更为将事故信息封锁在当地提供了便利。在封闭的传播环境下，出现如此高比例的瞒报事件也就不足为奇了。

（二）事故瞒报可为：利益驱动

地方政府的瞒报心态，可以归结为三类：“怕损面子工程；怕损政绩工程；怕拔出萝卜带出泥。”[①] 面子工程、政绩工程只是瞒报驱动的外在表现，其重点是政府官员怕公开报道引发事故背后违法乱纪的“阴暗面”，甚至断送了官员的“财路”。在多数安全生产事故中，都有着行政不规范现象，如审批手续不全、安全监管不力等。有些地方发生矿难后，矿主与地方官员合谋“捂盖子”（至少想少报死伤），“矿主是为了保住其不具备安全生产条件的矿井继续出煤赚钱，某些官员除了从中分一杯羹以外，更是要为保住虚假政绩保住官帽而欺上瞒下、弄虚作假”[②]。

地方政府中个别官员的经济利益牵涉其中是瞒报频发的重要因素，在最近两年的清理煤矿“官股”中，官员占有的比例十分惊人。有些是官员直接投资进行煤炭开采。截至 2005 年 10 月 20 日，国家机关工作人员和国有企业负责人已从煤矿撤走股资 4.73 亿元，普遍认为，这个数字还不足以反映官股的全貌。此外还有“干股”的现象，“这种人持有股份的

---

① 何如旦：《“信息瞒报”心态及媒体的对策》，《新闻实践》2006 年第 12 期。

② 邵燕祥：《说隐瞒》，《杂文月刊》2004 年第 12 期（下）。

多少，取决于其运用权力给煤矿带来的利润空间大小”[①]。在事故瞒报中，有些宣传部门的领导甚至亲自参与其中，湖南省郴州市宣传部部长樊甲生，作为郴州“贪窝”的重要成员，被新闻界称为“矿难新闻灭火队长”。当一些非法开采的小煤矿发生矿难事件后，樊甲生常常要求在第一时间对消息进行封锁，而后可获得矿山的干股或现金回报。与郴州“贪窝”相对应的是煤矿开采的混乱，在此之前，郴州一场清理整顿“官煤勾结”的行动中，郴州市556个煤矿企业，取得安全生产许可证的仅有21个，但有多少非法煤矿，没人能够说清。[②] 矿难事故的瞒报客观上已经形成了一种机制，地方政府、矿主和部分记者形成了“利益共同体”，形成了瞒报链条和瞒报运作机制。

三　大众媒体参与破除组织传播壁垒

突发事件的组织传播实质是倾向于突发事件的内部处理，但组织传播渠道所固有的缺陷一方面使得传播效率低下，应对不及时；另一方面使得突发事件组织传播成为掩盖官员失误、实现官员利益的工具。从任一方面来看，突发事件的组织传播对于国家稳定、社会安全都是不利的。突发事件组织传播模式还将会长期存在，组织传播渠道的缺陷在短期内也难以消除。引进大众传媒参与，符合系统论中开放系统的原则，通过与其他系统的信息交换，能够使系统无序度降低，保持有序。大众传媒的参与能够弥补组织传播的固有缺陷，同时也能够将瞒报发生几率降低。

（一）大众媒体的公开性弥补组织传播封闭性

大众传播的公开性能够弥补组织传播封闭性缺陷。对于突发事件的组织传播而言，实现组织内部的沟通难度不大。但从突发事件应急处理来看，如何实现通过信息传递降低突发事件的社会影响更为重要，借助大众媒体无疑是首选，大众媒体本身具有传播网络覆盖广，传播信息速度快，传播信息量大以及公众接受方便等特点。信息的快速公开靠组织传播渠道难以实现，这是由组织传播渠道层级性、封闭性的特点决定的，信息通过大众媒体的公开传播能够在第一时间给群众提供避险信息，降低人员

---

① 钟纥：《煤矿官股撤资“暗流”汹涌》，人民网（http：//www. people. com. cn），2005年10月28日。

② 赵文明、唐珍之：《郴州市“矿难新闻灭火队长”樊甲生受审》，《法制日报》2007年7月13日。

伤亡。

大众传媒的介入对于减少甚至避免突发事件的瞒报更为关键，如前所述，瞒报得以成功的关键是充分利用上下级之间的信息不对称以及组织传播渠道的封闭性，使得事故单位与地方官员在进行瞒报时不必顾忌上级监管以及社会监督。大众传媒的介入能够有效破除信息的不对称并实现对于事故责任单位的舆论监督。从新闻实践来看，新闻媒介对于事故瞒报的监督非常有效，南丹矿难、左云矿难、宁武矿难都显示了舆论监督的效力，2006 年国家安监总局依据群众和媒体举报查实了 89 起瞒报事故。2008 年全国查处瞒报事故 168 起。必须指出的是，绝大多数进行瞒报舆论监督的都是非事发地媒体，中央级媒体居多，如南丹矿难中的《人民日报》、宁武矿难中的中央电视台等。造成这样结果的原因还是源自新闻体制，地方政府往往对于地方媒体有着掌控的权力，地方利益决定了当地政府对本地传媒参与突发事件报道有着诸多的限制。因此即使是个别官员参与瞒报，他们也能利用这种管辖关系实现一己私利。给予传媒在突发事件报道的自主权，拓展传媒在突发事件中监督政府的空间，是杜绝瞒报的可行措施，实现这种地方舆论监督的制衡格局还需在现有的新闻制度上予以突破。

（二）大众媒体的双向性为应急行动提供依据

突发事件的应急处理需要信息的双向传播，应急信息从应急管理部门传向社会公众，而社会状况、群众状态同时也需要传向应急指挥中心，以便及时调整应急措施，大众媒体能够担当政府与社会大众之间的信息沟通桥梁。组织传播网络覆盖的有限性，决定了无论是信息从社会向应急系统的输入，还是从应急系统向社会输出都必须借助大众媒体来完成。大众媒体在应急处理中的参与已为多数国家所认知，美国就将新闻媒体列入应急系统。由于美国媒体的私营性特征，调动媒体进行应急管理尽管有着法律依据，但在执行方面难免会有冲突与偏差，突发事件报道天然吸引受众的功能可使之得到部分弥补。我国媒体均属国有，在利益上与政府、社会有着高度的一致性，借助大众媒体的双向传播实现高效应急管理，较之西方国家应该更有优势。长期以来将突发事件与政治因素相联系，限制了新闻媒体在突发事件中价值的实现，即便在应急预案管理中，新闻媒体的作用还停留在报道、宣传的层次。将突发事件报道回归“信息传播”的本原，重新评估新闻媒体在突发事件中的地位是提升应急管理水平的可行之道。

本章小结

突发事件组织传播模式是“封闭式”的传播模式，政府缺乏与社会进行充分的信息交换；组织传播模式形成于战争期间，是为适应“敌我形势”而产生，阶级斗争论使其在新中国成立后长期存在；1959 年信阳饥荒信息传播的个案研究表明，新闻体制决定在突发事件信息传播中，媒体必须完全服从于政府领导，公开报道与否取决于组织意志而非新闻规律；我国政府组织传播的“条块分割”以及局部利益的存在，使得单一依靠组织传播难以与应急传播要求相适应，打破组织传播既有壁垒需要大众媒体的介入。

第四章　突发事件的依次传播模式

突发事件依次传播模式强调信息传播的先后次序，内部优先于外部，政府优先于社会。新闻时宜性是进行依次传播模式的理论基础：突发事件进行公开传播需要等待时机。对新闻时宜性的强调是为了实现新闻价值、增加传播效果，但事实并非如此，政府官员更为看重的是依次传播模式的转换功能，完成由不确定性向确定性的转换、从“丧事”到“喜事”的转换。依次传播模式侵害了公众知情的权利，对于公众而言，不仅仅要知道突发事件的处理结果，更重要的是参与突发事件处理的过程，而掌握信息是实现这一目的的基础。

第一节　“依次传播模式”界定

依次传播模式表现为先在政府组织内部传播，再进行公开报道；或者先进行内参报道，再进行公开报道。公开报道与否首先要看突发事件处理的情况；其次要关注社会外部环境。考察这两点的目的就是确定突发事件有没有报道的时机。新闻的时宜性对于非事件性新闻客观存在，而对于事件性新闻尤其是突发事件，没有什么客观存在的时宜性，如果有就是“第一时间”。人为的界定新闻报道时宜与否，只会造成应急处理的滞后。

一　依次传播模式概念

依次传播模式是突发事件信息先组织内传播，在事情明朗或者事情处理完毕以后，再通过大众媒介予以传播的模式。依次传播强调的是传播的先后次序，封闭组织内部传播在先，公开大众传播在后。依次传播模式否定了事件的运动性以及新闻报道的运动性。从时间轴来看，在突发事件的前期，组织传播替换了大众传播，二者报道呈现“接力跑”的形式。对于我国大众媒体而言，依次传播模式还有另外一个表现，就是先将突发事件发生、发展状况进行内参报道，政府接受信息并处理，然后政府与媒体进行协商，视情况而定是否进行公开报道。

甘惜分认为，进行时的报道对于传媒而言是个“禁区”，“一件事情正在进行，尚无结果，尚无结论的，不做报道，尤其是没有一个好的结果不做报道，我们惯于搞‘一次完成’，等到事件结束发一个新闻公报。要是结果不妙，就不报道了，就不家丑外扬了。这样的保险系数比较大，但是许多有新闻价值的，必须连续报道的新闻也就消灭了”①。突发事件依次传播模式中的新闻管制心理也大致如此。

依次传播模式几乎出现在各种类型的突发事件中，一次性的突发事件更多采用了这个传播方式。所谓一次性的突发事件，是与持续性的突发事件相对应，其对于社会的影响或者损害，在瞬间或者较短的时间段内完成，如台风、地震、生产事故等，突发事件的发生就意味着事件发展到峰值。政府倾向于选择依次传播模式来进行此类事件的信息传播，事件发生后，政府先组织调查、处理，再视事态而定什么时候公开报道，以及怎样报道。

二　时宜性：依次传播的理论基础

时宜性是我国新闻理论中的重要概念，其强调的是新闻报道与外部环境变化（尤其是政治环境）的配合，在合适的时间点上，新闻的报道会产生更大的新闻价值；反之，则会产生一些负面的社会影响。在新闻实践层面，传统认为时宜性包含两个方面的意义：一是最适合读者需要的和适合形势宣传需要的报道；二是新闻报道的时机和方式恰到好处。新闻报道选择恰当的时机和适宜的报道内容是非常重要的。②

（一）解读时宜性

1957 年 9 月 19 日陆定一在一次讲话中说：在“新闻要快，这是对的，新闻不快算什么新闻？但是，一件消息早发表、迟发表或不发表，都要从政治上来郑重考虑。新闻中有各种各样的：有新闻，有旧闻，还有‘不闻’”。时宜性强调了新闻与政治的关系，要求记者必须兼具新闻敏感

① 甘惜分：《新闻论争三十年》，新华出版社 1988 年版，第 64 页。

② 参见孙镁耀《宣传工作实用手册》，红旗出版社 1988 年版。

与政治敏感。

胡耀邦1985年在《关于党的新闻工作》讲话中提到："新闻工作应当讲求时效，但不是说所有问题都要无条件地追求时效。（习仲勋同志：不是所有的问题都要急急忙忙。该今天发表的今天发表，该明天发表的明天发表，不能抢先。）不能把讲求时效同匆匆忙忙混淆起来。某些重要新闻、重大事件，不考虑成熟，必须请示的也不请示，就急急忙忙发表，这往往会使党的威信遭受损失。"

李瑞环1989年在《坚持正面宣传为主的方针》中说：

> 注意掌握新闻报道的时机。快是相对概念，新并不是猎奇。讲求时效必须从维护国家、人民利益的需要出发，慎重考虑报道的时间、口径和效果，不能为快而快，不仅要善于抢，有时也要善于压。如遇到重大的突发事件，一时情况还不很清楚，决不能仅仅因为担心外国人同我们抢新闻便草率发稿，以至报道失实，危害党和人民的利益，甚至严重影响安定团结的大局。有时为了尽快提供信息，可先发简单消息，随后再进一步加以报道。有些事情可以多做少说，有的则只做不说，不该报的坚决不报。总之，我们追求的应当是符合党和人民根本利益的高时效，是在服从党和政府领导机关有关规定下的高时效，是准确、真实前提下的高时效。

在突发事件报道中，对于报道时机，媒体也有着自己的理解。

> 所谓报道时机，指现实生活中潜在着的有利于某项报道获得良好效果的机会。时机选择得当，就会引起受众的兴趣和重视，反之，则可能使受众的兴趣减弱，甚至产生错觉、误解和反感，造成不必要的损失。因此，选择报道时机，应注意报道时的环境与背景、受众的兴趣和注意力的变化，尤其要考虑是否与实际生活与重大政策等相配合，即合乎时宜。①

从政府以及媒体对于时宜性的阐述来看，新闻报道的时宜与否取决于

① 黄晓伟、王丽梅：《论对突发事件的报道》，《理论观察》2003年第2期。

两个因素：其一是受众需要；其二是适合形势宣传需要。时宜性表现为两点：其一为时间点，即报道时间的选择；其二为报道的实用性，即内容能否满足需要。从以上阐述来看，在日常的新闻传播中，针对读者的需要与宣传的需要，那么在某些特定的时间点选择特定内容进行报道，能够增加传播效果。比如在国庆节前后对于我国经济建设中的伟大成就以及社会的繁荣、安定与团结的报道；在六一儿童节中报道在我国少数民族地区还存在关于儿童教育、健康的种种问题，通过报道能够引起相关部门的注意。这样的新闻报道是能够同时适用于读者需要与宣传需要的双重标准的。但必须指出的是，新闻报道的时宜原则更适用于非事件性新闻。非事件性新闻是指与事件性新闻相区别的新闻报道，即对一段时间或若干空间发生的情况、经验或问题等概貌性或阶段性的反映，其时态往往是渐进性的。较之事件性新闻，非事件性新闻对于时间性的要求不高，时滞性从另一个角度来看甚至造就了非事件新闻的产生。非事件性新闻更多强调了新闻内容以及新闻中所蕴含的社会或者政治意义，辅之以报道外部环境，会增加新闻传播的接受度和影响性。反观事件性新闻，其本身对于新闻报道及时性有着要求，时宜性强调的"一等、二看"导致事件性新闻报道中充满了分歧与冲突。对于突发事件信息的传播，其内在的矛盾几乎是不可调和的。

（二）新闻的"抢"与"压"

强调突发事件报道时宜性，对于政府而言，是新闻要"抢"还是要"压"；对于媒体而言，则是将及时报道放到什么样的位置。20 世纪 90 年代，我国灾难报道的一个重要原则就是："宁慢勿抢，准确第一。"① 从新闻管理部门到各新闻媒体，都应把"准确"作为时效的前提，宁愿慢，也要有权威的消息来源，强调事实要准确无误。突发事件报道在"抢"与"准"的分歧之下几乎难以及时进行。"准"要求对整个突发事件有完整认识后，再依据事件性质选择新闻报道的立场与倾向。要求"准"本身就与突发事件性质难以相容，突发事件本身具有突发的性质，对于某些类型事件如公共卫生事件，其性质需要花费很长时间去认知，甚至有可能直到疫情结束，疫情的起因、特征、传播过程仍然没有科学的论断，信息的迟滞性会使疫情传播规模进一步扩大，公众在浑然无知的情况下成为牺

---

① 刘一平：《试论九十年代中国灾难报道机制》，《新闻大学》2001 年春季号。

牲品或者充当传染源。

从新闻本性来看，新闻是通过渐近、累积的方式去认识和揭示事物的本质。而对刚刚出现的事物，要求记者对其有深刻认识，能够把握其本质，从认识论的角度来看这是不可能完成的；要求每篇新闻报道都能够完整地揭示全部事实，这是不客观、违背新闻规律的。如果非要等到对事件有比较清晰的认识和结论才能报道，新闻早已变为旧闻，甚至由于延滞而不再具有报道价值。马克思认为："只要报刊有机地运动着，全部事实就会完整地揭示出来。……报纸就是这样通过分工——不是由某一个人做全部工作，而是由这个人数众多的团体中的每一个成员担负一件不大的工作——一步一步地弄清全部事实。"马克思的这番话说明，根本没有必要要求每篇新闻都要完整地揭示全部事实，只要媒体连续不断的报道某一事件，真实性就会在报道过程中实现。新闻媒体可以通过持续不断地向社会提供及时、客观、充分的报道，和受众一起在事物的发展进程中去认识事物的性质、本质和规律。"一些突发性事件，时间要求非常强……记者可以通过连续报道来逐步揭示其内在的本质性东西，各个角度、各个层面的现象真实，最终能罗织出对事件全面、客观、真实的反映。"①即使在报道过程中与事实稍有出入，只要报道没有恶意捏造事实，且该报道是服务公众利益的，有关方面就必须"微罪不举"②。我国台湾地区就有类似的规定："传播媒体报道流行疫情与事实不相符合经各级主管机关通知其更正者，应立即更正。"仅此而已，并没有追究与惩罚。

（三）时宜性＝第一时间

对于突发事件而言，时宜性就是在突发事件后尽可能早地传播，"第一时间"的提法就是这种思路的最好反映。当然对第一时间的强调并不意味着可以报道一切，对于那些涉及国家安全、国家利益的，必须在现有法律下，依照法定程序，对于报道的方式、内容有所选择，这是必要的也是必需的。限制新闻报道并不适用于目前绝大多数突发事件，突发事件本身的突发性以及对于人们身心的巨大影响力，需要大量信息提供以消除人们的恐惧并指导行为。在自然灾害、安全生产以及公共卫生事件中，时宜

① 方汉奇、陈昌凤：《正在发生的历史：中国当代新闻事业》，福建人民出版社 2002 年版，第 18 页。

② 谭江涛：《灾难数据应允许适度差错》，《新闻爱好者》2003 年第 8 期。

性就是第一时间，报道发生的外部环境——“时宜与否”只能是可遇不可求的条件。

时宜性的过分强调将新闻的时间性和准确性对立起来，对于时间性的追逐必然导致错误报道的出现，这种看法本身是不科学的，是违背新闻规律的。正如徐铸成所说，“这本身就是形而上学的看法，是低能的表现”①。突发事件中“突”的特性本身就会对于报道时间提出要求，尤其是在公共卫生事件中，与信息的传播速度竞赛的是病毒的扩散速度，只有快才能避免更多的人免受病毒的感染。

时宜性的提法客观上给予政府官员以巨大的新闻操作空间，任何突发事件类型，政府都倾向于“压”与“拖”，在媒体则倾向于“沉默”与“滞后”。时宜性的运用，一定程度上掩盖了政府在日常工作中的失误以及在危机处理方面经验的欠缺。某些涉及国际政治关系的突发事件中，强调时宜性导致新闻报道滞后，反而会影响国家形象。1994 年 3 月 31 日发生的“千岛湖事件”涉及台胞，但新闻媒体直到 4 月 3 日才发出第一篇报道，延迟、拖沓的新闻表现在海外产生不良影响，甚至造成对于政府行为的误解，对于国家形象以及两岸关系产生负面的影响。对于时宜性的把握由于其衡量标准过于随意、主观，使得突发事件的人为干预过于频繁。突发事件的报道应该置于法制的范围内，将新闻管制制度化、法制化，降低其中的主观因素，使突发事件传播在更加规范的框架内发展。

第二节　矿难报道十年研究(1995—2005)

安全事故报道最常被运用依次传播模式：事故发生后，政府先进行救援、处理，待到事件基本处理完毕，才对外进行“完结式”报道，在告知公众事件发生的同时，也宣告了事件应急处理基本结束。矿难事故在生产事故中最具代表性，因此本节以十年矿难报道分析来对依次传播模式作以分析。

在安全事故中，煤矿矿难②近年来引人瞩目。主要原因：其一来自矿

① 徐铸成：《报海忆旧》，书海出版社 1981 年版，第 317 页。

② 本研究中的矿难特指煤矿矿难，煤矿矿难在中国整个生产安全事故中比例较大，以至于在国家生产安全监督总局政府网站的检索系统中，将生产安全事故类型统一分为“煤矿”和“非煤”。

难本身引起的社会关注。我国处于矿难多发期，数据显示，2004年，共有6009名中国矿工在爆炸、透水、塌方和其他事故中丧生，占世界矿难死亡总数的80%；2005年发生一次死亡10人以上的矿难事故134起，[①]矿难频发使得社会对于整个矿业的运行都发起了拷问，并将目光投向了矿难背后的腐败现象。其二源自新闻报道与矿难之间的联系，近几年来，矿难与新闻媒体的诸多联系引人瞩目。2001年，南丹矿难，媒体排除阻力的介入使得南丹特大矿难浮出水面，并引起时任国家总理朱镕基的关注；2002年繁峙矿难，11名记者因受贿而隐瞒真相被查处，记者的职业形象遭受影响与质疑；2002年“焦点访谈”追踪临汾特大矿难瞒报事件，再次引起安全生产管理部门的重视。国家安全生产监督管理总局局长李毅中在2006年6月5日会议中强调了媒体监督和群众监督重要性。并认为“一些瞒报事故问题，能够迅速揭露，相关媒体和群众举报发挥了重要作用”。媒体在矿难事件中同时扮演着“政府稳压器、为矿工发出声音的人以及矿主的监督者等多重角色，并由此形成了多元的报道框架”[②]。矿难报道在近几年也有明显变化。2004年11月29日美国《基督教科学箴言报》以《中国灾难事故中新的开放》为题，报道了11月28日发生的陕西铜川煤矿瓦斯爆炸事故，并评论说，上午7时10分，铜川瓦斯爆炸，刚过10时，这一事件就成了世界新闻。“对于中国的灾难报道来说，3个小时简直就是闪电般的速度。”[③]

企业主与职权部门官员的利益纠葛，是矿难频发以及矿难报道阻碍重重的主要原因。2006年，山西煤炭安全监察局发生“窝案”，有关官员利用手中所握的煤矿安全生产许可证的审批权力，多次接受他人贿赂。“从近年来发生在山西的几起‘煤腐败’大案可以看出，只要‘煤腐败’不除，一些有隐患的小煤矿就关不掉，关不死。”[④] 正如国家安全生产监督管理总局局长李毅中强调，滥用权力和非法利益结盟，是导致矿难频发的症结之一。全国人大常委会等权威部门甚至有“十次矿难背后有九次是

---

① 数据来自《南方人物周刊》编辑部：《年度人物：中国矿工》，《南方人物周刊》2005年12月28日。

② 岳璐：《突发公共事件中的媒介角色研究——以矿难报道为例》，人民网（http：//www.people. com. cn），2006年10月9日。

③ 李立言：《中国矿难事故报道的新气象和冷思考》，《新闻与写作》2005年第7期。

④ 高山：《矿难背后的“煤腐败”》，《中国青年报》2006年6月30日。

腐败”的论断。“官商勾结，官煤勾结”已到非整治不可的地步。

矿难报道属于突发安全生产事件报道，“矿难的发生被认为是消极的、有害的，被认为属于负面新闻的一种”①。矿难的称谓始于广西南丹报道，在此之前称为矿山安全事故，两个词语从一定程度上可以反映主流媒体对于矿难的态度。一项对于《中国青年报》十年（1996—2005）的研究表明，矿难报道的时效性在增加；报道数量在增加；报道角度呈现多样化；报道也越来越多体现对于报道对象的关怀。② 政府重视、受众本位以及市场经济，被认为是促进此变化的主要原因。网络的出现对于矿难报道也是有着巨大的影响，辽宁孙家湾煤矿矿难就使得网上出现“舆情峰值”③。矿难报道不足仍然存在，“过于注重对领导的报道，对事件中的问题、原因没有过多的追踪是问题所在”④。

一　矿难报道的量化分析

本研究选取 1995 年、1997 年、1999 年、2001 年、2003 年、2005 年的《人民日报》以及《山西日报》报道，检视煤矿矿难报道内容、报道时间、报道数量。并将报道内容与矿难真实信息相比较。关于煤矿生产安全事故的具体信息来自国家安全生产网（2000—2005）以及《全国煤矿特大事故案例选编》，书中附有 1993—1999 年我国死亡 10 人以上的煤矿安全事故的列表。本研究样本中的《人民日报》是中央级党报，具有权威性与政治性；《山西日报》的选取，则是因为山西产煤量居全国之首，考察该省省委党报的矿难报道，具有代表意义。

（一）报道数量以及单篇报道数量

统计表明（见表 4－1），在 20 世纪 90 年代，矿难通常是不予报道的。在报纸上矿难相关信息通常出现在两种报道中：其一是相关安全生产、煤炭行业的会议中；其二是年度的总结报告中。无论是哪一种形式，具体矿难都不会被提及。在 1999 年，《人民日报》与《山西日报》都没

---

① 邓利平：《负面新闻信息传播的多维视野》，博士学位论文，中国人民大学，2001 年，第 11 页。

② 参见余琴《〈中国青年报〉近十年来矿难报道研究》，《写作》2006 年第 17 期。

③ 秦州：《新闻搜索中的舆情“峰值”——中国近年来重大矿难报道 web 页面数分析》，《新闻界》2005 年第 5 期。

④ 张永琪：《媒体该为谁扬名?》，《新闻记者》2006 年第 8 期。

有一则具体的矿难报道。这个结果与余琴研究的研究结果相一致，她通过检索发现，1999 年的《中国青年报》同样没有一例矿难报道。从现实来看，1999 年全国发生死亡 10 人以上的煤矿矿难事故 76 次，死亡 1246 人。由此推断，外部环境的变化对于矿难报道产生了影响，联系到从中央级到地方报纸均未报道的事实，可以推断，1999 年——新中国成立 50 周年，这样一个具有特殊政治意义的年份影响了矿难事故报道。

2001 年开始矿难报道大量增加，其中一个重要因素是南丹矿难的发生。这起矿难瞒报事故的揭露，在一定意义上奠定了新闻媒体在参与矿难事故报道中的位置与价值，以《人民日报》为代表的多家中央、地方媒体参与了此次矿难报道。2003 年以后矿难报道进入全面公开化时期，全部特别重大事故（死亡 30 人以上）都予以公开报道。

表 4－1 **《人民日报》、《山西日报》年矿难报道数量（1995—2005）**

年份 媒体	1995	1997	1999	2001	2003	2005
《人民日报》	0	1	0	8	14	13
《山西日报》	0	0	0	9	15	13
全国死亡 10 人以上煤难矿难次数	57	94	76	43	57	45

（二）矿难报道死亡人数

按照 2006 年 7 月 2 日发布的《生产安全重特大事故和重大未遂伤亡事故信息处置办法（试行）》规定，一次死亡 30 人以上（含 30 人）属特别重大事故；一次死亡 10—29 人属特大事故；一次死亡 3—9 人属重大事故。在有关报送的信息规定中指出："总局接到一次死亡（或下落不明）10 人以上特大事故、特别重大事故或社会影响严重的重大事故、重大未遂伤亡事故，要按规定报送中央办公厅、国务院办公厅。"

从矿难报道的事故属性来看（见表 4－2），《人民日报》选择报道的标准要高于《山西日报》。两报的报道标准，首先基本都是在重大事故的标准之上，对于死亡 9 人之下的重大事故，《人民日报》很少报道，即使有限的几次报道，矿难发生时，被困矿工人数也超过 10 人；《人民日报》的报道标准似乎与安全生产事故信息处置方法较为一致。10 人以上的安全事故，“要报送中央办公厅、国务院办公厅”，属于国家级应急的范围。较之《人民日报》的高标准，《山西日报》显得对于矿难报道的积极性不高，所选择的同样是特大事故以上的矿难事故，特大以下的生产事故几乎没有。对于地方政府而言，加强重大事故的报道有助于维护中小型煤矿的安全，甚至在一定意义上能够避免特大以上的事故发生。

表4－2　**《人民日报》、《山西日报》报道矿难数量**（1995—2005）

年份	1995		1997		1999		2001		2003		2005	
报纸 事故属性	《山西日报》	《人民日报》	《山西日报》	《人民日报》	《山西日报》	《人民日报》	《山西日报》	《人民日报》	《山西日报》	《人民日报》	《山西日报》	《人民日报》
特别重大（30人以上）	0	0	0	1	0	0	5	4	3	6	6	10
特大（10—29人）	0	0	0	0	0	0	2	3	7	6	5	3
重大（3—9人）	0	0	0	0	0	0	0	1	4	1	1	0
3人之下	0	0	0	0	0	0	2	0	1	1	1	0

表4－3　**《人民日报》、《山西日报》矿难报道平均死亡人数**（1995—2005）

报纸 时间	《山西日报》	《人民日报》
1995		
1997		123.0
1999		
2001	35.6	32.1
2003	24.4	34.8
2005	55.9	75.8

从矿难报道的平均死亡人数来看（见表4－3），除去1997年《人民日报》仅报的一起死亡123人的矿难外，矿难死亡人数在3年内并没有减少的趋势。其中的原因有二：（1）我国的矿难次数，尤其是特大、重特

大矿难事故并没有减少，客观上导致报道的平均死亡人数的增加；（2）报纸选择矿难标准较高，导致总矿难报道次数并没有增加，因此矿难报道平均死亡人数无法降低。

（三）矿难报道时效

由于报纸的出版周期限制，以及矿难信息的传递本身也需耗费时间，本研究不再将“24 小时之内”定义为矿难及时报道的标准，而是将矿难发生后 48 小时以内进行的公开报道视为及时报道。其原因有二：其一，由于报纸出版周期固定。一般来讲，日报的稿件在头一天的晚上排定，在出版日早晨开始印刷。因此在晚间发生的矿难无法赶上第二天出版的报纸。其二，由于多数煤矿所在地都不在城市中，其信息的传递也花费时间。因此本书将在 48 小时之内的报道都认为是及时报道。为了提高准确度，本书将报纸的报道时间统一定为报纸出版日期的凌晨 2 时，从矿难发生的时间算起到出报日期当天的 2 时为矿难报道的间隔时间。因此，矿难发生后 50 小时之内的报道通常认为是及时的报道，以此标准衡量《人民日报》以及《山西日报》的报道，这样可以增加数据的准确性与可比性。

表 4-4　《人民日报》、《北京日报》矿难报道平均时效（1995—2005）

时间＼报纸	《山西日报》	《人民日报》
1995		
1997		127.8
1999		
2001	106.6	335.1
2003	45.3	97.4
2005	79.6	78.4

从矿难报道的平均时间来看（见表 4-4），矿难报道的及时性在两报都呈现上升趋势。从 2001 年到 2003 年，增幅较为明显；2003 年到 2005 年及时性报道增幅放缓，在《山西日报》甚至有及时性报道下降的现象，这其中有客观原因——瞒报矿难的存在，瞒报的发生使得矿难报道时间较为滞后。从 50 小时之内报道次数及比例来看（见表 4-5），同样显示矿

难报道及时性的增强，2003 年《山西日报》达到了 73% 的比例，2005 年《人民日报》报道比例达到 85%。

表 4－5　**《人民时报》、《山西日报》矿难报道在 50 小时之内的次数及比例（1995—2005）**

时间＼报纸	《山西日报》	《人民日报》
1995		
1997		（0）0%
1999		
2001	（6）67%	（3）43%
2003	（11）73%	（8）57%
2005	（8）57%	（11）85%

（四）单次矿难报道数量

矿难的足够新闻报道数量能够保证新闻主题的覆盖，完备的灾祸新闻报道通常含有以下因素：死伤、财产损失、缘由、救护与救济、灾区景象、附带事件、法律结果。① 在具体矿难报道中，如果新闻报道数量较少就难以将以上主题完整展示。从整体趋势来看（见表 4－6），单次矿难报道数量在两报整体上都是增加的；《人民日报》的单次矿难平均报道次数增加幅度甚至超过了地方报纸，这在一定程度上揭示了地方报纸出于地方利益的考虑，对于本地发生的矿难报道的动力不足。从 2005 年来看（见图 4－1），单次矿难报道 3 则以上的《人民日报》占 62%，而《山西日报》不足 40%。

① 王洪钧编著：《新闻采访学》，（台湾）正中书局 1996 年版，第 179 页。

表4-6　《人民日报》、《山西日报》矿难平均报道次数（1995—2005）

时间＼报纸	《山西日报》	《人民日报》
1995		
1997		1
1999		
2001	2.4	1.6
2003	1.9	2.5
2005	3.6	4.6

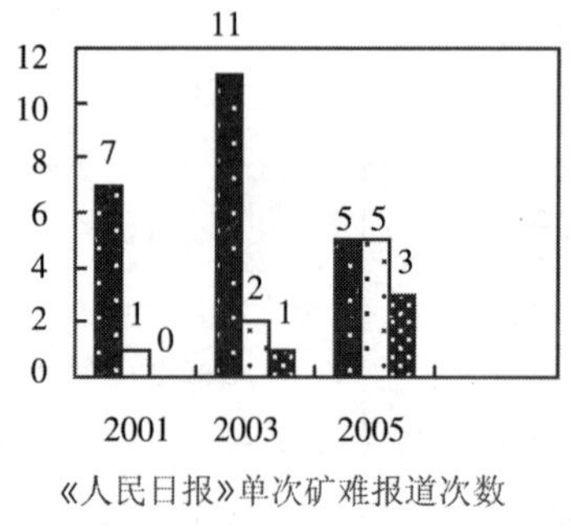

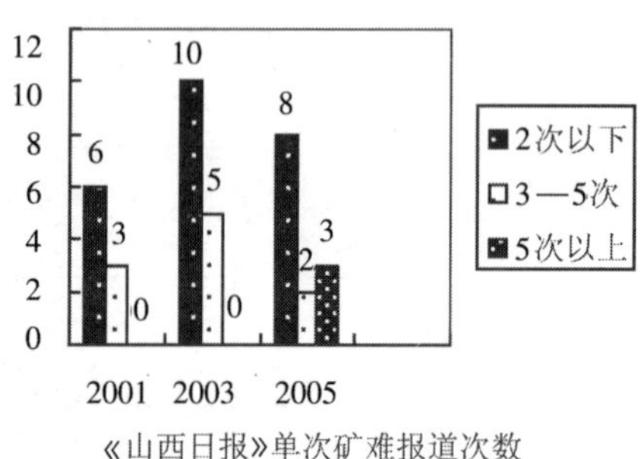

图4-1　《人民日报》、《山西日报》单次矿难报道量比较（1995—2005）

二　从生产安全到矿难：十年矿难报道变迁的总结

过去通常将矿难称为煤矿生产安全事故，生产安全事故的称谓强调了对于“物”的影响，事故的发生导致生产资料破坏、生产进程中断以及恢复生产所需的大量新物质投入。矿难的称谓，则强调了事故对于“人”的影响，安全生产事故首先是一场灾难，对于井下的矿工、井外的亲人、工友都是一场难以言说的悲剧。

矿难报道十年的历程在一定程度上说明了进步，从整体上呈现较为积极的一面，显示了突发事件报道开放度，其表现在三个“增加”：（1）报道及时性增加，从《人民日报》可以看出，在50小时内报道的比例由1999年的43%到2003年的57%，2005年这个比例已经上升到85%；（2）矿难报道比例的增加，2005年所有特大矿难事故都在最高级党报的版面上进行了公开报道；（3）对于单次矿难报道次数也在增加，单次矿难报道次数的增加能够较为全面地涵盖整个矿难发生、发展、影响的全貌，使得报纸上呈现的矿难图景更加忠实于事实本身。

（一）矿难报道的依次传播

20 世纪 90 年代通常选择不公开报道煤矿矿难的发生，矿难报道只是偶然进行。2001 年之后矿难报道开始逐渐展开，但通常报道次数有限，单次报道量一般都在两次左右。从量化数据可以看出，2001 年 50 小时内的矿难报道在《人民日报》占到 43%，而《山西日报》占 67%，这样的比例，客观来说并不低，起码有一半左右的矿难报道是及时的。但两报的平均报道时效为 100 小时之上，《人民日报》达到 300 小时之上，可以推断，矿难报道呈现两极化的趋势：快的快、慢的则特别慢。造成这种现象的主要原因有两个：（1）矿难报道总数较少，对比真实数据可以看出，全国死亡 10 以上的矿难事故在《人民日报》上报道率不足 20%，因此在有限的几次矿难报道中，某一次矿难报道的时差对于整年矿难报道时效会产生影响；（2）从报道矿难的事故属性来看，很大比例是特别重大安全生产事故，在 2001 年报道的矿难中，《人民日报》报道的事故平均死亡人数达到 32. 1 人，《山西日报》则达到了 35. 6 人，两报的平均人数就已经超过安全生产事故特别重大的标准。这样大规模死亡的矿难，当地政府或者企业本身也没有能力将这样的矿难处理、安置到位，必须借助上级政府甚至中央的力量，及时公开事件反而能够减轻地方政府压力。总而言之，2001 年之后，及时报道的矿难多是特别重大事故级别；而不及时报道的多是重大事故级别，采用了依次传播的报道模式。

1991 年 5 月 8 日《经济日报》和《人民日报》同时在头版刊登了山西省三交河煤矿特大瓦斯爆炸事故，事故发生在 1991 年 4 月 21 日，死亡 147 人，是一起重大责任事故。事故发生后，国务院十分重视，时任总理李鹏做了批示，相关部委、地方政府都积极进行救灾抢险。公开报道这次矿难事故的起因并不是因为事故的发生，而是因为 1991 年 5 月 7 日，能源部在北京召开电话会议，向全国通报这一事故，“号召全国 700 万煤炭职工紧急行动起来，立即在全国煤矿开展一次安全生产大检查活动”①。从这个事件不难看出依次传播模式的一般过程。矿难发生后，相关单位进行事故处理、事故调查；随后分析事故性质，查明事故原因并形成统一意

① 廖显辉：《灾难新闻上头条的感想》，《新闻知识》1991 年第 8 期。

见；然后选择时机公布调查结果。依次报道模式忽略矿难的发生、发展，直接跳到结果。

依次传播模式是对于公众知情权的侵害。1945 年美国学者肯特·库伯（Kent Cooper）首次提出了知情权（the right to know）的概念，指的是民众享有通过新闻媒介了解其政府工作情况的法定权利。知情权的目的有三个：（1）公众了解与自身利益相关的生存环境；（2）公众了解委托人代表（政府）的行为；（3）了解自己的真实处境，知晓所面临的困难和危险。① 从知情内容来审视依次传播模式，可以发现，置后的传播使得公众仅仅知道突发事件的处理结果，不了解政府的行政过程，从而使得公众身居险境而不自知，自身利益也难以得到保障。

知情权对于公众而言，不仅是“知”的权力，而且是“行”的基础。时任国务院总理温家宝在第十届全国人大五次会议上作政府工作报告中提出，“各级政府要坚持科学民主决策，完善重大问题集体决策制度、专家咨询制度、社会公示和听证制度、决策责任制度，依法保障公民的知情权、参与权、表达权、监督权”。将知情权与参与权、表达权、监督权并列，并将知情权置于首位非常恰切，“知—行—议—督”的次序符合公众的政治参与规律。连起码的信息都不知道，何谈参与、监督。突发事件依次传播模式形式上没有满足公众的知情权，其实质是剥夺了公众的参与权与监督权。

（二）矿难报道的中央、地方分野

十年间，两报矿难报道均有整体性的进步，但 2003 年和 2005 年几项指标均显示，地方报纸在报道矿难尤其是本地矿难时存在明显的“惰性”，常常呈现被动的局面。如及时性有了，但对于后续报道不足；报道量增加了，却常常出现用政府公报来代替新闻报道的现象。新闻单位对于本地矿难报道的态度也颇为微妙，在《山西日报》的报道中，2001 年以及 2003 年矿难报道多数都没有记者署名，以“本报记者”代之。

地方政府所属党报与中央政府所属党报在矿难报道中有着不同的利益取向。对于中央政府而言，报纸的报道意味着报纸对于地方政府的监督，影响的可能是地方局部的利益、损失小群体的利益，但是对于整个产业的良性发展、保护国有矿产资源是有益的。矿难大量公开报道的出现为中央

---

① 转引自苏成雪《传媒与公民知情权》，新华出版社 2005 年版，第 67 页。

政府开展治理小煤窑、清理官煤、健全安全监督体系都提供了有力的舆论支持，中央政府对矿难报道是支持的；对于地方政府而言，矿难报道的持续出现意味着自身工作上有失误、有不到位的地方。同时矿难的出现还意味着本地安全生产问题并没有得到解决，还必须进一步做大量的工作，而这些工作是困难的，有的甚至在短时期内根本得不到解决，这足以证明地方政府职能部门的无效率与不作为。

在中央政府要求的必须报道与安全生产隐患难以根除之间，地方政府面临着两难选择。这种矛盾性思维也体现在矿难报道的内容与方式上：在报道与不报道之间，地方政府无法选择；但在怎么报道上，地方政府给自己保留了足够的余地。在地方矿难报道中，有的媒体借鉴抗洪救灾报道模式，对于地方长官持着歌颂态度。如《山西日报》中竟然在矿难首次报道中出现这样的标题：中阳县乔家沟煤矿发生瓦斯爆炸事故（引）×××赶赴现场 ×××专线协调（主），如此标题将矿难变为真正的“引子”，领导才是报道主体（题）。

第三节　依次传播：完结式报道应该完结

《突发公共事件应急预案》规定：“要在事件发生的第一时间向社会发布简要信息，随后发布初步核实情况、政府应对措施和公众防范措施等，并根据事件处置情况做好后续发布工作。”此规定针对媒体在突发事件中的一贯表现，拓宽了新闻媒体的活动空间。新闻报道不仅在突发事件的第一时间有所作为，在事发后的各个阶段也必须有所作为，这符合突发事件的自身规律。依次传播在现实表现为完结式报道，将新闻报道时间点限定在大局已定或者处理完毕，这是典型的“有了结果再公布的思维”：出了事情可以紧急来处理善后事宜，但就是不愿意公开已经发生的实情，一直等到有了结果才全盘托出。[①] 从过去的处理情况来看，政府官员、主管部门对于“及时”的理解为危机事件已得到基本解决，或者起码“情况已得到初步控制”时。[②] 究其原因，主要还是陈旧的新闻管制思维在起

① 艾君：《打破“有结果再公布”的思维惯性》，《新京报》2004 年 1 月 12 日。

② 张任明：《迅速开放传播通道——公共危机事件中的政府传播对策》，《公关世界》2003 年第 10 期。

作用。他们一向喜欢结果式的报道，喜欢把事情全部搞清楚了，然后再进行全面详细的报道，这与“传统的计划体制和封闭的信息环境是相适应”①，在过去的很长时间内甚至可以说是“有效的”。

依次传播模式更多地出现在“一次性”事件中，如生产事故、地震、台风等对于社会损伤是一次性造成，不会持续性产生危害。我国地震报道在20世纪70年代就体现了依次传播特征。依据高建国的研究，我国地震发生时间与媒体公布时间间隔（见图4－2）在1970年为90小时，1980年34小时，这样长的时间差是单纯的物质、技术原因难以解释的。

年份	间隔(天)	间隔(小时)
1970	3.7	90
1980	1.4	34
1990	0.5	13
2000	0.2	5
2001	0.1	2

图4－2　新闻媒体公布时间与地震发生时间的间隔②

一　时宜性的正反经验

回顾生产安全事故报道的历程，对于及时性的追求是新闻工作者的责任，其看重的是通过个别事故报道来传播经验教训和警醒有关人员、部门，避免类似的事故再发生。1980年的“渤海二号”事件的报道，可视为我国改革开放以来第一次报道重大生产安全事故，国家领导人、新闻界对于“左”倾思想的反思，在此报道中得到彰显。《人民日报》工商部负责人有感于报道晚了8个月，对于新闻及时性的价值说出自己的看法：“我们主张新闻报道要及时，事故报道也要及时。‘渤海二号’事件如果早报道8个月，由于不能从及时报道中取得教训而发生的责任事故，至少

① 代婷婷：《突发事件报道的控制平衡》，《今传媒》2005年第4期。

② 高建国：《1867年以来中国新闻媒体公布地震信息简史及发展趋势》，《国际地震动态》2003年第9期。

可以避免。从我们新闻工作者来说，我们决不愿意推延。”至于报道中的负面影响似乎也并不存在，石油工人并没有因为安全因素而丧失了积极性，反而从报道中看到国家对于安全生产的重视、看到对于安全问题治理的决心。“石油勘探人员下海的胆量和决心，不是小了，而是大了。”国务院在关于处理“渤海二号”事故的决定中指出：“一切重大事故均应及时如实报道，不得隐瞒和歪曲。”

“一切重大事故均应及时如实报道”有着非常积极的意义，改革初期这在国家管理层、新闻界就已经形成了共识，但从实践来看，在此后的十几年中生产事故的不报、缓报、瞒报依然盛行，其背后的原因应该值得反思。某些职能部门所宣称的“减少社会影响、维护社会稳定”以及“影响事故处理”等论调根本不能成立，完全是在利用虚幻的“负面影响”实现保全面子、维持政绩的目的。针对一些地方政府对新闻媒体进行封锁，通常的借口是“维护社会稳定，防止被坏人利用”，桂林市市委书记李金早认为这样的做法并无益处，“稳定有长期稳定和短期稳定之分，有表面稳定和实质稳定之别，这要看我们是追求什么样的稳定，如果只追求短期稳定和表面的虚假稳定，那么我们不可能得到真正的稳定”①。

时宜性从表面上看似乎能够使得舆论引导顺利进行，增加政府的保险系数，但在实践中效果并不理想。“从心理学的角度来分析，人们在接受外界信号时，有先入为主的现象，这种现象在新闻传播过程中同样存在。”② 最先到达的信息的内容与倾向将影响受众对于后到达信息的判断与理解。广东地区发生的传播格局就证实了这一点。广东地区由于毗邻港台，港台媒体往往及时报道国内的突发事件。“当我们后来的报道与港台传媒所报事实一致时，群众认为我们是在证实他们的报道，如报道不一致时，反认为我们是在有意隐瞒。长此以往，就会失信于读者，继而失掉大批读者。”③

二　依次传播的转换功能

依次传播备受地方政府青睐的原因是能够实现形式转换，且转换能够

---

① 引自《桂林先例的意义》，南方网（www. nfdaily. com），2002 年 10 月 24 日。

② 徐光春：《哲学与新闻》，北京出版社 1991 年版，第 61 页。

③ 中宣部新闻调研小组：《中国报业总量结构效益调查》，新华出版社 1996 年版，第 102 页。

使地方政府自身的压力减少，甚至从中得益。其一，依次传播能够完成从不确定性向确定性的转换。突发事件在突发阶段隐含着诸多不确定，事件的原因未明、事态的发展未定。对于地方政府而言，如果公开报道与处理同时进行的话，这就意味着事件的处理要在公开、透明的环境中进行。处理得当能够赢得赞誉；处理不好则事态发展、甚至恶化，行政不力也会公之于众。依次报道因为重结果、轻过程而提供了较为宽广的操作空间，即使正常报道结果，依次报道在事件已然定型的情况下产生，政府在定调子、统一口径时操作也较为容易。其二，能够完成从丧事到喜事的转换。自然灾害、安全事故的发生意味着死亡、损失、破坏，这是及时报道要展现的必要场景，此时进行大张旗鼓的歌颂与赞扬似乎并不合适。依次传播意味着事件得到了处理，处理的结果使得社会运行恢复正常，纵然处理的过程瑕疵不断，完结式的报道仍然可为歌颂、赞扬提供条件与素材，有人称之为灾难报道中的美化现象，特征是“丧事喜报”[①]。

1988 年 1 月 24 日 1 时 22 分，由昆明开往上海的 80 次特快旅客列车运行到贵昆线且午至邓家村站间，发生颠覆事故，造成 88 人死亡，62 人重伤。有人揭示在此次事故发生后，领导对于报纸报道内容的具体要求，以及报社在这种要求下的力争与无奈：

> 震动国内外的“1·24”昆沪特快列车颠覆事故发生后，有关领导提出，新闻单位要扩大这次事故的宣传报道。报道什么？英雄事迹，好人好事。听到这一指示，一些记者当即提出三点意见：一，在“1·24”事故前相继发生两起火车事故和一起飞机事故都没有作这种“正面报道”，这次事故大张旗鼓作“正面宣传”不合时宜；二，有的报纸至今没有报道过事故发生经过和现场状况，却已经发表了有关英雄事迹的长篇报道，再要这样“正面报道”，读者就要骂娘了；三，请领导考虑报社的意见，但如要坚持扩大“正面报道”，报社也只好照办。[②]

① 王长潇：《传媒在灾难性报道中的“美化”现象及成因分析》，《报刊之友》2003 年第 2 期。

② 许锦根：《反思中的前进步伐》，《新闻记者》1988 年第 6 期。

依次传播强调突发事件得到了控制与解决，但与突发事件发生、发展、消退的阶段性规律相比，完结式报道是跨越式的，有时甚至整个突发事件过程中没有一条消息告知事件发生，直接要过渡到总结式的表彰与歌颂。这样的过渡虽然容易实现宣传目的，但却是对公众参与权、监督权的消解。

三　依次传播模式弊端所在

《论语》记载："厩焚。子退朝，曰：'伤人乎？'不问马。"两千年前的孔子贵人轻物（马）的思想体现了人文关怀，而依次报道模式则更多体现了"机械特征"——公事公办，以履行告知为最高准则。依次报道模式的报道重结果、轻过程。这种报道往往将事故转化为数字，无论是死亡人数、损失数、赔偿数、罚款数等。事故的增加只是在各项指标上填上新的数字，依次传播导致公开报道等同于事故鉴定报告。数字的冰冷在一定程度上稀释了事故本身所蕴含的血腥味。灾难的细节到底如何？死去的矿工是什么样的人？他们的家庭现在如何？细节的缺失显示了媒体的冷漠。2003 年山西孝义发生特大矿难，导致 72 名矿工死亡，媒体的相关报道却没有得到受众的认可。

> 媒体板着面孔向我们报道这一消息：72 个矿工全死了！没有见证灾难的点滴，没有捕捉灾难的细节，没有直视灾难的角落。千篇一律的死亡数字和千篇一律的事故原因。仿佛他们不是在报道一件人命关天的事情，他们只在"客观"报道——然而许多媒体在报道动物受害时候还能动情地描述，为什么在涉及人的灾难时反而如此冷漠？①

突发事件的依次传播容易被处理成就事论事的新闻报道，对于整个行业的问题与隐患没有任何积极作用。在小煤窑盛行的山西、湖南、贵州等地，矿主和地方政府权钱勾结构成局部"次秩序"。矿主服从当地政府的"领导"，来和法治秩序相对抗。② 在"次秩序"之下，矿工也能获得一

---

① 孙覆海：《面对灾难，请多告诉我们一些细节》，《安全与健康》2003 年第 11 期。

② 郭之纯：《矿难背后的"次秩序"》，《南方都市报》2004 年 8 月 3 日。

定的赔偿；矿主也会接受经济上的处罚，但归根结底事件并没有解决，局部形成相对稳定的秩序未被打破，只有对事件进行深度的追查，才有可能看到事情的真相。矿主和政府官员的“联盟”只有通过外来力量的介入才会被打破，连续报道、追踪报道能够实现打破均衡的作用。2001 年的南丹矿难、2004 年的邯郸矿难和 2006 年的左云矿难就是通过舆论监督揭露权钱勾结的例子。诚然媒体的报道并不能解决所有的问题，但缺乏舆论监督，腐败的成本和风险都会降低很多，发生的几率只会更大。

突发事件依次传播中，地方政府常常在突发事件发生后封锁消息，以致本地媒体纵使了解事件真相、有报道意图，也往往无法履行职业责任。有的媒体为了报道本地突发事件不得不采用违反新闻规律的做法，将独家新闻变为非独家新闻，用“首报权”获取报道权，借异地监督力促进本地监督。在南丹矿难中，尽管广西媒体采访最先揭开了事实真相，但没有办法揭开这口“黑锅”，于是“舆论异地监督”被运用，《广西日报》记者联系《羊城日报》，希望借外地报纸打破地方的新闻管制，地方媒体方可跟进报道。[①] 在地方政府的封闭思维中，媒体不得不施行一些“无奈的智慧”。

从煤炭行业的发展来看，诸多现在面临的“乱”、“官”、“黑”的现象根本不是新问题，而是过去较长时间问题的累积。以小煤窑的问题来看，从 2001 年开始，中央就开始治理小煤窑。2001 年的南丹矿难将诸类问题都已经曝光。从中央治理的力度和决心来看，中央无疑是倾向于保护国有矿产资源、维护煤炭行业的健康发展的，地方利益格局难以突破是中央政策不能贯彻执行的主要因素，上述的“乱”、“官”、“黑”则是地方利益格局的外在表现形式。实行中央直属的监管机构，从形式上来看，能够冲破这种既有的格局，但是属地管辖问题似乎不是一个“直属”就能终结。解决地方利益、瓦解地方小集团的根本出路在于地方上的放权，形成地方互相监督、互相牵制的制衡格局。正如邓小平在改革初期所说，中央地方要分权，地方本身也要分权。就煤矿监管来看，给予地方媒体在矿难报道中充分自主权，符合地方分权思想。

---

① 细节参见赵世龙《调查中国：新闻背后的故事》，中国方正出版社 2004 年版，第 61 页。

本章小结

依次传播强调突发事件信息的传播必须有先后次序，政府优先于社会。时宜性是依次传播模式的理论基础，要求突发事件公开传播需要等待时机，这与应急信息必须在第一时间传播的要求相悖。从 1995—2005 年《人民日报》和《山西日报》的矿难报道可以看出，重大煤矿事故多采用了依次传播的报道模式。依次传播备受地方政府重视的原因是其转换功能，能够实现从不确定性向确定性、从“丧事”到“喜事”的转换，有利于掩盖地方政府失误、实现地方官员利益。依次传播模式侵害了公众知情的权利，因为突发事件的处理过程需要公众参与，而掌握信息是实现这一目的的基础。

第五章　突发事件的并行传播模式

并行传播模式的实质是政府系统和社会系统之间的信息不对称，政府掌握大量信息，而社会大众却对于突发事件知之甚少，由此引发大众对于自身处境的担忧，进而主动寻找甚至发掘新的信息源，谣言和流言就此产生。并行传播模式对于社会环境最具破坏的影响是转换突发事件的性质，即使是自然灾害，在并行传播模式的作用之下，也会引发社会动荡。

第一节　“并行传播模式”界定

并行传播的核心是组织传播和公开传播在时间上并行，在信息量上不对称。内紧外松、内外有别是并行传播模式的理论基础，同时也是其现实表现。并行传播模式不再适应当今的社会环境与传播环境，内外有别会变成“内外无别”；内紧外松会演变为“内松外紧”。

一　并行传播模式概念

本书将突发事件的并行传播模式概念定义为：突发事件信息通过组织内部渠道与大众媒体渠道同时进行传播。在传播的时效方面较为及时；不同渠道中，传播内容差异明显，信息的重点、流量、流向不同。并行传播中两个传播渠道表现为信息不对称，表现在三方面：其一，传播内容的不对称。公开报道的为简短事实（有时候甚至是非事实），而内部传播的却是关于事件的原因、严重后果、处理难度等；其二，信息流量的不对称，公开的信息量较少，而组织内部传播的却是大量信息；其三，流向不同而出现的不对称，对外报道、对内报道存在差异。

突发事件新闻报道规范文件中能够发现并行传播模式的政策基础。1989 年的《改进突发事件报道工作的通知》中第三条规定：“为了争取新闻报道的时效，对于按不同性质确定在不同范围公开报道的突发事件，可分阶段发稿。新闻发布单位在获得中央或地方有关部门提供的或者记者自行采访到的确切消息后，应尽快发出快讯，先对最基本的事实作出客观、简明、准确的报道。然后再视情况的发展发出后续报道。”文件强调了在突发事件中第一时间发出消息的必要性，而对于后续报道则视情况而定。后续报道的有无、时断时续导致突发事件信息虽然初始阶段内外部保持一致，但在持续传播中信息是不对称的，可以认为是“并行不对称的传播方式”。内紧外松的突发事件处理方式及内外有别的新闻报道策略是并行传播的理论基础。

二　内紧外松

内紧外松的突发事件报道方式源自内紧外松的应急处理策略。“内”指的是组织内、系统内。“外”指的是组织外、系统外的社会。[①] 所谓“内紧外松”的处理方式就是：“内紧”意味着措施有力，“外松”意味着形式要缓和、自然。针对突发事件的报道而言，“内紧”是指某些信息只在内部流通，让内部紧张行动起来，进行应急处理的部署以及行动；“外松”是指对社会封锁信息或者传出一些利好消息，保持外部平静的氛围，确保应急处理在社会稳定下完成。内紧外松本意是社会影响最小化，甚至不惊动社会的情况下完成事件处理，但是现实外部环境的变化，使得内紧外松的最初目的难以实现。

（一）内紧外松难以匹配市场经济

内紧外松传播成功前提是政府对于突发事件信息的绝对控制，公开传播的信息由政府或政府所属的媒体提供，舍此之外，没有任何其他信息渠道。内紧外松适合改革开放之前的计划经济时代，政府能够配置一切社会资源，包括信息在内。实践表明，过去在突发事件中内紧外松的成功与新闻报道的紧与松并无多大关系，其关键在于，政府通过计划经济的“单位制”实现了对于社会个体的比较有效的控制。而在市场经济条件下，政府不再绝对掌握人、信息、资本以及其他资源的配置权，内紧外松的外部环境已经不复存在。

---

① 参见陈力丹、陈俊妮《松花江水污染事件中信息流障碍分析》，《新闻界》2005 年第 6 期。

内紧外松从根本而言是政府“官念”没有随着计划经济的消退而转变，是典型的官本位心态。遇到突发性事故时所采取的“内紧外松”的办法，这种办法的实质是对自己的权力过分自信和过分迷恋，总是担心，“外紧”后对社会产生负面影响，只有政府才能解决问题，这是对人民的不信任。试图造成一个可以控制的信息孤岛，完全利用行政系统来解决涉及人数众多的突发事件，只能是一厢情愿的“鸵鸟政策”。突发事件破坏社会正常秩序，必然带来社会恐慌、混乱，不会因为政府将“紧”和“松”武断地割裂而社会就会“松”。事实上从2003年SARS疫情、2005年哈尔滨水污染事件来看，社会在“内紧外松”的传播下并没有放松，反而更“紧”了，流言、谣言横飞，抢购风盛行。中央政府在SARS处置中提出的“群防群控”的疫情应对措施具有启发意义。只有公开信息、强调公众参与、公众配合，集合全社会力量，突发事件才能被积极的应对，公众不“紧”，何谈应急管理。

（二）内紧外松造成“内松”

内紧外松会造成外松内也松。必须指出，突发事件的爆发前一般都有着长时间的孕育过程，自然灾害如此，生产事故、社会安全事件以及流行性疾病也都如此。有些突发事件的发生本身就是政府工作失误、工作不力造成的，甚至源自制度本身缺陷。外松的环境使得政府在处理事件时没有太大的压力，因而不会有强烈的紧迫性与主动性；外松的环境使得政府行政缺乏社会监督，处理尺度会出现随意性。在SARS疫情前期，内紧外松是主要处理方式，负效果非常明显。胡舒立①认为，一厢情愿地搞“内紧外松”，结果把疫情“松”到其他地区，而且在本地区也难以控制疫情。“外松”，在舆论上就是大事化小，“内紧外松”，最后往往变成了“内松外松”。如果处理中涉及自身的利益，那么内紧外松就成为政府推卸责任、掩盖错误的温床，“捂、瞒、骗、压，也经常是在‘内紧外松’的挡箭牌下实行的”②。

---

① 胡舒立是《财经》杂志的创办者和前主编，这里所谈内容为胡舒立参与《北京青年报》联合人民网、千龙网、搜狐网，开展《灾难面前的民族精神与青年责任》讨论时与记者的对话。引自《开放社会中要培养公众判断力》，北京市共青团网站，2003年5月24日。

② 邵燕祥：《说“内紧外松”》，《羊城晚报》（花地版）2003年5月12日。

三　内外有别

从对外宣传的角度来看，传播内外有别表现为两种：其一是国内传播的内外有别，强调政府组织内部和外部的传播区别；其二是国际传播的区别，国内传播和对外传播有所差异。邵燕祥认为[①]内外有别的传播心理形成于革命战争时期，是在根据地、解放区被包围甚至被围剿的环境中形成的应对心理，根据地、解放区是“内”，那“外”便是敌占区了；掌握全国政权以后，国际“冷战”使世界划分为两个阵营，于“社会主义大家庭”之外，便都属于另一阵营的势力范围。这样一来，“内外”关系便与国内国际“敌我”关系等同起来。

（一）内部参考＋公开报道

对于大众媒体而言，内外有别的传播方式首先是内参报道与公开报道的区别。在突发事件中内参作为组织传播的重要渠道，对于政府意义重大，“内部参考＋公开报道”，理论上能够完整构建突发事件的全貌；但对于公众而言，鉴于内参的保密属性，同时接收到这两种信息是困难的，因此公众对于突发事件的认识是片面的、片段性的。从突发事件发展看，公众对于突发事件的了解集中在事件后半段：解决中或者解决后。而对于事件的成因、发展演化过程知之甚少。

1997 年 9 月 8 日，福建省闽清县某村后山山体崩塌滑坡，冲垮农田山庄，造成民众 4 死 1 伤，12 人失踪，县乡村立即组织群众同当地驻军冒雨赶赴现场抢救。乡干部和群众虽然对溪头村抢救工作和灾民的安置没有什么意见，但对于发生这起事件原因，干部群众意见截然相反，情绪对立。村民认为造成滑坡死人的原因是林溪水电站引水渠漏水浸泡山体引起的。有的村民跪在地上扯着前往慰问的领导的裤管哭诉，甚至把死难者的棺材抬到水电站示威。这次突发事件处理中矛盾、冲突不断。

《福建日报》记者也对此做出自己的思考：“能否理智地坚持正确的舆论导向，事关灾民的安定稳定。材料怎么用，怎么报，只能放在安定稳定的大局中权衡，只能帮忙，不能添乱，更不能感情用事，片面炒作。”记者在帮忙、添乱的标准之下，将占有材料进行分析筛选，区分了公开报

---

① 邵燕祥：《说“内紧外松”》，《羊城晚报》（花地版）2003 年 5 月 12 日。

道的材料与不宜公开的材料，并以“有利于社会，有利于人，有利于事”的原则贯穿采访报道全过程。

记者在公开的新闻报道中，把文章重点放在党政军迅速组织力量抗灾抢险和政府对受灾群众的关怀上，撰写了《灾情牵动公仆心——溪头村山体大滑坡抢险纪实》，发表于《福建日报》一版；把突发事件中的矛盾与分歧写进《对溪头村滑坡伤亡事故原因干群看法相反》，在同日《福建内参》增刊专号刊出。《福建日报》《福建内参》增刊专号同步传播。①

据此来看，政府和新闻业者都认为，内参报道+公开报道被认为是利于解决问题的报道方式。但记者文中疑点颇多：其一，公开报道突发事件中的问题与矛盾只会“不利于社会，不利于人，不利于事”，公开报道会使问题解决的更快也未可知，诸多的舆论监督成功案例可作佐证；其二，什么是社会影响、什么是帮忙不添乱。正如李瑞环曾经说过：“冷静地想一想，掌声、歌颂未必真帮忙，批评、反对不是都添乱。”良好的社会影响不能等同于唱颂歌，问题报道了也能产生积极的社会意义，就如此类事件，是不是本省还有其他村子也有建在不利于防洪规划的位置上？如果透过问题的公开报道，能引起全局对于此问题的重视，避免同类伤亡的发生，公开报道的社会影响岂不更佳。至于添乱不添乱，从文中来看，“乱”——分歧与矛盾本身就存在，不是媒体随意可以添加的；“乱”而不治、置“乱”不闻，才是添乱的表现。

（二）对内传播与对外传播

内外有别被认为是对外传播的基本原则。从其本意来看，内外有别有积极意义，内外有别强调“国内受众、国际受众的区别造成新闻阅读、理解、接受之间的差异，因此要求新闻内容和形式上在内外传播必须有所差异”②。内外有别，针对的是对外传播中所存在的“一般化说教”、“国内观点汇编”问题。③ 在突发事件报道中，对外传播更多强调的是对于新闻事实的选择，有些灾情可以对外报道，有些则不能对外报道；或者灾情

① 文中事实部分来自吴鹏飞《内参新闻在社会传播中的定位与功能》，《传媒观察》2006年第1期。作者为《福建日报》报业集团新闻研究所副所长。关于灾情本身部分信息来自其他媒体报道。

② 沈苏儒：《对外传播的理论与实践》，五洲传播出版社2004年版，第78页。

③ 朱穆之：《朱穆之论对外宣传》，五洲传播出版社1995年版，第68页。

有些部分可以对外报道，有些则不能报道。

从20世纪80年代开始，中央政府一直强调加强突发事件对外报道的时效性，提倡抢新闻，但在实践中，内外有别强调对外报道的口径与调子，仍然牺牲了时效性。新华社2003年征求亚太地区数十家用户的意见，结果用户反映最普遍、最强烈的问题就是“时效慢”，集中领域之一就是国内热点问题和重大突发事件报道。“热点”新闻和政治性很强的新闻报道中失去了引导境外舆论的先机，而一些境外媒体乘机抢先上手，发出一些不负责任的或别有用心的报道，在受众中造成了先入为主的负面影响，直接损害了我国的国家形象。①

外部环境的变化，使得对外宣传强调内外有别的生存土壤已经失去，传播的全球化、突发事件本身的全球化导致内外传播的合一。官方通讯社发出的对外专电早已经不是国外新闻媒体新闻唯一的来源。在全球化的今天，内外传播的界限已经非常模糊，过去存在的地域、语言、技术的限制现在已经不再存在。全球化传播的今天，尤其是网络的普遍使用，导致几乎所有的对内传播都可以视为全球传播。“地球村”、“全球化”的现实要求对内对外都已经不允许人们再像过去那样画地为牢。在我们强调并实践内外有别时，传播现实已经使得内外无别，固守现有的原则只能禁锢对外传播革新步伐。

突发事件本身“全球化”的属性也使内外有别的对外传播策略失去意义。2003年SARS疫情；2004年、2005年的禽流感疫情以及2004年印度洋海啸，本身都具有跨国界性质，将灾情传播进行国内、国外的人为割裂不仅对于国际的突发事件处理不利，对于本国的突发事件处理也毫无益处。正如法国《回声报》2003年5月5日在一篇文章中所说：“在这个相互依存的世界里，公共卫生已不再是一个简单的卫生问题，而是很快会演变成经济问题。公共卫生不再是一个国内问题，而是会很快波及全球。……SARS危机不仅是中国的，而且是世界的。换言之，我们都是中国人。”②

---

① 以上细节参见新华社对外宣传有效性调研课题组《进一步提高我国媒体对外宣传的有效性之一：对外宣传报道有效性的基本评价》，《中国记者》2004年第2期。

② 肖金明：《面对SARS危机的法学审思》，《山东大学学报》（哲学社会科学版）2003年第3期。

第二节　从甲肝到禽流感：疫情报道分析

并行传播模式更多出现在有持续影响的突发事件中，在较长的应急处理过程中，公开报道虽然与政府组织内信息传播同步但却极不对称。在2003年之前，公共卫生事件信息的传播基本选择并行传播模式，1988年甲肝疫情报道就是典型代表，但从事实来看，这种传播方式不仅难以适应疫情控制需求，而且还会引发社会动荡。本章专设一节分析、对比甲肝等疫情报道，展现并行传播模式的运作状况及其弊病。

《国家应急预案》将突发公共卫生事件定义为：突然发生，造成或者可能造成社会公众健康严重损害的重大传染病疫情、群体性不明原因疾病、重大食物和职业中毒以及其他严重影响公众健康的事件。突发公共卫生事件直接与人民的身体健康、生命安危联系在一起，因而受到政府和社会的广泛关注。我国1950年规定传染病传报范围为13种；1989年该范围增至35种；2004年新修订的《传染病防治法》列入法定传染病达37种。传染病对于社会的影响是持续的，以2006年9月为例，根据卫生部报告，这月除4种传染病无报告外，其余23种甲、乙类传染病均有报告。在严峻的现实下，我国传染病疫情的应急体系建设却较为缓慢。从现实来看，传染病疫情对于突发事件的应急机制要求更为严苛，任何环节疏漏将会造成无法弥补的损失。

传染病疫情的应急效率在最近几年内频受考验。2003年SARS疫情肆虐揭示出我国公共卫生应急体系的薄弱与短板。在不断发生的突发公共卫生事件中，我国的应急体系在不断地完善。疫情意味着沉痛的代价，在每次付出后如果能够将其中的经验、教训加以总结、发展，并在此基础上形成制度化，不啻为灾害的正效应。综观突发公共卫生事件应急体系的建立，其中的进步固然令人欣喜，尤其在SARS疫情之后。但从更远的时间点来看，应急体系制度性缺陷早在1988年上海甲肝流行甚至更早就已暴露，令人惋惜的是，以巨大损失换来的教训没有被充分认识，2003年的SARS疫情将这些缺陷再一次放大。历史在某些时刻会有惊人的相似，但历史的重演并不是无代价的。

1988年1月，上海市民中突然发生不明原因的发热、呕吐、厌食、乏力和黄疸等症状的病例。1月10日后，甲型肝炎病例开始增多，20天后进入了高峰期。高峰期不仅发病人数多而且持续时间长达 10 天。2 月 20 日、23 日、25 日、28 日呈锯齿形多峰现象。2 月 1 日是发生病例数最多的一天，共发生 1833 例。此次甲肝流行波及上海 12 个市区，甲肝暴发期间，有甲肝病例的家庭占 11%。至 1988 年 7 月上旬止，共发生甲肝病例 350631 例，死亡 31 人。本次甲型病毒性肝炎暴发是因患者生食毛蚶引起，毛蚶在产地受到甲肝病毒严重污染。黄疸是此次流行性甲型肝炎的典型症状，因此 1988 年的甲肝疫情被称为“黄色风暴”。

本研究选择上海本地的《新民晚报》以及《文汇报》为研究对象，两报均位列当时上海三大报之中。样本时间为 1988 年的 1 月 1 日至 1988 年 3 月 31 日，共计三个月时间，此时间段亦为甲型肝炎从暴发到平息的时间。新闻报道选择标准为与此次甲肝流行相关的新闻报道，包含消息与通讯。鉴于流行性疾病的特殊性，在非新闻版面发表的有关医学知识，预防、治疗注意事项均记入报道量内。《新民晚报》创刊于 1929 年 9 月，1982 年 1 月 1 日复刊以来，以“飞入寻常百姓家”为办报宗旨，是面向广大市民的综合性报纸。1988 年 3 月 1 日，《新民晚报》报纸发行量达到 1843173 份，位居全国晚报发行量第一。《文汇报》创刊于 1938 年，1956 年 10 月 1 日复刊，成为一张“立足上海，面向全国、侧重知识界、面对广大读者”的综合性大报，由上海市委直接领导。1983 年期发数达到 171 万多份，在全国日报中名列第三。1988 年《文汇报》期发行量约为 132 万份。

本研究的目的在于回答以下问题。

（1）两报甲肝报道的报道量如何？

（2）甲肝报道量的变化与甲肝病发量之间有没有互动关系？

（3）甲肝疫情报道与 2003 年的 SARS 疫情以及 2004 年的禽流感报道相比，有什么异同？

一　甲肝报道量及时间分布

《新民晚报》与《文汇报》对于甲肝报道的起点相同，为 1988 年 1 月 5 日，内容为市政府发布禁售毛蚶的禁令。从 1 月 1 日到 3 月 31 日，《新民晚报》的报道量为 71 则；《文汇报》的报道量为 32 则。其报道的分布如下（见图 5－1）。

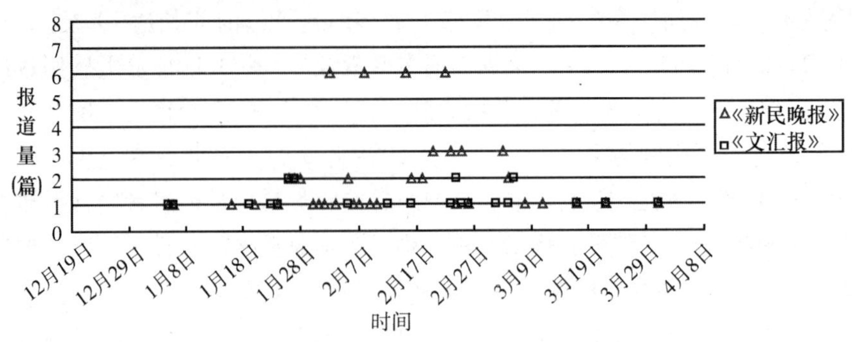

图5－1　《新民晚报》、《文汇报》甲肝日报道量

从散点图（图5－1）中可以看出，两报的日报道量在0—6则徘徊，《文汇报》日报道量始终没有超过2则，两报在三个月中的大部分时间内，日报道量在2则之下（含2则），甲肝报道时断时续。尽管在整个2月，报道的密集性增加，但总的来说，对于甲肝的报道都呈现一种平稳的态势，日报道量始终较为均匀。《新民晚报》相对报道量超过《文汇报》，其中和报纸的定位有一定的关系，作为一份市民报，《新民晚报》将服务市民作为报纸的重要职能之一，这样的定位使得在内容的提供上有着选择的标准。在甲肝疫情中，相关的知识介绍成为重点，在全部的报道中，由医学、卫生专业人士撰写的相关文章就达到了24则，占报道总量的34%。《文汇报》由于其报纸特性，没有相应的文章刊载。如果将这部分文章不计入总的新闻报道量，那么两报的报道总量几乎相当(47:32)。

从1988年甲肝的流行周期来看，按发病日分析，上海12个市区同时于1月14日发病上升，2月1日达到顶峰，疫情上升曲线呈锯齿形，基本上由3个流行峰所构成，峰尖分别在1月20日、1月25日和2月1日，自2月2日起病情呈陡坡迅速下降（见图5－2）①，进入甲肝流行的消退期。从两报的报道量与病例数对比来看，病例数的增加并没有影响日报道量的增加。在上述提及的三次峰尖时间段，两报的甲肝新闻报道量并没有明显增加。

① 康来仪：《紧急疫情的处理（一）》，《中国公共卫生》1990年第4期。

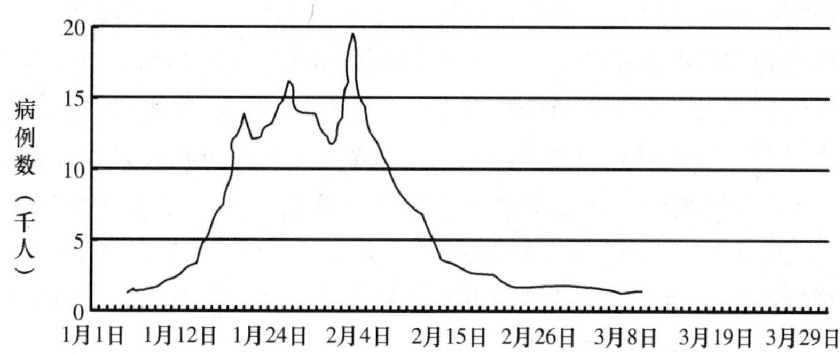

图5－2　上海市1988年1—3月急性甲型肝炎发病动态

从两报的疫情高峰期间报道来看（见表5－1），三次疫情高峰对于报纸的报道量似乎并没有什么明显影响，比较而言，似乎2月2日的《新民晚报》对于疫情的发展有所互动，但从具体内容来看，此6则新闻报道中，5则来自当天报纸的第8版“康健园”。《新民晚报》的报道量出现了4次高峰，日报道量达到6则，这4天分别是2月2日、2月8日、2月15日、2月22日，这4天报道量中的绝大部分都来自“康健园”版面。经查证，2月8日、2月15日、2月22日均为星期二，可以断定，“康健园”版面安排就是在每周二的报纸第八版，可见在疫情肆虐的情况下，报纸依然保持自己的出版计划与版面安排，疫情的发展对报纸常规运行的影响甚微。

表5－1　　　　**《新民晚报》、《文汇报》疫情高峰期报道量**

报纸 时间	《新民晚报》	《文汇报》
1月20日（21日）	1（0）	0（0）
1月25日（26日）	0（2）	1（2）
2月1日（2日）	1（6）	0（0）

注：鉴于报纸的出版周期以及晚报、日报的采编特点，特考察疫情高峰日及次日两天的报道量。

二　甲肝、SARS与禽流感疫情报道比较

1988年上海甲肝风波对于整个传染病防治体系建设影响是明显的，

甲肝疫情所造成的巨大影响使得有关部门反思制度缺陷，在总结此次疫情治理的经验和教训的基础上，《中华人民共和国传染病防治法》在第七届全国人民代表大会常务委员会第六次会议上获得通过，成为我国预防、控制传染病发生与流行的制度保障①。法律效力必须通过执行来实现，2003年的SARS疫情表明，该法律是被遗忘的“软法”——可重视可不重视、可遵守可不遵守。将1988年甲肝疫情、2003年SARS疫情以及2005年禽流感疫情的报道相对比，其中的进步之处固然可喜，但更为重要的是发现此类疫情报道存在的问题。

在疫情报道中，报道量意味着信息的提供，在一定程度上可以消除人们对于疫情认知不确定性，减少不必要的、不理性的举动。在疫情中，公众知情权的保障某种程度上是对公众生存权的保障。数次疫情表明，公众参与是突发事件应急处理的关键，将公众排除在外，客观上将会增加应急处理的难度，1988年甲肝疫情流行以及2003年SARS疫情中都有大量的谣言产生，发生了药品乃至生活用品抢购风。

在疫情初期，信息的提供尤其重要，信息的通畅传播不仅使得应急决策更加有效合理，同时，在突发公共卫生事件中，及时的信息公开还能使更多的人免受病毒的感染，避免疫情规模扩大。本研究选择1988年甲肝疫情、2003年SARS疫情以及2004年禽流感疫情发生后，从第一次报纸公开报道后33天的报道量来比较其中报道量的异同。报道时间为每11天为统计单位（方便与现有研究成果比较）。比较报纸选择1988年的《新民晚报》，2003年的《羊城晚报》，2004年的《人民日报》。其中《新民晚报》、《人民日报》为两次疫情首次报道的代表者。《羊城晚报》更是领先于广州各媒体报道了“非典”疫情在广州的传染状况。

从三次疫情报道过程比较可以看出（见表5－2），1988年的甲肝疫情报道保持了匀速的状态，尽管在第三个11天中出现了疫情的峰值，报道量也最多，但前期报道提供的信息实在是有限。2003年的“非典”报道，《羊城晚报》是“非典”前期媒体报道的典型代表，2003年2月12日甚至达到日发19则新闻的高峰，随后的报道中涉及了疫情、辟谣、心理、商德等话题。但在2003年2月21日后，广州媒体进入“失语”期，从2003年2月22日到4月2日，40天的时间内仅有2篇报道见诸报端。

① 王岳：《解析〈传染病防治法〉修订后的九大变化》，《中国护理管理》2005年第5期。

2004年禽流感疫情中，《人民日报》表现不同以往，在发现疫情后，不仅及时报道，更是在第一时间段内进行大量新闻报道，内容涉及防治措施、病毒知识、注意事项，各地动态以及农民赔偿等诸多方面，报道全面而客观。在第三个11天报道量有所下降，那是因为到2004年2月27日为止，已经连续8天没有疫情报告，境内4起高致病性禽流感疫情也被扑灭，疫区解除封锁。综观三次疫情的报道，前两次疫情报道典型体现了“并行不对称”的传播特征。首次报道时间能够与卫生部门的信息保持一致，随后的报道虽然也在持续进行，但报道呈现断续状态、信息强度有限，不仅难以与持续上升的病发数相匹配，与公共卫生应急单位掌握的信息也难以对称，造成这种状况的原因是来自政府对于危机信息的控制。

表5－2　**三报三次疫情报道过程比较**①

报纸 时间	《新民晚报》	《羊城晚报》	《人民日报》
首次报道时间	1988年1月4日	2003年2月10日	2004年1月28日
第一个11天	3	95	102
第二个11天	5	0	124
第三个11天	16	0	70

报道量的考察能够反映政府在处理公共卫生事件中的信息开放度。疫情中媒体沉默受到诸多学者的质疑，将责任全部交由媒体本身承担极不客观，在处理突发公共卫生事件中，媒体本身根本就没有发布疫情的合法权利，越界而为是违法行为。媒体沉默的背后更多显现的是政府对于信息的控制，是政府处理突发事件信息传播的一贯思维。

三　并行传播有悖于疫情应急处理

1988年甲肝疫情中，报纸新闻报道尽管也进行了报道，且整个报道时间基本涵盖了疫情的发生、发展、消退的时间段，但报道中不仅对于疫

① 《羊城晚报》数据来自朱雯《媒体对非典事件报道情况的调查报告》，紫金网（www.zijin. net），2005年7月18日。《人民日报》数据是作者检索《人民日报》数据库所得，检索日期为2007年1月2日。

情直接相关的病毒防治、隔离措施、政府举措没有细致的说明，在预防知识上也提供有限。从报道内容上来看，整个报道中有限出现的几次政府应急处理信息，均来自上海市卫生局局长。首次出现是在1988年的2月15日，上海市甲肝疫情高峰后的14天。以至于在随后召开的全国政协七届一次会议小组发言中，上海市记协顾问陆诒说："邓大姐（邓颖超）讲要知情出力，但我们不知情怎样出力？……上海发生了那么多事情，'甲肝'疫情究竟怎样，缺乏透明度。"信息传播的不足导致人们缺乏自我保护意识，甲肝患者由于没有获取相应的知识，导致感染面的进一步扩大。一项当时的调查可做佐证：上海市甲肝疫情期间，防疫站对49路公共汽车的抽样检查表明，车内拉手98%呈阳性，感染了甲肝病毒。[①]

新闻记者也难以平衡两者之间的信息落差，真相到底如何？1988年1月20日《新民晚报》以《肝炎病人为何住院难?》发出这样的疑问："记者从市民百姓和防疫部门处似乎得到了近乎相悖的两种信息。一是说，甲型肝炎病人骤增，以至于许多人住院无门……另一份可靠的材料表明，本市最近20天的甲型肝炎发病数并无异常。"病床已成为要活命者争夺的方舟，传染病的敏感的神经中枢（传染病防治中心——作者注）却麻木着。从现有报道中可以推断，许多信息是禁止传播的。如《新民晚报》在1988年2月25日刊载的新闻中提到"曾作隔离点的学校全部消毒"，说明在医院床位有限的情况下，学校曾经作为隔离点集中收治甲肝病人，而有关隔离点设置的新闻却自始至终没有出现在报纸版面上。

1989年的《中华人民共和国传染病防治法》中就详尽规定了疫情的报告制度，严格规定了信息的通报和公布制度。该法第二十二条规定："各级政府有关主管人员和从事传染病的医疗保健、卫生防疫、监督管理的人员，不得瞒报、谎报或者授意他人隐瞒谎报疫情。"在内部通报的基础上，第二十三条进一步规定，"国务院卫生行政部门应当及时地如实通报和公布疫情，并可授权省、自治区、直辖市政府卫生行政部门及时地如实通报和公布本行政区域的疫情"，此法律明确界定了信息内部传递以及外部通报的法律责任。遗憾的是，这样的制度并没有被很好地执行，"非

① 郑重、叶又红、姜树芝发表在《中国作家》1988年第5期上的《黄色龙卷风——上海甲肝采访纪事》，尽管体裁为纪实文学，但作者身份为《文汇报》记者，文中所提事实有可信性。

典”期间不仅不通报疫情状况，甚至还传递一些虚假信息。在 WHO 宣布广东为疫区时，新华社 2004 年 3 月 26 日还宣称“非典”已经得到有效控制；2004 年 4 月 3 日，时任卫生部部长张文康反复强调，疫情被有效控制，并“可以负责任地告诉大家，在中国工作、生活、包括旅游都是安全的”。官方论调如此，媒体保持沉默更是理所当然。“2004 年 4 月 11 日到 4 月 19 日北京五家媒体‘非典’新闻仅占总报道量的 6%，且多为正面报道”①。

第三节　并行传播引发社会危机

并行但不对称的突发事件信息传播，使得卫生部门的信息量与社会信息量保持极大的落差；社会现实中的大量不确定性事物出现，却缺乏相应的信息传播来消除其影响。大量基于人际传播的传播渠道开始出现，流言、谣言开始在人群中增殖、变异，造成社会的混乱与恐慌。并行传播不仅没有消除，反而增加了突发事件中的不确定性，在得不到充分信息的情况下，任何类型的突发事件最终都将演化成社会安全事件，引发公众恐慌，导致社会动荡。

一　信息落差引发社会流言

管理者出于政治考量对信息流通渠道的过度控制，会使真实信息在十分有限的流动中不断遗漏，而虚假信息则通过其他渠道在广泛传播中不断增加，“政治神秘感催生了谣言”②。如 SARS 疫情期间流传的“封城”、“飞机撒药”的传言。1988 年的甲肝疫情中，流言也曾流行一时。比如上海人、上海产品都在各地遭到歧视，原因就是甲肝疫情流言：“生甲肝的脸上尽掉黄粉！碰到甲肝病人就传染！上海甲肝病人死了好几万！”《人民日报》1988 年 2 月 29 日报道也指出：“最近一段时期，一些城市板蓝根、球蛋白身价倍增，街头巷尾言必谈甲型肝炎，不少人把甲肝视为洪水猛兽。”尽管甲肝流行限于上海一地，但是其影响早已冲破地域。距上海

---

① 张君昌、郑妍：《媒体舆论与全民动员：中国传媒抗击非典报道全景透视》，《现代传播》2003 年第 6 期。

② 胡键：《信息流量与政治稳定》，《社会科学》2004 年第 2 期。

不远的南京对于上海疫情也有着不同版本①的解读：

> 版本一：上海流行的不是甲型肝炎，而是霍乱病菌。上海已开始成批死人，对尸体解剖后发现，所有的死难者的肝脏均完好无损而其他脏器均腐烂成泥，肠子尤甚，恶臭不堪闻。
>
> 版本二：上海疫情已惊动联合国，联合国教科文组织已派遣专家来沪调查。据中外专家深入研究，已断定时下流行的既不是甲肝，也不是霍乱，而是介于这两种疫病之间的一种尚未为科学命名的新的瘟疫。
>
> 版本三：龙年向来是凶年。1952 年、1964 年两个龙年国家就曾迭遭天灾人祸，1988 年从一开始就流年不利，至于 2000 年则被认为是世界末日。
>
> 版本四：上海流行的这种恶疾，绝不是上海人嗜食毛蚶所引起，而是上海某生物研究所的细菌仓库发生了“帕布尔事件”那样的泄漏事件，大量病菌飞散而出，酿成今日祸端。为顾及国际声誉和人民情绪，政府和新闻媒介才不敢声张。

不难发现，上述对于甲肝的“解读”方式与 SARS 疫情期间的诸多流言、谣言版本无论是内容上还是形式上都多有重合，“天命论”、“科技影响论”以及“严重后果论”都极为类似。并行传播中在两种渠道中的信息不对称，在一定程度上造成了诸多的随机“信息源”的出现，不仅使得限制信息、减少关注、实现社会稳定的目标难以达成，在客观上还给其他“小道信息”以巨大的运行空间，反而加剧了社会恐慌。与流言四起的人际传播渠道相比，大众媒介似乎遮遮掩掩，“不能说新闻媒介没有对‘甲肝’作什么准确的报道，但众所周知，它一度受到很大限制。南京某广播电台的一位记者采写并播发了一篇《小小毛蚶为什么多次危害市民》的述评后，竟遭到有关部门的非难。有的报社，总编辑不得不将病情和医生治病的报道一律判处死刑”②。并行传播施行所秉持的社会利益的目的

---

① 许涯文、吴元栋：《真相和流言的辩证法——从“甲肝”事件谈新闻传播的客观真实性》，《新闻记者》1988 年第 6 期。

② 同上。

由于其操作方式的非科学性、非现实性，其结果只能与传播目的背道而驰。

二　新闻扩散J曲线与并行传播

新闻扩散J曲线（见图5－3）是格林伯格在调查18种不同的新闻事件最初消息来源时所取得结果的概括。如图所示，依据事件类型的差异，对于低知晓度事件（A点），从个人信源获知者的比例是相当低的；对于大多中等知晓度事件（B、C、D点），从个人信源获知者的比例是非常低的；对于高知晓事件（E点），从个人信源获知者的比例是很高的，超过50%。[①] 重大事件的传播可以用图5－3来表示此类事件类型中的主要受众、次要受众、全体受众之间的关系。

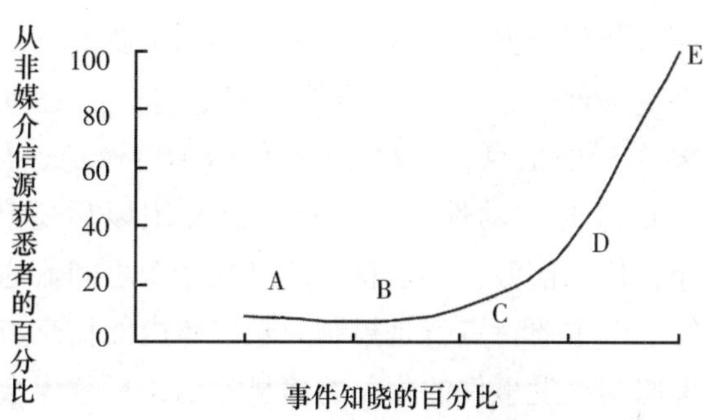

图5－3　新闻扩散J曲线

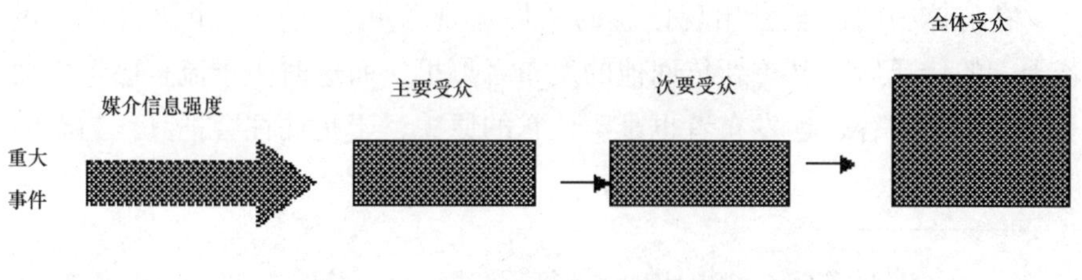

图5－4　新闻在受众中的扩散过程

① ［美］丹尼斯·麦奎尔、［荷］斯文·温德尔：《大众传播模式论》，祝建华、武伟译，上海译文出版社1997年版，第79—80页。

（一）突发事件中的人际传播不可避免

较之低知晓度事件与中等知晓事件，重大事件存在规模最大的次要受众，并能逐渐扩散到全体受众中去，受众之间的传播是重要的传播渠道。德弗勒也认为，无论信源是哪一种，与众人利害攸关的新闻事件比那些较为不引人动情的新闻事件在人口中传播得更快，口口相传（word of mouth）可能仍然是获知具有极高新闻价值事件的最重要的途径。[①] 通过人际传播得知该新闻的人比通过大众传媒得到该新闻的人进行了进一步的人际传播[②]。更为重要的是新闻J传播曲线模式在受到非正常影响时，尤其是媒介来源被剥夺或者减少的情况下，不确定性将导致人民更为积极地去从非媒介信息信源寻找信息。[③]

从新闻扩散的J曲线来看，极端紧迫、重要事件中人际传播渠道几乎可以视为最重要的渠道。从突发事件来看，自然灾害、公共卫生事件、突发社会安全事件以及部分突发安全生产事件都属于此类。从上述传播规律来看。在此类突发事件中，（1）受众为了确定自己的处境、消除不确定性和焦虑感需要大量的信息；（2）人际传播不可避免、甚至大量存在；（3）受众在搜寻信息时主动性增加。这三点交织以后所产生的结果是，不管从什么媒介、什么信源获得信息，信息在受众之间流通的总量是固定的。并行传播的一个重要特点就是控制大众媒体内的信息流通，通过封闭事件处理过程来控制突发事件的相关的信息流出，可这样会造成从大众媒体流出信息量较小，受众的信息需求难以满足，这时受众只有积极地寻找其他替代信源，找寻信息行为甚至传播信息本身就是消除焦虑与恐惧的一种重要手段。与此同时，人际传播的环节增多会导致信息损失、信息失真，在群体中间甚至会出现信息的“回流现象”——同一个流言在经过若干人的传递后，又重新传回他的发布者那里，而这时由于流言已经添加了许多新的内容，连发布者也难辨认它的原貌，于是往往会把其作为新的信息加以接受。[④]

---

① ［美］沃纳·塞佛林、小詹姆斯·坦卡德：《传播理论：起源、方法与应用》，郭镇之等译，华夏出版社2000年版，第184页。

② ［美］丹尼斯·K. 姆贝：《组织中的传播和权力：话语、意识形态和统治》，陈德民等译，中国社会科学出版社2000年版，第61页。

③ 参见［美］丹尼斯·麦奎尔、［荷］斯文·温德尔《大众传播模式论》，祝建华、武伟译，上海译文出版社1997年版，第81页。

④ 参见郭庆光《传播学教程》，中国人民大学出版社1999年版，第98—99页。

一项调查表明,① 在SARS疫情中，人际传播在所有了解“非典”疫情信息渠道中所占比重最高：听周围人说起达70.8%、从手机短信知道达23.4%。人际传播的大量发生从根本上否定并行传播科学性，因此在并行传播开始后，大量的非固定的、随机的信源大量出现。当然这些信源所产出的信息质量是难以保证的，经常是一些信息片段混以个人情感、个人推测以及神秘传闻，流言与谣言的产生也就不可避免。从这个意义上来看，在社会群体之间的流言、谣言传播，是对于公共媒体信息量过小的直接反应，是对政府所掌握的公共信息的挤压。

（二）流言传播与政府、媒介公信

G. 奥尔波特提出流言的发生与流传的三个条件：（1）在缺乏可靠的信息的情况时；（2）在不安和忧虑的情况时；（3）在社会处于危机状态时。② 在突发事件中，社会危机状态是一种客观存在，不安和焦虑是公众的必然反应。作为信源的媒介囿于新闻体制可以控制，但是突发事件本身就是一个巨大的信源，具有传播的辐射力和影响力，突发事件的传播并不会因为媒介的封闭而停止信息的产出，尤其是当这些事件发生在人口密集的城市中时。最为典型的是传染性疾病，传染病信息的传播链可以控制，传染链条本身却非轻易可以控制。

所谓公信力，“对于政府和新闻媒体而言，是社会公众信赖的能力，是自身内在品质和外在形象在社会公众心目中所占据的位置，也是政府与传媒衡量权威性、信誉度和社会影响力的标尺”③。政府与传媒公信力都是累积而成：公众对于信息渠道的选择多是习惯使然，也就是说，上次信息渠道的使用满意度决定下次信息渠道的选择；信息渠道使用的累计经验，决定信息渠道的选择次序。新闻传播的J模式的存在以及流言的不可避免，政府与传媒更要强化自身的公信力建设，提高公众的每次信息满意度，这样才有可能在公众的选择菜单上排到首选位置。2004年5月发布的以“中国城市社会发展的现状与问题”为主题的调查报告显示，在八

---

① 王轩：《危机传播：后SARS时期上海市民危机意识受众行为组织行为分析评估课题研究报告》，传媒学术网（www. mediachina. net），2004年2月6日。

② ［美］G. 奥尔波特：《谣言心理学》，刘水平等译，辽宁教育出版社2003年版，第174页。

③ 范力：《科技宣传重在把好“三关”——浅议科技新闻的真实性与公信力》，《甘肃科技》2004年第12期。

大城市中，被访者中对媒体的宣传明确表示相信与比较相信合计仅有38.8%，而表示不太相信与不相信的比例两者合计超过50%。公信力的降低对于党的宣传乃至对于整个社会的大众传播都是致命的。在突发事件中，公众的焦点首先就会注意到媒体，这是日常生活习惯累积使然，在SARS疫情中，上海市民中表示“很关心”以及“比较关心”媒体报道的总和高达88.4%；但在同一项调查中也显示，并不是接触传统媒体时间越长，受众对媒体的评价就越高。① 调查说明，公众媒体使用的增加并没有造成媒体公信的累积。

2002年9月14日，南京汤山镇发生特大中毒事件，中午12时30分，一篇由官方发出的新闻稿传真到了南京各家媒体，当地电视台以字幕的形式通报了这一消息，电视台的早新闻还播放了抢救的画面，但下午的重播却已是只闻其声，不见其人。当“人为投毒”的种种猜测和传闻在汤山镇四处流传时，当地公安部门对于诸多传闻一律置之不理，只是谨慎地表示“案件仍在调查中”。于是在网上和市民中间，一系列有关中毒事件的传闻纷纷出笼。直到17日，官方才首次为案件定性。② 政府在突发事件中没有满足公众的知情需求，缺乏公众的信任，政府在应急处理方面将失去民众的配合与支持。对于官方信息源的失望，只会促使公众主动寻求其他信息渠道，客观上造成更大范围的信息管理被动。

三　哈尔滨水污染事件的并行传播

并行传播模式并非仅仅出现在公共卫生事件中，任何类型的公共突发事件均有此模式的运用，其最为典型的形态是报道“两头”。事件发生发布一则消息、事件处理完毕发布一则消息，期间对于进展状况再无说明，并行传播模式传播流更多呈现的是点状而非链状。

与控制信息流量的传播相比，某些地方政府利用一些虚假信息取代真实信息的传播，负面影响就更为明显。突发事件中政府的重要职责就是平息流言，虚假信息的散布不仅不能平息，在更大范围内将激发流言的产生。在突发事件本身就隐含不确定因素的情况下，虚假信息的传播导致不

---

① 王轩：《危机传播：后SARS时期上海市民危机意识受众行为组织行为分析评估课题研究报告》，传媒学术网（www. mediachina. net），2004年2月6日。

② 细节来自王凯锋《新闻宣传与灾难报道》，《新闻爱好者》2005年第3期。

确定性的增加，其后果是公众进一步远离，甚至抛弃了政府和某一媒介作为信息的来源，转向其他信息渠道或者自己充当新闻源。2005 年 11 月的哈尔滨水污染事件就是以虚假消息替代真实情况的典型案例。

在 2005 年 11 月哈尔滨水污染事件中，[①] 事件发生的第一阶段。市政府在发现污染情况后，“全力防控”，加大丰满水库的流量以稀释污染物，却不通过媒体向公众告知污染实情，反而以大量负面新闻用正面报道的手法，营造出“有序”、“有效”的虚幻事实。[②] 在污染团逼近哈尔滨市时，2005 年 11 月 21 日上午，哈尔滨市发布了一则停水维修通告：“为了保证市区单位和居民生产、生活用水安全，市人民政府决定对市区市政供水管网设施进行全面检修并临时停止供水，……自 2005 年 11 月 22 日中午 12 时起，对市区市政供水管网设施进行全面检修并临时停止供水，检修并停水的时间约为 4 天（恢复供水时间另行公告），请市区……做好生产、生活用水储备，保证正常生产、生活需要。”但这则力图保持社会稳定的通告并没有实现预期效果。这则通告中所提到“全面检修的供水管网”的做法完全违背常理，尤其是哈尔滨市气温此时已经在零下 10℃，根本不具备全面维修水管的条件。

在此之前，2005 年 11 月 20 日晚到 11 月 21 日，社会中已经有两个流言在快速传播：其一为停水的传言；其二为地震的传言。两个流言来源似乎都有证据可循，停水流言来自化工厂爆炸导致水污染；而地震流言源自 11 月 20 日早上当地报纸刊载的市政府会议通过的《哈尔滨市近期防震减灾应急预案》。当“疑点”明显的政府通告出台，证明了停水流言属实后，地震流言的“可信度”相应也得到提高。“只要有一个（传言）被证明是正确的，那么民众通常会认为所有的传言都是正确的”。[③] 政府随后尽管再做出解释，但丧失公信力的信息源，传播效果可想而知。抢购风和出逃风同时出现，超市中水与食品货架空空如也；火车站、汽车站人山人海。[④] 在内紧外松的传播策略下，社会与公众不得不“紧张”，这种紧张表现为维护自身的安全只能依靠自己，内紧外松的突发事件传播使环境污

---

① 以上具体事实参考《财经》、《第一财经日报》、《21 世纪经济报道》的相关报道。

② 陈力丹、陈俊妮：《松花江水污染事件中信息流障碍分析》，《新闻界》2005 年第 6 期。

③ 杨磊、蒋明倬：《松花江流域的多米诺骨牌》，《21 世纪经济报道》2005 年 11 月 28 日。

④ 作者一位同学 2005 年 11 月 22 日恰好乘坐始发自哈尔滨的火车，乘客多自始发站上车。乘客对于地震的传言还是持相信的态度，并举例说哈尔滨市“有钱的人都走了”。

染事件演化为社会混乱。

2005 年 11 月 24 日，国家环保总局举行的新闻发布会上，在回答境外记者“为何直到九天以后才向哈尔滨市和其他的下游城市公开真实情况”的问题时，张力军副局长作了如下表示：“信息的发布，我们理解有几种方式，向公众发布是一种方式，向地方政府和沿线受影响的一些企事业通报也是一种方式。在事故的处理过程中，我们既要处理事故，又要兼顾下游的一些事情。所以我们认为，吉林省政府的做法是可行的，保证了群众没有受到影响。”张力军又一次具体地“说明”内紧外松传播的可行性与必要性。也许《环境保护法》还需要在环境系统内进行深入学习，该法第 31 条规定：“因发生事故或者其他突然性事件，造成或者可能造成污染事故的单位，必须立即采取措施处理，及时通报可能受到污染危害的单位和居民，并向当地环境保护行政主管部门和有关部门报告，接受调查处理。”可以预见，依次传播的突发事件的报道方式还可能继续存在。

本章小结

并行传播模式最适应有持续影响的突发事件类型，如疫情、环境污染等，并行传播的基本特征为，并行而不对称，政府组织传播与公开报道在报道时间上保持同步，但在信息量、信息主题方面不对称。内紧外松、内外有别既是突发事件并行传播模式的理论基础，也是其表现形式。将甲肝、SARS、禽流感疫情报道与现实对比发现，并行传播的发生有强烈的人为控制因素，疫情报道与疫情发展没有明显的互动，因此也难以实现“内紧外松”的初衷。并行传播短期影响在于信息落差引发流言谣言的产生，进而引发公众恐慌，导致社会动荡；而其长期影响则在于政府和大众媒介公信力的丧失，为下次突发事件应急埋下隐患。

第六章　突发事件宣传主导传播模式

我国洪灾报道中所构建的新闻报道模式，是媒体与新闻管理者之间在互动中产生的，在长期新闻实践中，洪灾报道转化为抗洪救灾报道模式。洪灾本身意味着人员伤亡、土地家园被毁，如何在危险的洪灾中实现正面宣传是抗洪救灾报道的关键。新闻框架的作用就在于形成一个较为固定的认知、解释和陈述新闻事件的基本范式，符号的处理者依据固定范式来组织话语、选择新闻事实。凸显安全框架、消解危险框架是实现“宣传危险”的基本手法。

第一节　“宣传主导传播模式”界定

宣传是我国新闻实践和新闻理论的基础概念。抗洪救灾报道是以正面宣传为主的报道方式，通过若干年洪灾报道的实施者和新闻管理者之间的互动，结合发展中的政治经济环境，突发事件的宣传主导模式逐渐成形，并逐渐将这种模式适用于其他类型的突发事件中，对于各级新闻业者进行突发事件报道起着规范、影响作用。

一　宣传主导传播模式界定

宣传是我国新闻学的重要理论，1989 年李瑞环在《坚持正面宣传为主的方针》中认为：“回顾我们党的新闻事业的发展历史，至少可以得出两个鲜明的结论：一是我们党历来十分重视新闻工作；二是坚持对人民革命和社会主义事业以正面宣传为主。”从这句话中，可以推断：（1）在新闻实践中宣传通常与正面是联系到一起的；（2）正面宣传是党赋予新闻事业的主要功能。在究竟什么是宣传、新闻与宣传之间的关系上，新闻学者颇有分歧。本书中新闻宣传的概念沿用戴元光[①]的界定：

> 在现代社会里，政党、集团、政府、团体经常通过新闻传播媒体，运用各种新闻宣传体裁，如写消息、发言论，进行有目的的主体思想宣传。新闻宣传既不是纯新闻活动，也不是纯个人的意识行为，而是运用新闻隐性、显性的功能，将集团意识、政党意识、政府意识传播出去，改变宣传对象的态度或行为的传播活动，具有强烈的阶级性、集团性和功利性。在这个过程中，宣传者作为活动的中心和主体，始终把握着宣传的方向，选择和控制着信息的流量和流向，统治接受者的思想，并抵制反宣传的影响。

突发事件宣传主导传播模式与组织传播模式不同，更多体现的是组织意志对于大众传播的渗透，与组织传播模式诉诸权威、强制进行的做法不同，宣传主导的突发事件报道更多地体现了大众传播媒体与政府之间的互动，表现为突发事件报道中宣传性报道的比例较多，最具代表性的是抗洪救灾的报道。正面宣传为主压缩了突发事件的信息传播空间，冲淡了突发事件报道本身所必备的提供应急信息、传递应急经验、进行应急教育、强化应急意识的积极意义，大众传媒更多体现的是宣传的功能，对于突发事件应急处理的贡献有限。这被认为是突发事件的“宣传主导模式”。

二　宣传主导模式的演化过程

新闻制造（news making）被认为是利益团体、社会精英操纵的某种现实构建活动，西方研究者把关注焦点置于记者与新闻来源关系上。在我国，新闻报道模式的构建更多体现的是媒体与政府之间的互动，我国洪灾报道中所构建的新闻报道模式是在媒体与新闻管理者之间的互动中产生。为此，本章将以较大的篇幅研究抗洪救灾中的新闻媒体传播运作特点。

（一）1954 年：抗洪救灾报道维护实际工作利益

1950 年 4 月 2 日中央人民政府新闻总署给各地新闻机关下发了关于救灾应立即转入成绩与经验方面报道的指示。在这个指示中，要求“各地对救灾工作的报道，现应即转入救灾成绩与经验方面，一般不要再着重报道

① 戴元光：《现代宣传学概论》，兰州大学出版社 1992 年版，第 218 页。

灾情”。这样要求的理由是担心过多地报道灾情，可能会造成悲观、失望情绪，同时给帝国主义反动派夸大我国灾情，进行挑拨、造谣的借口。

经过1948年、1950年两次批评客观主义之后，究竟如何报道自然灾害对于新闻从业人员也是个难题。1954年长江洪水至今仍是新中国成立以来最大的洪水，在水灾的初期，新闻工作者对于如何报道洪水犹豫不决，新华社的态度较具代表性。戴邦[①]在《在防汛救灾报道中我们学到了什么》中详细说明了1954年洪水报道的组织过程。在水灾之初，“我们对今年遭受到的自然灾害，讲什么，不讲什么，多讲还是少讲；要讲，又如何讲法等问题一时不能肯定下来。照老的习惯的做法，对灾难最好不报道，因为怕引起群众恐慌，为敌人利用；又怕报道灾害重犯在历史上曾经有过的客观主义的毛病。总之，初期不敢报道”。在分析了洪灾后，几项原则被慎重的制定出来：“一、报道灾害不要盖过报道生产；二、着重报道积极同灾害斗争，战胜灾害，争取丰收；三、报道范围暂时固定在几个可以确保的重点和某些较轻可以恢复生产的轻灾区；四、不做全面综合的报道，不讲具体灾情。”这样的报道方式无疑与1950年灾害报道由“救灾工作转入救灾成绩与经验方面”相适应，但是1954年由于洪水规模极大，灾情不断扩大，洪水长时间持续导致报道转化成“救灾成绩”非常不易。“《人民日报》发表社论，总社也发出报道提示，这时候，我们才逐渐明确积极报道我们同灾害作斗争的意义。”[②] 此时，有计划的报道才开始进行，报道重点集中在以下几个方面。

> （1）着重报道党和政府对战胜今年灾害的决心和采取的各项措施，特别是报道确保武汉、确保荆江大堤的决心和措施；（2）反映人民群众和洪水艰苦搏斗的积极性和创造性，着重反映堤防大军为战胜洪水所表现的忘我的社会主义劳动热情；（3）宣传整体观念，显示人民民主制度的优越性，着重报道党中央对防汛救灾工作的关怀和各方面的大力支援，全国人民的热情关心和大力支援，以及各个业务部门以防汛为中心，一切为了战胜洪水的实际行动；（4）自始至终

---

① 时任新华社中南总分社社长。

② 戴邦：《在防汛救灾报道中我们学到了什么》，载《论社会主义新闻工作》，人民日报出版社1983年版。

根据国民党1931年统治时期的水灾记录，从政治、经济人民生活等多方面进行对比宣传。

以上的报道重点已经非常明确，针对不同的主体有着相应的报道内容，在宏观上通过与历史对比，反映制度的优越性。但灾害毕竟是灾害，其必然有危险性与不确定的一面，如何处理这些“灾”的信息也考验新闻工作者的智慧：“如何报道确保而又在万一破堤时不致被动；如何宣传自救又不会引起悲观情绪等”，几项报道原则被制定出来，达到既能够实现新闻事实的宏观覆盖，在微观上也不会有负面影响：

> (1) 灾情。多讲水情（在情况严重时，每天发重点地区的防汛公报）少讲或不讲具体灾情。全面讲水情、雨情，重点讲积极防汛。(2) 险情和万一破堤。武汉市历史上前后发生险情一千多次，但我们只讲了几次，为了表现防洪能力增强，工作效率提高和说明防洪能力和工作效率。(3) 生产自救方面注重灾区和非灾区之间的互助，灾民之间的互助互济报道少。

1954年洪灾报道中，水情代替灾情、不预报险情、灾民不出现在报道中的具体手段，实现了灾难报道规避“灾难”的目的，奠定了此后抗洪救灾报道的基本模式。在洪灾报道思想上，戴邦认为，新闻报道工作一定要服从实际工作利益。他说：

> 当前灾情严重，需要动员千百万人民来战胜灾害，保卫社会主义建设的时候，公开地报道人民群众如何同自然灾害进行斗争的新闻，就能够大大地推动防汛救灾工作。但不是任何灾害的情况都可以当作新闻向全国报道的。这主要根据国内外全盘斗争的利益，要看灾情大小、受灾长短、受灾地区重要不重要，以及它对国家和人民生活影响大小来决定，并且根据不同的具体条件和时机，决定讲什么不讲什么，如何讲法。

在中央的指示下，在新华社报道模式的影响下，其他报纸对于1954年洪水的报道基本遵从此模式。《长江日报》在防汛的100天里，发表有关抗洪的消息782条，通讯特写186篇，各种文章、文告168篇，读者来信232封，照片152幅，内容几乎都是动员全市人民全力投入抗洪抢险，同时宣传安定人心，保障生产和社会秩序。报纸还着力报道了全国人民的支援。“这样的抗洪斗争宣传报道，充分表现了新的社会制度的优越性，激发了读者的爱国主义情怀。但是，不重视灾情重抗灾，后来逐渐称为一种报道模式，即一场灾难出现不予报道，当有了抗灾行动才给报道。渐渐地，不能按照这种‘正面报道’模式处理的灾情新闻也就无法面世了。”①

（二）1957年之后：从正面宣传到政治喧嚣

1957年之后，抗洪救灾报道又开始一次转向，其中原因有二。其一，救灾与反右倾相关联。1955年广西旱涝灾害，造成大批农民饿死和外逃。1957年全党开始整风运动，发动群众向党提出批评与建议。对于1956年饿死人事件有人也提出了批评。“1957年春天，在我国的天空上忽然乌云盖天，资产阶级右派分子借整风机会，从各个方面向党的领导和社会主义制度进行了疯狂的进攻；在救灾工作方面，他们同样造谣诬蔑，散布许多谎言如：‘人民政府救灾不力’、‘灾区人民生活苦得不得了’、‘群众处于死亡的边沿’、‘灾区情况今不如昔’等。”② 内务部农村救济司司长熊天济于1957年7月17日在《人民日报》发表了题为“我国救灾工作的伟大成绩”的文章，驳斥了相关言论。其二，1957年开始在“大跃进”的形势下展开了改造自然、消灭灾害的大进军。在人与自然的斗争中充满了政治意涵，各地也纷纷响应并付诸实践。河南省省委“十分重视灾区工作的思想领导，在工作进程中对救灾工作上的资本主义思想和右倾保守思想进行了不调和的斗争。给实现灾区全面‘大跃进’打下了良好的思想基础”③。

1959年毛泽东批示进一步确立了抗洪救灾报道模式。1959年6月毛泽东看了新华社关于广东水灾的内部参考资料，提笔给胡乔木、吴冷西写下如下的批示：“广东大雨，要如实公开报道。全国灾情，照样公开报道，唤起人民全力抗争。一点也不要隐瞒。政府救济，人民生产自救，要大力提倡报道。工业方面重大事故灾难，也要报道，讲究对策。”这段话

① 孙旭培：《建国初期宣传报道与报纸批评特点》，载《新闻研究资料》总第47辑，中国社会科学出版社1989年版。

② 内务部农村福利司：《建国以来灾情和救灾工作史料》，法律出版社1958年版，第189页。

③ 同上。

被引用无数次，证明党的领导人重视公开报道自然灾害，但有几点必须指出：（1）毛泽东阅读的广东水灾的报道是内参，来自新华通讯社 1959 年 6 月 18 日编印的《内部参考》第 2801 期。这一期登载了《广东水灾继续发展，全省工作中心转入抗洪救灾》和《广州市人民极度关心汛情的发展》两篇报道。也就是说，在主席批示之前，此类的报道通常是内参所刊登的内容，由主席的话推断，工业方面的事故过去也是由内参刊登的。（2）在指示报道灾情时，主席的话明显分为三个层次，广东的大雨应该公开报道；灾情报道的目的是唤起抗灾；政府救济、生产自救要大力提倡。应该、目的以及提倡三点直接说明了公开报道的要点所在。对于工业事故的报道要讲究对策，也印证了报道侧重的存在与必要。从毛泽东的话中可以推断，在公开与不公开之间，其判断标准是是否具有宣传利益，公开的目的在于宣传。

此后在政治运动频繁的年代，抗洪救灾报道的政治意涵越来越浓。到“文化大革命”时期达到顶峰，抗洪救灾中远不止正面宣传，充满了政治喧嚣。从《人民日报》如下报道标题即可看出：1966 年 8 月 5 日《毛泽东思想鼓舞人们排除万难战胜洪水——记广东省人民抗洪救灾恢复生产的斗争》；1974 年 8 月 29 日《在批林批孔斗争中进一步发扬人定胜天的英雄气概　江苏山东军民利用治淮工程战胜沂沭河特大洪水》；1976 年 10 月 8 日《在伟大领袖毛主席、党中央的亲切关怀下　河南山东军民战胜特大洪水取得黄河防汛重大胜利》。

（三）20 世纪 90 年代至今：弘扬主旋律

20 世纪整个 90 年代，我国一直不断遭遇洪灾，抗洪救灾报道也经过实践与理论的一再融合成为一种固定模式。1991 年的抗洪救灾报道中，就有人将抗洪救灾报道中的正面宣传理解为“反映社会主义时代精神应成为主旋律”。具体做法为：（1）对灾情的报道与对抗灾的报道有机地结合；（2）要始终让后一方面的报道处于整个宣传的主体与主导地位，以实现新闻舆论激励人们奋发向上、反映社会主义时代精神这样一种基本的而又属于深层次的导向。①

1994 年 1 月江泽民在《在全国宣传思想工作会议上的讲话》中提出：

---

① 李向阳：《反映社会主义时代精神应成为主旋律——论抗洪救灾报道中的正面宣传》，《视听界》1991 年第 6 期。

“弘扬主旋律，就是要在建设有中国特色社会主义的理论和党的基本路线指导下，大力提倡一切有利于发扬爱国主义、集体主义、社会主义的思想和精神，大力倡导一切有利于改革开放和现代化建设的思想和精神，大力提供一切有利于民族团结、社会进步、人民幸福的思想和精神，大力倡导一切用诚实劳动争取美好生活的思想和精神。”

抗洪救灾报道弘扬主旋律的真正确立，是在1998年。这年发生了新中国成立以来仅次于1954年的大洪水，使得抗洪救灾报道的规模前所未有。《人民日报》派出37名记者到抗洪第一线。仅从1998年7月20日到1998年8月26日，就发稿700余篇，照片140多幅。中央电视台先后派出48路、近400人的采访报道队伍和22个对外中、英文报道组，并租用直升机进行报道。江泽民在1998年9月28日《全国抗洪抢险总结表彰大会上的讲话》中，对当年抗洪救灾报道予以褒扬：“新闻工作者及时报道党中央、国务院的指示精神，不畏艰险、深入一线积极宣传抗洪军民的英雄事迹，弘扬正气，鼓舞斗志。”1999年南京军区政治宣传部将抗洪救灾报道解读为：（1）把握总基调，弘扬主旋律，是搞好抗洪抢险新闻宣传的核心；（2）突出重大事件，发掘先进典型，是搞好抗洪抢险新闻宣传的关键；（3）不避艰险亲临现场，不怕疲劳顽强拼搏，是搞好抗洪抢险新闻宣传的基本保证。[①] 弘扬主旋律的抗洪救灾模式自此形成，随着政治环境的与时俱进，主旋律的内容也在不断地被丰富。

第二节　抗洪救灾报道的“新闻框架”分析

我国的水灾新闻报道常常被“抗洪报道”所取代，语词的转换体现了报道主题的转变，抗洪救灾报道无疑要以“正面宣传为主”，时至今日，仍然在每次洪灾报道中作为最为基本，同时也是最为重要的原则，被宣传管理者以及新闻媒体的从业者所贯彻、实施。诸多学者从不同角度解读了抗洪报道的价值所在或者问题所在，但在微观角度，新闻报道如何将消极洪水灾害转换为积极的正面宣传，其中的转换过程无人明晰呈现。我国是个水灾多发的国家，从1951年到1990年，平均每年遭受水灾5.9

① 参见南京军区政治部宣传部：《弘扬主旋律　高奏抗洪曲》，《新闻与成才》1999年第2期。

次，最多年份达10次，最少年份也有3次。1990年以后，洪灾更是频频发生，平均两年就会发生一次大规模的水灾。① 对于水灾的救助体现了党的执政能力，而抗洪救灾报道也是抗洪的重要一环。新闻管理部门以及传媒常常将洪灾报道冠以“战役”式的报道，其中虽强调记者进行采写新闻的风险性，但强调更多的是新闻报道的社会意义与政治价值。

西方政治格局下，“政治家们必须调整他们的讯息以适应某个新闻组织所规定的规格（Format）和样式（Genres），以及相适应的语言风格、故事模式和受众形象”。② 我国抗洪救灾的报道规格和样式以及具体的写作方式在媒体与新闻管理者之间互动产生。大体上来看，媒体管理者提供报道的基本原则和框架，媒体在框架内不断调适自己达到国家管理者的满意，抗洪救灾报道的具体架构并不是一成不变。既定的框架对于媒体而言并不是完全封闭以及刚性的，在某些特定时刻，媒体还必须显现“发展性的思维”——将某些模式向其他灾难报道中延展，同时也将某些新出现的政治原则或者政治口号融入抗洪救灾报道中。以《人民日报》1991年、1998年以及2003年的抗洪报道为例，结合相关的文献，对于抗洪救灾报道作以框架性分析，能够厘清微观层面的话语转换，并从纵向对比中发现近十年来的抗洪报道之间差异所在。

一　研究对象与研究问题

研究对象来自《人民日报》1991年、1998年以及2003年的洪水报道，经过《人民日报》数据库的检索，在其中遴选相关报道，作为此次研究样本。20世纪90年代平均2年一次的洪水为研究提供了选择的余地，1998年洪水由于其规模巨大而成为选择对象后，确定了90年代所发生的第一次大规模洪灾为1991年洪灾；在此基础上，选择了距研究时间最近的一次大规模洪灾即2003年洪灾。基于研究目的，将样本选择的时间段定位于洪水主汛期，由于我国南北纬度跨度较大，大江大河一般按照从南到北的时间进入主汛期。因此在检阅相关汛情、汛期资料的基础上，选定1991年7月、1998年8月以及2003年7月为研究时间段，此时间段

---

① 蔡延松：《水患起何处》，《中国经济信息》1998年第24期。

② ［美］杰伊·G. 卢布姆勒、迈克尔·古列维奇：《政治家和新闻界：一篇有关角色关系的论文》，《媒介研究的进路：经典文献读本》，汪凯、刘晓红译，新华出版社2004年版，第130页。

内《人民日报》所有有关洪水的报道为研究样本。

从洪灾规模来看，这三次洪灾都是影响广、损失重的。1991 年洪灾使 18 个省市区遭受洪涝灾害，死亡 3074 人，受灾人口 2.2 亿人，因水灾粮食减产 200 亿—250 亿公斤，直接经济损失约 800 亿元；1998 年特大洪水损失更为惨重，受灾人口 2.23 亿人，死亡 3004 人，倒塌房屋 497 万间，直接经济损失 1666 亿元，间接经济损失也在近千亿元以上；2003 年洪灾发生时间早，淮河发生了新中国成立以来仅次于 1954 年的第二位流域性大洪水。2003 年全国有 30 个省、自治区、直辖市受害，农作物成灾面积 12999.8 公顷，受灾人口 2.26 亿人（次），因灾死亡 1551 人，倒塌房屋 245.4 万间，直接经济损失 1300.5 亿元。

本研究目的在于回答以下三个问题。

（1）《人民日报》抗洪救灾报道中的新闻焦点是什么？

（2）《人民日报》抗洪救灾报道中新闻主角与新闻主题呈现什么样的搭配？

（3）《人民日报》抗洪救灾报道中运用的是什么框架？

二　三次抗洪救灾报道量统计

（一）洪灾报道量

从报道量来看（见表 6－1），1998 年的汛期单月的报道量远远超过其他两个年份的报道量。通过进一步检索发现，1998 年整个汛期的报道量也远远大于其他两个年份。将之报道量与受灾人口相比较，在受灾人口相对等同的情况下，报道量呈现非常的不均衡。2003 年报道最少，造成此报道少的原因与 2003 年发生的 SARS 疫情有关，SARS 的发生导致人口流动的限制，比如慰问、支援活动、义演、慈善募捐活动的减少是报道量下降的主要原因。

表 6－1　**《人民日报》洪灾报道量**

时间	报道量	受灾人口
1991 年 7 月	120	2.2 亿
1998 年 8 月	289	2.23 亿
2003 年 7 月	46	2.26 亿

（二）报道焦点①

通过测量新闻报道中的报道主角以及新闻主题，揭示新闻中的报道焦点所在，即谁？在干什么？在两者结合的基础上传递特定的信息。报道主角包括党政机构；党政官员；社会团体；企事业；解放军、武警、警察等（子弟兵）；专家学者；多主角；海外华人、其他国家、国际组织；灾情、水情；受灾者及家属；其他。

统计结果表明（见表6-2），在洪水主汛期报道中，新闻主角较为固定，以党政干部、党政机构、子弟兵以及多主角为主，前三个为抗洪救灾的主体，多主角则为报道中的特色，干群、军民、灾区与非灾区、灾区与相关行业多主角的搭配通常为表现团结抗洪的主题。另外一个造成多主角的原因是新闻报道所采用的综合报道的方式：将几条短消息组合起来，说明不同地区、不同行业的抗洪救灾状况。值得注意的是两点，其一为受灾者及其家属报道的缺失；其二为救灾主角中甚少涉及当地居民，在企事业的抗洪中有着对于工厂工人抗洪的报道，但对于当地农民参与抗洪的报道甚少，成为抗洪典型的更为稀少，仅在1998年的抗洪救灾报道中出现过一次。

表6-2　**《人民日报》抗洪救灾报道主角**

新闻主角＼时间	1997年	1998年	2003年
党政机构	25（20.8%）	57（19.7%）	9（19.6%）
党政干部	22（18.3%）	44（15.2%）	7（15.2%）
解放军、武警、警察	19（15.8%）	53（18.3%）	3（6.5%）
多主角	17（14.2%）	44（15.2%）	7（15.2%）
企事业	9（7.5%）	21（7.3%）	1（2.2%）
专家学者	2（1.7%）	11（3.8%）	0（0.0%）
灾情、水情	10（8.3%）	22（7.6%）	18（39.1%）
受灾者及家属	0（0.0%）	1（0.3%）	0（0.0%）
海外华人，外国政府、组织	11（9.2%）	8（2.8%）	0（0.0%）
其他	5（4.2%）	28（9.7%）	1（2.2%）
总计	120（100.0%）	289（100.0%）	46（100.0%）

① 类目建设参考柯惠新、刘来、朱川燕、陈洲、南隽《两岸三地报纸灾难事件报道研究——以台湾921地震报道为例》，《新闻学研究》2004年总第85期，有所取舍修改。

报道主题包括：灾情、水情；抗洪救灾；慰问、保障与援助；灾后恢复与重建；问题与反思；慈善、募捐；指示、通告以及其他等项。报道主题中（见表6－3），抗洪救灾的主题远远超过其他主题。问题与反思的主题涉及救灾中的问题、灾民的困难等，在历年几乎没有报道，仅在2003年中有一则淮河防洪为什么困难的报道。在灾情、水情主题的报道中，尽管2003年报道总量不及前两个年份，但“灾情、水情”新闻主题的比例远远超过1991年及1998年，甚至灾情、水情主题的报道绝对量（13∶12）超过1991年，这在一定程度上显示了抗洪救灾报道的进步。

表6－3　　　　**《人民日报》抗洪救灾报道主题**

时间 报道主题	1991年	1998年	2003年
灾情、水情	12（10.0%）	29（10.0%）	13（28.3%）
抗洪救灾	36（30.0%）	128（44.3%）	18（39.1%）
慰问、保障与支援	22（18.3%）	31（10.7%）	4（8.7%）
灾后恢复与重建	16（13.3%）	34（11.8%）	3（6.5%）
问题与反思	0（0.0%）	0（0.0%）	1（2.2%）
慈善、募捐	16（13.3%）	32（11.1%）	0（0.0 %）
指示、通告	16（13.3%）	32（11.1%）	7（15.2%）
其他	2（1.7%）	3（1.0%）	0（0.0%）
总计	120（100.0%）	289（100.0%）	46（100.0%）

三　抗洪救灾中的新闻主角与新闻主题搭配

对洪灾报道中的报道主角以及报道主题进行交叉分析（见表6－4、表6－5、表6－6）发现，其中某些报道主角与报道主题的搭配比例较高，这就意味着，在某些报道主角出现时，相应的报道主题同时出现。语言意义的产生并不是通过直接的自然刺激经历而习得的，而是通过一个符号与另一个符号的联想而获得的。新闻框架的出现就是将符号之间的联系具体化、常规化并可以“制度性”的延续。吉特林认为框架是一个持续不变（over time）的认知、解释和陈述况式，符号的处理者按常规（routinely）来组织话语。当吉特林强调惯例和持续性时，他所谓的框架就超越了任何特定的报道，而且是一种经过了抽象并具有一般规律的处理方式。①

表6－4　　1991 年 7 月《人民日报》抗洪救灾报道交互分析

主题 主角	灾情、水情	抗洪救灾	慰问 支援保障	灾后 恢复与重建	慈善募捐	指示、通告
党政机构		4 16.0%	10 40.0%	3 12.0%	2 8.0%	5 20.0%
党政干部	1 4.5%	4 18.2%	7 31.8%		1 4.5%	9 40.9%
子弟兵		17 89.5%				2 10.5%
多主角		9 52.9%	2 11.8%	6 35.3%		
企事业单位		1 11.1%	1 11.1%	7 77.8%		
专家学者	1 50.0%	1 50.0%				
灾情、水情	10 100.0%					
海外华人 外国组织					10 90.9%	

① 参见黄旦《传者图像：新闻专业主义的建构与消解》，复旦大学出版社 2005 年版，第 231 页。

表 6－5　　1998 年 8 月《人民日报》抗洪救灾报道交互分析

主角＼主题	灾情、水情	抗洪救灾	慰问支援保障	灾后恢复与重建	慈善募捐	指示、通告
党政机构		7 12.3%	12 21.1%	18 31.6%	4 7.0%	16 28.1%
党政干部	1 2.3%	21 47.7%	5 11.4%	1 2.3%	2 4.5%	14 31.8%
子弟兵		46 86.8%	2 3.8%	3 5.7%		1 1.9%
多主角		35 79.5%	1 2.3%	2 4.5%	6 13.6%	
企事业单位		10 47.6%	7 33.3%	2 9.5%	2 9.5%	
专家学者	6 54.5%	1 9.1%	2 18.2%	2 18.2%		
灾情、水情	22 100.0%					
海外华人外国组织					8 100.0%	

表 6－6　　2003 年 7 月《人民日报》抗洪救灾报道交互分析

主角＼主题	灾情、水情	抗洪救灾	慰问支援保障	灾后恢复与重建	问题与批评	指示、通告
党政机构		4 44.4%		2 22.2%		3 33.3%
党政干部		1 14.3%	2 28.6%			4 57.1%
子弟兵		2 66.7%	1 33.3%			
多主角		7 100.0%				
企事业单位			1 100.0%			
灾情、水情	13 72.2%	3 16.7%		1 5.6%	1 5.6%	

经过比较分析之后可以发现，某些主角和主题搭配频率非常高（见表6-7），而某些搭配却几乎没有出现过。从1991年、1998年、2003年《人民日报》三次抗洪救灾报道出现次数最多前六种搭配（表中所列），可以看出变化所在。

表6-7　**《人民日报》三次抗洪报道新闻主角、主题高频搭配**

1991年	次数	1998年	次数	2003年	次数
子弟兵+抗洪救灾	17	子弟兵+抗洪救灾	46	灾情、水情+灾情水情	13
灾情、水情+灾情水情	10	多主角+抗洪救灾	35	多主角+抗洪救灾	7
海外华人、外国组织+慈善募捐	10	灾情、水情+灾情、水情	22	党政干部+指示、通告	4
党政机构+慰问支援保障	10	党政干部+抗洪救灾	21	党政机构+抗洪救灾	4
党政干部+指示、通告	9	党政机构+灾后恢复与重建	18	党政机构+指示、通告	3
多主角+抗洪救灾	9	党政干部+指示、通告	14	灾情、水情+抗洪救灾	3

在所有高频率搭配中，多主角、子弟兵、党政干部、党政机构以及灾情、水情作为新闻主角最常出现，而相应的搭配涉及抗洪救灾的各个方面。这充分体现了在抗洪救灾中，党和政府对于整个抗洪救灾的领导，而子弟兵是抗洪的主力军，在关键时刻或者危急关头，都挺身而出。

所有年份均有出现的有三种搭配："灾情、水情+灾情、水情"、"多主角+抗洪救灾"、"党政干部+指示、通告"。其种"灾情、水情+灾情、水情"的搭配出现在抗洪救灾的报道中是理所当然的主角，这种搭配的出现既有传播信息的需要，同时也适应正面宣传的需求。"多主角+抗洪救灾"的搭配是我国抗洪救灾中必须强调的，团结精神、集体主义、干群合作、军民携手在历次抗洪救灾中被着重报道，通过这样的搭配有效表现了党和人民休戚与共、军队和人民鱼水情深的深厚感情；"党政干部+指示、通告"，主角一般是中央主要领导同志，通过在北京和抗洪现场发出指示，号召党政军民携手，众志成城实现抗洪救灾的伟大胜利。

有些搭配从来没有出现，如最应该出现的“灾民＋灾情、水情”的搭配，但灾民作为洪灾的当然主角却一直没有出现在报道中，因而不会出现相应的搭配。从受灾面积来看，灾民数量是巨大的，作为配角的灾民更多以政府、子弟兵的施救对象，以及领导、干部的慰问、安置对象出现。在抗洪救灾中，对于当地居民的参与涉及不多，内容多以“人数”一笔带过。这与1954年新华社报道原则中的“少报道灾民之间的互助互济报道”可作呼应。

通过对比不难发现，2003年的抗洪救灾报道与以往有着明显的差异。其一，“灾情、水情＋灾情、水情”出现在搭配次数的榜首，考虑到洪水规模，其13次出现与1998年的22次出现不相上下。其二，“灾情、水情＋抗洪救灾”首次出现在表中，而此搭配在1991年以及1998年根本就没有。从报道内容来看，此搭配与“灾情、水情＋灾情、水情”的搭配不同，不仅说明了汛期信息，对于可能带来的危险也作了相应说明。

四　抗洪救灾中的新闻框架

通过细致阅读新闻文本，本书把抗洪救灾新闻框架分为安全框架、危险框架以及中立框架（见表6－8）。安全框架被界定为没有危险或危险处于掌控之下，没有不确定性因素；危险框架被认为是灾害发生的现在时，充满着不确定性，对于未来可能带来损害，同时包括目前存在、正在解决的一些问题；中立框架指纯粹的自然性报道，如对于雨情、汛情的报道等。在三种框架之下，分别有“子框架”，通过对于具体问题的建构，达成总框架的传播目标。子框架分述如下：

（1）行动—保障框架：该框架强调对于洪水、洪灾的掌控，通过行动的强调，显示现有与可能的困难都在掌握之中。在“党政机构＋抗洪救灾”、“子弟兵＋抗洪救灾”、“多主角＋抗洪救灾”、“企事业＋抗洪救灾”、“企、事业单位＋慰问、保障支援”等搭配中，都是依据此框架组织新闻事实。

（2）指示—确保框架：该框架通过上级机构与领导发出指示，要求确保抗洪救灾工作的完成以及执行得力。指示—确保框架以将来时的语态宣告了抗洪的胜利。由此冲淡了未来灾难可能造成的损害以及不确定性，显示了政府对于救灾的决心、信心以及对于救灾的能力。“党政机构＋指示、通告”以及“党政干部＋指示、通告”的搭配依据此框架组织新闻，显示了在抗洪救灾中，党和政府对于抗洪救灾的关注和领导。

（3）责任—荣誉框架：抗洪救灾宣传中对于典型人物的宣传是报道中的主题，其身份——政府官员和子弟兵，导致了此类报道中强调更多的是报道主角所承担的责任，完成救灾任务后强调荣誉感的提升。一般若报道主角为个体时，在“子弟兵＋抗洪救灾”、“党政干部＋抗洪救灾”的搭配中，通常采用此框架，能够突出典型人物在洪灾面前，完成党和人民赋予的光荣职责，无愧“英雄的称号”。

（4）援助—爱心框架：“一方有难，八方相助”是抗洪救灾中另一重大主题，通过援助将全国人民乃至全球华人与灾区人民联系到了一起，援助—爱心框架显示了在当今中国，即使有短暂的困难也会在祖国家庭其他成员施以援手下，平安度过。“企、事业单位＋慰问、保障支援”、“海外华人、国际社会＋慈善募捐”、“党政机关＋慰问、保障支援”多采用此框架。

（5）灾情—危险框架：该框架强调的是洪水对于某区域、人群的威胁。洪水报道中，如含有洪水对于人可能产生的威胁、灾民正在遭受灾害的内容，灾情的危险含义将会显现，但由于灾情的主角——灾民，在整个报道中的缺席导致危险不在，上述各个框架的运用只能是给人以安全感。“灾民及其家属＋问题与反思”、“灾民及其家属＋灾情、水情”、“灾情、水情＋抗洪救灾”的搭配属于危险框架，基本在新闻报道中没有出现。

（6）灾情—水情框架：以科学的语言，报道雨情、洪水的动态，甚少提及可能或者预期的危险。“灾情、水情＋灾情、水情”的搭配的框架更多显示其专业性的一面，没有过多显示出洪水的危险性。

结合新闻主角与新闻主题的搭配，不难发现，危险框架在抗洪救灾中几乎不存在，仅在2003年抗洪救灾中出现过一次。抗洪救灾的报道框架运用，通过相应的新闻事实的选择，其危险性已经不复存在。通过相应的搭配，辅以框架中的叙事逻辑，如此，洪灾在新闻之中被重新建构。

表6－8　《人民日报》抗洪救灾报道的新闻框架

新闻主题与新闻主角搭配	总框架	子框架	释义
党政机构＋抗洪救灾 子弟兵＋抗洪救灾 多主角＋抗洪救灾 党政机构、干部＋指示、通告 企、事业单位＋抗洪救灾 企、事业单位＋慰问、保障支援 海外华人、国际社会＋慈善募捐	安全框架	行动—保障	强调对于洪水、洪灾的掌控，通过对于行动与行为的报道，显示现有与可能的危险都在掌握之中
		指示—确保	该框架通过上级机构与领导发出指示，要求确保抗洪救灾工作完成以及执行得力
		责任—荣誉	强调的是报道主角，以官员和子弟兵为主所承担的责任，完成救灾任务后强调荣誉感的提升
		援助—爱心	“一方有难，八方相助”，即使有着短暂的困难也会在国内外施以援手的情况下，平安度过
灾民及其家属＋问题与反思 灾民及其家属＋灾情、水情 灾情水情＋抗洪救灾	危险框架	灾情—危险	该框架强调的是洪水对于某个区域以及区域中的人民群众的威胁，在抗洪救灾报道中基本没有
灾情、水情＋灾情、水情	中立框架	灾情—水情	该框架以科学的语言，报道雨情、洪水的动态，甚少提及可能或者预期的危险

第三节　新闻框架的运用:危险如何宣传

1999年的春节联欢晚会中，赵本山、宋丹丹、崔永元合作的小品《昨天、今天、明天》中，赵本山对于过去一年的总结中有句台词“一场大水没咋地”。从事实来看，1998年洪灾怎么会是一场“没咋地”的大水呢？受灾人口2.23亿人，死亡3004人，倒塌房屋497万间，直接经济损失1666亿元，间接经济损失也在近千亿元以上，对于国民经济、人民生活都有巨大的影响。“没咋地”的论断至少传递出洪灾的发生及其影响仍在控制之下，是“安全”的。进一步追究，将赵本山作为人民群众中普通一员来看，其阅读防汛、气象有关的专业书籍、期刊的可能性不大；同时在小品中数次提到的电视明星如赵忠祥、倪萍等已经显示出电视媒体在他生活中的重要位置。由此，是不是可以推断，“大水没咋地”的结论来自“媒体使用”的结果。媒体中对继1954年以来的最大洪灾的报道传达的信息竟然是“没咋地”，那么在新闻报道中，媒体报道如何实现了从“危险”到“安全”的主题转换?“灾难”如何转化为正面宣传?

抗洪救灾中宣传的实现意味着新闻报道对于抗洪主体的肯定。洪水来临意味着危险发生的可能性、带有消极性的内涵；而宣传报道则意味着正面的、积极的因素被放大。在危险和宣传之间如何进行转换，就是如何在新闻报道中选择运用框架的问题。危险转换为正面宣传并不是一次性直接实现的，汛情报道甚至灾情报道尽管单独出现的次数有限，但几乎在每篇报道中都会出现。灾情意味着危险，转换为正面宣传的第一步需要一个“安全”来过渡，即危险是可以预防、可以控制以及受灾状况是可以恢复的。运用新闻框架的转换，能够实现自然灾害从“危险”向“安全”的转换，在转换过程中实现正面宣传目的。由此，在抗洪救灾报道中，框架转换分为两个部分，其一在灾情预报上（预期危险），将新闻报道的危险框架转化为中立框架；其二在灾害发生前、发生时、发生后（即时危险），将危险框架转化为安全框架。

一　危险框架转化为中立框架

灾难就是灾难，洪水中所带来的人员伤亡、财产损失，人口的迁移是必然的，因此在自然灾害的报道中，人们对于预期的灾难可能会在心理和行为上产生一种“避险”的心理反应，表现为极度紧张和不安，心理学称之为预期焦虑：在预计可能会遇到的恐惧客体或情景时便感到紧张不安。洪灾报道需要中立的报道框架，将此“危险”部分淡化。对于政府而言，在大规模的自然灾害发生时，灾区维持一个相对平稳的社会环境，有利于抗洪救灾的顺利进行，但必须指出的是，没有提供灾情信息并不符合知情权原则，最合理的做法应该是，在告知灾情的同时，提供相应的避险知识以及相应避险服务。

从新闻主角与新闻主体的搭配来看，“灾情、水情＋抗洪救灾”的搭配、运用“灾情—危险”框架的新闻报道最应该出现在抗洪报道中：在报道灾情的同时，告知洪水对于群众、城市、农村的危险程度，并说明相应的防护措施，但是在抗洪报道中，这样的搭配并没有出现。替代它的是

“灾情—水情”的报道框架，从框架的角度使危险框架就实现了中立性的转化。在洪水报道中，对于汛情水情的报道不将其与“人”联系在一起——纯粹的报道汛期、雨情、洪峰，并没有将其可能的危险预知，更不会作某种“可能性”的风险预告，如“溃堤”了将会如何等。

长江上游干流再次发生洪水
中下游干流继续保持高水位

新华社北京8月3日电（记者贺劲松、索研）从国家防总传来的最新消息说，长江上游干流再次发生洪水。尽管这次洪水小于前3次洪水，但由于长江中下游干流水位较高，此次洪水将增加长江中下游地区的防洪压力。

受近日降雨影响，长江上游支流岷江出现一次洪水过程，其主要控制站高场水文站2日16时洪峰水位284.16米，超过警戒水位1.16米，相应流量17400立方米每秒。

受干支流来水和区间降雨影响，长江上游干流寸滩水文站今天6时水位涨至175.67米，相应流量36400立方米每秒，水势仍在上涨。另外，长江上游支流乌江也发生一般洪水，2日18时武隆站洪峰流量7600立方米每秒。（完）

黄河中游出现一般洪水

新华社北京8月24日电（记者贺劲松）来自国家防总的消息说，受23日降雨影响，黄河中游支流无定河、清涧河、延河等相继发生洪水，黄河干流龙门水文站今天7时18分出现洪峰，水位385.09米，超过警戒水位2.09米，最大流量3330立方米每秒，为一般洪水。（完）

上述新华社稿件显示，灾情—水情的新闻框架对于灾情水情报道的焦点放在其“水文意义”上，专业术语的运用，大量数字的堆砌，对于普通受众而言理解其准确意义都很困难，更难以评估其危险所在。在历年多次新闻报道中，对于汛情的报道完全采用类似《国家防总发布第三十二号汛情通报》为标题的报道形式，对报道对象不分析、不解释，上节量化数据也显示，新闻报道较少出现专家学者作为新闻主角，与这样的报道方式形成呼应，对于灾情缺乏来自相应的解读。上述举例消息系新华社采写，但来自《人民日报》版面，依据规定，汛情报道必须以新华社通稿为准，由此灾情—水情的新闻框架在诸多报纸中以一元、刚性的形式进行推广。报纸对此没有阐释、解读的权利，也难以产生对洪水“危险性”的呈现与预估。将预期的危险转化为中立的模式，减少了对受众心理的冲击，继而使得社会舆论、公众认知在洪水来临前无法建立“灾”的概念。利用媒体对于灾情的淡化处理，也易衔接灾情控制、灾后重建的报道。

洪水中的“人”是实现危险框架转化为中立框架的关键。想象一下在现场或者媒体上观看无垠大洋中某个无人岛屿上的火山爆发，观者不会有任何恐惧与威胁，反而会感叹大自然的瑰丽与壮观。灾民的缺失，使得洪水—灾民之间“自然与人”的符号联系变为纯粹的自然符号联系：水—水或雨—水，对受众的冲击力自然随之降低。在历次洪水报道中这样的报道框架被广泛运用。从“灾情—危险”的危险框架向“灾情—水情”的中立框架转换，新闻框架在某些侧面如同电影蒙太奇，通过不同的剪辑、对接，画面、人物的选择与排序会传达出不同的情绪与意义，俄罗斯导演艾森斯坦认为镜头间的并列甚至激烈冲突将造成第三种新的意义。在此作以设想，大坝泄洪如果不与任何其他镜头连接，强调的只是“水文”意义；大坝泄洪和威武军队的镜头相连，会呈现相对的安全感；大坝泄洪和妇女、儿童的镜头相联系，传递的无疑是危险感与紧张感。在以上三种“剪接”中，新闻报道中前两种有着更多的呈现，而后一种是一般不出现在新闻报道中的。

在某些时候，由于较为离谱的“剪接”，洪灾报道框架转换会出现极端的形式：灾情被转化为“奇观”与“胜景”。如 1983 年长江中下游发生大洪水，有关领导决定新安江电厂大坝主动泄洪。新华社为此发了专电报道了现场状况。专电说：“黄河之水天上来，古诗人李白诗句中瑰丽雄奇的景观，在新安江电厂大坝泄洪中，真实地再现了。”专电赞叹道：“这是足以令人惊心动魄的人间奇景”，当地群众也“怀着寻奇探胜的心情，分别在两岸山腰上尽情观赏”。某报以《新安江电厂大坝昨起泄洪——万余群众观赏奇景》在头版位置刊登这条新闻。新闻刊登之后，余放在《人民日报》撰文批评这篇新闻：“大坝面临险情，下游地区危在旦夕，如今为了保全大局减少损失，不得不忍痛泄洪……下游成万顷良田将付之汪洋，许多人被迫迁离家园，'滚滚东去的长江'上正漂浮着青青的禾苗……这算是什么样的'人间奇景'?"两岸聚观的群众是否都会像记者那样"怀着寻奇探胜的心情"去"尽情观赏"泄洪呢? 余放接触到，现场的领导都是忧心忡忡，反复衡量得失才做出决定的。"写稿和编稿的人是城隍山上看火烧。"① 洪灾转变为胜景，关键是"主体置换"，将灾民置换为"观众"；将事实的忧心忡忡置换为虚拟的揽胜心态，新闻报道完全不顾事实情况，完全服膺于宣传目的。古希腊哲学家普罗塔哥拉的名言"人是万物的尺度"，突发事件应急目的就在于实现人的安全，人才是突发事件传播的绝对核心。

二　危险框架转化为安全框架

在预期危险转化为中立框架时，即时的危险被转化为安全的框架——正在发生的灾情，一切都在控制之下，都是能够顺利解决的。根据不同的行动主体，"行动—掌控、指示—确保、责任—荣誉、援助—爱心的框架在抗洪救灾中交替运用"，展现了"波澜壮阔的抗洪画卷"。灾情在这里成为"配角"，成为新闻主角的"前景"与"背景"，揭示了在艰难的状况下主角行动的决心与果敢。时间点的选择在危险框架转化为安全框架中非常重要。通常采用的是注重两头：洪峰逼近时以及洪峰过去后。

（一）预期安全抵消预期危险

汛期到来之前、洪峰逼近之时，以"指示—确保"框架的运用为主，突出上下协力、部门协作的洪灾应对网络，显示出"预期的安全"。以1998年抗洪救灾报道为例，类似报道非常多，例如：

> 据新华社北京8月14日电　（记者索研）国家防汛抗旱总指挥部今天发出紧急通知，要求做好抗御松花江特大洪水的各项准备工作，确保人民群众生命安全，确保重要城市、重点堤防、大型水库、重要交通干线的防洪安全。
>
> 本报成都8月19日电　中央人民广播电台记者邵立肃、本报记者罗茂城报道：为减轻长江中下游抗洪压力，四川省委、省政府指示

---

① 参见蒋亚平、官健文、林荣强《新闻失实论》，中国新闻出版社1986年版，第397页。

各地水利工程最大限度地拦蓄洪水。到目前为止，全省各水利水电工程共拦蓄洪水140多亿立方米，支援了长江中下游地区的抗洪抢险。

“指示—确保”框架的运用，显示了中央、地方政府以及相关抗洪救灾单位对于即将到来的洪水的必胜信念，传递出洪水在完善的措施面前是可以防治的。在行文中，“胜利”这个词出现的频率相当高，传递出对防洪能力的自信，从受众角度感知的是一种“安全感”。例如，“如今抗洪抢险已进入攻坚阶段，有关省区正全力严防死守，确保人民生命财产安全，力夺抗洪斗争的全面胜利”；“我们深信，只要咬紧牙关，坚决顶过去，我们就一定能夺取抗洪斗争的最后胜利”；“有党和政府的领导，有全国人民的支持，加上你们努力发扬自力更生、艰苦奋斗的精神，就一定能够夺取抗洪救灾的胜利”；“赞扬三省市人民识大体、顾大局，发扬风格，团结协作的精神和抗灾斗争取得的成绩，勉励他们继续以局部服从全局，眼前服从长远，齐心协力，团结治水，共同夺取防洪抗灾斗争的新胜利”。“指示—确保”的框架辅以“行动—掌控”的框架，加之“灾情—水情”中立报道，将会在最大可能消除“预期危险”所造成的传播效果。危险框架在此实现了向安全框架的转换，以“预期安全”来抵消“预期危险”。

（二）置后安全消解即时危险

经过检视三次洪灾报道，发现在报道时效上有两个特点：其一，新闻报道时间跨度大，“自今年5月下旬以来”，“今年6月中旬以来”，“今年入汛以来”等字眼频繁出现。对应地，报道中以通讯形式报道抗洪救灾过程最为普遍，现场短新闻、特写性报道在《人民日报》的抗洪救灾报道中不多见。其二，消息的报道时效性不高，对于洪峰的报道时效性较强，但对于救灾现场的报道，时效性较差，尤其是一些险情的报道，溃堤新闻往往不报道，仅有的几次报道，要么出现在典型报道之中，或者出现在消除险情之后。

较有代表性的是1998年九江溃堤报道。1998年8月7日13时左右，长江九江段四号闸与五号闸之间决堤30米左右，洪水向九江市区蔓延。最早发布这条消息的有两家媒体，1998年8月8日《中国青年报》与《北京青年报》同时发布了这条新闻，《中国青年报》贺延光以《九江段四号闸附近决堤30米两千余军民奋力抢险》为题，采写的这篇新闻更为引人瞩目，消息以时间顺序将记者现场发回的 8 条短讯组合而成；《北京青年报》以《决战长江大堤》为标题在一版显著位置刊登记者黎宛冰采写自九江的新闻。①

九江溃堤事件的报道 11 日才出现在全国其他报纸上，“直至 11 日，南京军区政治部《人民前线》报才在一版刊登了本报记者伍德庚采写的军区部队封堵九江城防大堤决口的纪实《殊死搏斗锁洪魔》。《中国国防报》也是在同一天，刊登了本报记者刘玉书自九江抗洪前线发回的最新报道《万众一心战决口》。这些最新报道比《北京青年报》晚了整整三天。而全国其他新闻媒体也是在 11 日才刊登新华社记者鹿永建和卢晶发自九江的新闻电讯稿。其原因在于国家防汛抗旱总指挥部总指挥指示：九江进水的新闻不要向外报道”②。《人民日报》1998 年 8 月 9 日发的《解放军和武警部队紧急出动三万多官兵驰援抗洪重点地段》报道中提到，“为了确保九江大堤的安全，从昨天到今天中午，南京军区迅速从南昌、杭州等地紧急调动 3500 多名官兵投入抗洪抢险。至此集结在九江地区的官兵已有 7200 多名。赴九江地区抗洪部队广大官兵现在正奋战在九江长江大堤险工险段，昼夜加固堤坝，排除险情”。对于溃堤并没有涉及，在更晚的相关报道中，才涉及了九江溃堤的信息。

三　新闻框架与主题先行

抗洪救灾报道中的主题先行与新闻框架相对应：在确定报道主题后，根据主题选择典型。主题先行的报道，使得记者在采访前对“新闻事实”进行过滤，尽管在日常采访中，主题可能会随着采访的深入而进行不断地调整，但在抗洪抢险报道过于强调报道“意义”的情况下，主题不太可能随着采访而改变，反而采访过程成了“选择性接触”。葛兰西认为记者不仅报道事件，还作为主角积极参与这些事件，这一观点在抗洪救灾报道

---

① 从新闻价值来看，贺延光较之黎宛冰的报道更具新闻价值。原因在于，从报道地点来看：贺延光的报道来自溃堤现场，是在“决口”现场的报道，而黎宛冰的报道则来自九江城内的报道。从发稿时间来看：贺延光的第一条简讯发自 8 月 7 日 16 时 35 分，而黎宛冰的报道则是完整消息，发自 8 月 7 日 22 时 30 分。尽管如此，两位记者的行为都鲜明地体现了记者职业素养与职业精神。

② 以上内容参见葛逊的纪实文学《九江狂澜》，葛逊任职南京军区政治部。由南京军区司令员陈炳德作序的《九江狂澜》曾获总政治部抗洪救灾优秀作品奖，其内容具有可信性。1998 年《九江狂澜》由海风出版社出版。

的主题先行中得到鲜明体现。

2002年6月18日至19日，一场百年未遇的特大洪灾降临贵阳市息烽、开阳两县，《贵阳日报》记者也赶赴现场，对于报道的选择使记者陷入沉思，“意在笔先”启发了记者。[①]

> 我首先想到了这次抗灾所处的时代背景。进入新世纪，学习贯彻“三个代表”重要思想成为我国政治生活中的主旋律，特别是农村“三个代表”重要思想学教活动的深入开展，令人心潮澎湃。“三个代表”重要思想的核心是代表最广大人民群众的根本利益。自然灾害直接威胁侵害人们的生命财产，使人民群众的利益受到巨大损害。在突如其来的洪灾面前，在人民群众最需要的时候，各级党员干部怎样代表人民的根本利益，如何把人民的利益放在第一位，这不但是一种工作方法也是一种政治责任，是贯彻落实“三个代表”重要思想的根本要求。从某种意义上来说，这次抗灾是对“三个代表”重要思想学教活动成果的一次检验。

记者首先在确定“三个代表”重要思想学习活动的这一大背景下进行灾情的报道，将抗洪救灾赋予贯彻“三个代表”重要思想的意义，继而得出抗洪救灾是“三个代表”学教活动成果的检验。在肯定“三个代表”重要思想学习已经“令人心潮澎湃”的情况下，检验其成果当然成了对于现状的肯定，肯定的途径顺理成章归结为抗洪救灾的成功与圆满。在接下来的采访中，记者为使报道更为深刻，选择了“典型”的事实；最后记者认为“只有烙上时代印记，抗灾报道才不落俗套”。“烙上”二字意味深长，显示出在新闻框架形成中，记者的主观努力。

媒体的框架就是选择的原则——可以强调、阐释和呈现的符码。“媒介生产者惯常于使用这些来组织产品和话语。”[②] 尽管在框架选择上记者有着“路径依赖”，但记者生活的媒体环境的改变也会对记者施加

---

① 参见杨世龙《努力写出抗灾报道的新意和深意——采写通讯，〈实践“三个代表”的交响〉的启示》，《新闻战线》2003年第12期。《实践“三个代表”的交响》，获得2002年度贵阳市新闻奖一等奖和2002年度贵州省新闻奖二等奖。

② O'Sullivan, T., Hartley, J., Saunders, D., Montgomery, M., & Fiske, J., *Key Concepts in Communication and Cultural Studies*, London: Routledge, 1994, p. 123.

影响。通讯社中的记者最为明显——用稿方从单一的党报体类型化为多层次的报纸类型，新闻报道需求的差异已经开始出现。既有新闻框架和新闻需求之间的分野在洪灾报道中开始出现，现有的新闻框架对记者有着难以言说的困扰。宣传性的抗洪救灾报道喜用通讯体裁，重点稿件讲究主题重大、气势磅礴，既有思想深度又有历史跨度，既高屋建瓴又视野开阔。对于这样的稿件，按照以往的逻辑，记者应该饱含深情，读者应该深受感动，但事实却是截然相反。“记者虽创作游刃有余但有自感投入不足，仅仅是感觉任务完成了；相对记者的困扰，读者态度似乎转变得更为坚决，由于稿件的宣传味太浓，不符合平时的思想、感情习惯，受众也不喜欢。”[①] 2003 年的淮河洪水报道中新华社依据既往经验反而写出了“零蛋稿”——未被媒体采用，如《“我是共产党员，应该能挺住”——淮河抗洪前线一位普通共产党员速写》，内容为一位退伍老兵，抛下工作，义务开冲锋舟的感人事迹。另一篇为《蓄洪区里听民声》，也只有三家采用。这种现象不仅抗洪救灾报道如此，一些国内报道中，一般人物通讯和现场报道采用率都不太高，其原因就在于稿件的“新闻”含量过低。[②]

议程设置乃至新闻框架都是大众媒体的特有属性，但并不意味着人为的设置议程、制订框架就会得到传播效果，尤其是这种设置仅仅是延续过去而非立足现状时。“人”应该成为报道的核心，从普通人的角度、从普通人的立场进行新闻传播，去告知新闻、解读事实，实现真正的传播效果，我国大众传播实现这样的转换还需要时间。

本章小结

抗洪救灾报道是突发事件宣传主导模式的典型代表，从 1954 年维护实际工作利益，到 1998 年抗洪救灾报道高扬主旋律，抗洪救灾报道的宣传主导模式不断在演进与丰富，演化过程中鲜明体现了政府与媒体之间的互动。通过新闻框架分析，详细解剖了抗洪救灾报道如何实现“宣传危

---

① 参见李柯勇、张旭东《更顺畅更新颖更有效——从 2003 年淮河抗洪谈加强和改进国内突发事件报道》，载新华社新闻研究所编《传媒运行模式变革》，新华出版社 2004 年版，第 382 页。

② 同上。

险”，其关键在于将危险框架向中立框架、安全框架的转换，实现转换的首要条件就是将“灾民”隐去。在抗洪救灾报道中，很多意义并不是由新闻事实自然生发而来，更多的是新闻业者在既有报道框架内的附加。宣传主导模式有其价值所在，在未来也有存在的必要，但为宣传需要而淡化、削弱应急信息传播目标不足取。

第七章　突发事件的大众传播模式

对于突发事件报道方式的变迁，诸多学者有着自己的阐释，如报道灾难还是救灾、人本位还是事本位等。通过以上几章的论述可以看出，突发事件被赋予过多的政治意义，这给处理突发事件和报道突发事件都带来了很多额外的困扰。政治框架内进行突发事件的处理，实践证实，反而没有什么好的政治传播效果，环境污染、卫生疫情最终酿成社会风波；天灾在公众眼中变为人祸，引起社会、公众反感，党和政府实际上从中并没有获益。突发事件的传播同样是国家软实力的体现，传播效果应该是首要考虑的重点。淡化政治框架，将突发事件的报道回归到应急处理的框架，在应急信息传播的框架内重新评估传媒的突发事件报道，反而是在突发事件的处理中体现政治文明、实现和谐社会的关键。

第一节　“大众传播模式”界定

一　大众传播模式概念

在突发事件中重新认识媒体位置是实现应急系统联动、确保信息传播的关键。将传媒仍然置于“报道”突发事件的位置，这对于传媒的社会功能、传媒在突发事件中的巨大作用还存有不清晰的认知。从突发事件报道模式的发展轨迹来看，其中的进步，包括时效、内容、传播方式等，都是适应突发事件本身的特点，而现有突发事件报道进一步开放的难点也在于突发事件本身所具有或者被赋予的政治属性。因此突发事件“大众传播模式”的建立，是依据突发事件本身的特点而形成的，依托大众媒体的社会功能，在大众媒体与政府、公众的积极有效互动基础上，在应急系统内充分发挥传播功能。在这样的定义下，突发事件报道的大众传播模式必然会有三个取向：（1）突发事件的报道适应突发事件本身的规律；（2）

突发事件的报道必须强化信息属性；（3）突发事件报道必须以公众为中心。以下就分述这三个取向。

二　媒体应急报道适应突发事件规律

突发事件本身有着自己的规律，概而言之，就是事件本身有发生、发展、消亡的“生命周期”。从危机管理的理论来看，危机管理研究中鲜明地体现了“阶段取向”（staged approaches）。班克斯将危机划分为5个阶段：探测（Detection）、预防与准备（Prevention/Preparation）、处理（Containment）、恢复（Recovery）、学习（Learning）①；芬克将危机分为四个阶段：潜伏期、爆发期、善后期以及解决期；② 库布斯将危机划分为三个阶段，即危机前（Pre - Crisis）、危机中（Crisis Event）以及危机后（Post - Crisis）。三个阶段的划分是最普遍、使用最多的危机划分阶段。每个阶段的危机管理主题以及目标都有所差异。依据危机前、危机中、危机后的分类，在突发事件的各个周期，大众传媒也应该提供相应的报道（如表7－1所示）。

表7－1　　**库布斯危机阶段划分③**

危机前	危机中	危机后
•信息探测 •危机阻止 •危机准备	•危机认知 •危机处理	•评估危机管理效果 •总结经验教训 •继续危机后行动

根据突发事件的阶段性特点，以及应急的阶段性特征，迈克·克林伯格认为，媒体的灾难报道应该有5个阶段：（1）明确灾难方位；（2）提供公众安全信息以及权威建议；（3）警告公众现实的和潜在的危险；（4）利用积极信息安抚公众，如相互支援、关怀等；（5）评估事件后果，如

① Fearn - Banks, K., *Crisis Communication: A Case Book Approach*, Lawrence Erlhau Associates: Mahwah, 2002, p. 8.

② 转引自吴宜蓁《危机传播——公共关系与语艺观点的理论与实证》，苏州大学出版社2005年版，第25页。

③ Coombs, Helping Crisis Managers Protect Reputational Assets, *Management Communication Quarterly*, Nov., 2002, p. 165.

果灾害的发生有人为因素，追踪谁应负责。在此基础上，大众媒体的功能被归结为危机预警、危机报道以及危机干预的功能。

（一）危机预警

2005年印度洋海啸最大的教训就是预警失误。之所以造成如此惨重的人员伤亡，“最主要的原因是缺乏公共危机管理中的预防、预警和预控机制，即危机前管理严重缺失”[①]。重灾区之一的泰国，气象部门在2005年12月26日上午9时通过电视和广播发出了泰国南部海域可能有大浪的预报。但警报来得太晚，此时第一波海啸已经席卷了安达曼海沿岸地区，而当天最早出现在互联网上的海啸预报是在事发3小时后。同样在SARS疫情中，应急预警是我国最为薄弱的一个环节，甚至连一个覆盖全部医疗单位的信息网络都没有建立起来，信息报告制度也很不完善。

《国家突发公共事件总体应急预案》的编制目的就在于“提高政府保障公共安全和处置突发公共事件的能力，最大限度地预防和减少突发公共事件及其造成的损害，保障公众的生命财产安全，维护国家安全和社会稳定，促进经济社会全面、协调、可持续发展”。可见，预防在应急预案中的地位与突发事件处理是同等重要的。在现阶段，政府与媒体的关系决定了我国传媒预警功能的有限性，媒体管理过严过死，存在政府信息垄断的现象，尤其不能充分发挥其事前预警作用，“喉舌”功能有余，“耳鼻”[②]功能不足。政府应该将防范危机作为经常性的工作，要构建良性激励机制，不能“默默无闻避免危机得不到奖励，轰轰烈烈解决危机成为英雄”[③]，一定要采取切实措施完善预警机制。

传媒在应急预警方面有其特有的优势。其一，传媒的基本功能就是“监视社会”，对于社会变动的呈现是传媒的日常工作，由此，传媒可以发现潜在的危机，并及时向应急系统或者公众提供相应的预警信息。其二，在相关预警信息需要快速散播时，传媒以其传播网的覆盖能实现应急需求。

---

① 黄顺康：《强化公共危机管理的根本途径——对印度洋海啸灾难的反思》，《广州大学学报》（社会科学版）2005年第5期。

② 引自于芳《政府危机管理预防预警机制的构建与完善》，《云南行政学院学报》2006年第4期。此处原文如此，但细想之下，好像也颇为恰当，记者用耳鼻“听闻”的（此时还看不到）可能就是突发事件前兆的相关信息。

③ 姜晓萍、陈进：《从两次“井喷”事故看政府危机管理》，《决策》2006年第5期。

传媒预警要求传媒在突发事件发生之前做出相应的报道，向社会预告危机的到来或者消除危机的发生，后者并不是传媒独立能够实现的任务，但前者是传媒在应急系统中应该担当的责任，在应急实践中，媒体的预警报道还有很大的提高空间。如2004年“海棠”台风的报道，《海峡都市报》在台风登陆前的报道仅占其总报道量的8%，而同是“海棠”台风，台湾的《自由时报》在台风登陆前的报道占其总报道量的44%。①

从台风登陆时间来看，福建登陆的时间是2004年7月19日下午5时。事实上，尽管没有登陆，18日的下午到晚上风力有时已经超过12级。报纸在18日之前应该提前预警，提醒广大市民如何进行防范，但从内容上来看，几乎没有相关内容。在有限的报道中，内容涉及较为宏观、不具体、缺乏指导意义。据中央台电视台新闻频道报道，7月18日福州城内1/3广告牌被毁，此例就说明预警功能的缺失。在媒体预警报道上，我国媒体倾向于与政府防灾救灾同步进行，对于媒体自身社会监测、社会教育的功能忽略，因而报道中所涉及的往往是行政单位，针对公众个体的指导性报道不多。

与我国对于媒体事后报道不同，国外将传媒也纳入应急管理的重要组成。以美国为例，联邦有关法令要求每一个电台、电视台维持有效的后备电力和通信设备，以求“万无一失”。同时，联邦法案还要求各个电视台、电台能够有能力将紧急消息及时地向公众宣布，各个电台、电视台必须在定期节目中测试这个能力。② 传媒预警功能的实现不仅在文字上，在物质上也必须予以保障。2005年6月《重庆日报》编委会制定并下发了《重大突发事件报道的管理规定》，成立以总编辑为组长、编委为成员的重大突发事件报道工作领导小组，同时成立了以分管副总编辑为组长，6个相关部门负责人为常设成员的工作小组，这一行动开创了我国媒体应急的先例。

（二）危机报道

突发事件发生后，事件报道有助于公众认知危机。对于突发事件处理进程的了解，能够对公众行为作以指引，客观上能够起到限制危机规模的

① 滕朋：《台风灾害报道的理性分析——以海峡都市报“海棠”台风报道为例》，《新闻知识》2006年第9期。

② ［美］吴量福：《运作·决策·信息与应急管理》，天津人民出版社2004年版，第272页。

功能，如自然灾害、环境污染或流行疾病发生后，提供如何避险的信息就能够消除社会恐慌、平稳社会秩序。在突发事件的报道方面，我国在开放度和透明度上一直颇受非议，而在西方国家，商业化的新闻标准与突发事件报道也冲突不断，导致突发事件报道中的偏向（Bias）。遵从坏新闻有利于出售（Bad news sells paper）信念，西方突发事件的报道会呈现以下的特点：重视正在进行的事件；灾难报道的戏剧化处理；引用冲突的消息来源；报道不连续；追求视觉化等问题。[①] 鉴于西方媒体在突发事件中的表现，我国在确立媒体应急管理中的地位时应该进行批判借鉴。

突发事件报道在第一时间报道的主要目标，就是尽快让公众获得危机认知，并做出相应的心理、行为的调整，因此对新闻报道中所涉及的内容也有着具体的要求。尽管突发事件的形式和性质有所不同，但完整的突发事件报道通常需要涵盖必要的因素。威利斯等认为，[②] 灾难报道在选取新闻事实方面应有以下覆盖：死亡人数和死亡人身份；受伤人数和受伤人身份；受到灾难影响和陷入危机的总人数；受到致命伤害人员的死亡原因；灾难原因；目击者情况；家庭、办公楼、商业、土地和公共设施的损失；救援工作，包括人员疏散、受害者解救、尸体的寻找、英雄主义行为、救援工具性质、团队和志愿者的数目、身份；与灾难有关的引人注意的故事以及因为灾难而受害的人；抢劫或骚动的行为；来自警察局、消防机构、健康中心、公共福利等官方部门的预警；旁观者的数目和类型；调查报告，疑点和拘捕行为；保险状况；相关法律涉及。必须说明的是，以上各项内容，并不可能在一篇新闻稿件中全部呈现，通过大量、持续的报道才能从多个维度对于事件本身进行说明，这也是突发事件报道的重要特点。

威利斯等的突发事件报道标准依据美国新闻规律和社会特征，其中有些内容并不适用于我国。但从威利斯灾难报道标准出发，思考我国现有突发事件报道，有两点值得提出：其一，威利斯灾难新闻覆盖标准中前四条都与“人”有关，将“人”放到了报道的核心位置，具有启发性。2005年，我国规定自然灾害死亡人数不再是国家秘密；2006 年 7 月，云南盐津地震两天后就公布了死亡人员全部名单。突发事件死亡名单的公开报道

① Gow, H. B. F. & Otway, H., *Communicating with the Public About Major Accident Hazards*, London: Elsevier Science Publishers, 1990.

② Willis & Albert Adelowo Okunade, *Reporting on Risking: the Practice and Ethics of Health and safety communication*, Westport, Connecticut London: Praeger, 1997, p. 167.

有以下两方面的考虑：（1）体现人文关怀。将死者名字公布是生者对于死者的一种纪念，如每年的“9·11”事件纪念日都有一个重要的环节，就是在纽约世界贸易中心遗址举行诵读遇难者姓名的仪式。正如美国总统布什在第一届“9·11”事件纪念仪式之前所说：“我们纪念每个名字、每个生命。”死亡名单一改死亡数字的冰冷，名字背后是鲜活的生命，对于死者是一种纪念，对于生者则是一种警醒。在生产事故中，死者往往都是生产一线的劳动者，他们也是祖国的建设者，将名单公布，是对于国家建设者的致敬与缅怀。（2）公布死亡名单能够有效地避免瞒报的发生。有的地方政府或者企业为推托事故责任，逃避法律处理，故意隐瞒死亡人数。将死亡名单公布能够使得死者家属、亲友及时核对，如有出入，死者亲友则可以通过媒体以及其他渠道进行反映，最终达到严惩事故责任者的目的。《国家突发公共事件总体应急预案》确立“以人为本”是工作原则之一，对于如何进行突发事件的报道是一个启示。

其二，威利斯灾难新闻覆盖标准中也有英雄主义的报道，这与我国突发事件的主旋律报道内容相对应。我国突发事件报道在这方面做得更为充分：子弟兵的勇敢与牺牲精神，领导人的体恤与关爱之心，军民团结的鱼水之情，互助支援的家庭般温暖。这样的内容报道有其积极意义：首先，能够弘扬社会主义的光荣传统，将精神文明建设从宏观落实到具体；其次，上述内容的报道能够实现应急管理中公众的心理稳定，使群众心有所依，在危险关头保持理性。必须指出的是，主旋律内容占据一定的报道比例是必要的，但必须置于完整展现整个突发事件全貌的基础之上。

（三）危机干预

危机干预是指新闻媒体在突发事件应急管理中，不仅仅处于事后报道的位置，由于媒体的功能使其在突发事件中也应起到更为深层次、更为积极的作用。媒体可以从三个方面来干预突发事件引起的危机：（1）恢复功能；（2）教育功能；（3）监督功能。

恢复功能。从宏观来说，通过媒体的报道消除社会的紧张气氛，恢复社会正常秩序。从微观来说，对于具体的个体，通过新闻进行相关的引导与建议，消除公众由于灾难所造成的紧张情绪和心理方面的疾病。较之我国通常在灾难后表彰、歌颂、赞扬的做法，危机干预的报道更具现实意义。突发事件引起心理疾病早已为专家所确定。2004 年重庆市万州区发生严重的山体滑坡事件，现场 1200 名灾民中有 80% 的人出现认知、行为、注意力等方面的改变，60%的人出现不同程度的情绪障碍，47.5%的人出现不同程度的躯体症状。[①] 灾民或者突发事件受害者的安置，过去更多强调了物质的一面，如房屋重建、赔偿等，在心理方面的引导恢复是个缺失。通过媒介相应信息的传递，能够重建信心，恢复平静。在传媒的选择上，应该倾向于覆盖广、使用成本低的媒体，如电视、广播等，以实现较好的传播效果。

教育功能。危机教育以及危机知识的提供是我国最为薄弱的环节，突发事件的发生，正是传递危机知识、进行危机教育的绝好机会，这方面也有巨大的社会需求。2006年湖南省对全省学生、在职人员和退休老人等五类社会群体约400人进行了一次调查。面对20余种灾害和日常生活中的突发事件，46%的人对应急方法和措施了解十分有限，26.6%的人根本不了解，47.6%的人认为自己面对突发情况无法实施自我逃生，100%的被调查者都认为“应该加强对公众普及应急预案和应急自救知识”[②]。对于公众进行危机教育现实的需求，大众媒体应该积极与相关部门、协会、组织进行协作，开展危机知识普及、提高公众的避险能力。

监督功能。媒介在突发事件中的监督功能，近年来已经有所体现，如南丹矿难和其他矿难瞒报的报道。媒体的舆论监督行为使得应急法制、法规不断完善，应急系统建设不断健全。有些突发事件形式上看似“突发”，但都有着较长的酝酿期，其最终爆发的原因多是由于：其一，相关问题迟迟没有解决；其二，在突发事件酝酿过程中政府的应急信息监测失灵。因此，媒体的舆论监督也应在这两个层面展开：（1）发现突发事件发生的深层次原因，如制度缺陷、权力腐败等；（2）对于政府在应急作为中的不利措施或者错误行为予以批评。通过舆论监督促使我国突发事件的应急处理机制进一步完善。

三　媒体应急报道评价适用信息标准

按照信息科学创始人香农（Shannon）的定义，信息是两次不确定性之差，不确定性就是原来的情况不清楚，人们使用各种办法经过研究，了解情况，不定性减少或消除了，人们则获得了新的知识。信息的功能可以

---

① 孙萍：《灾难后的心理应激与健康卫生》，《职业教育》2005年第18期。

② 田雨：《应急预案直面危机考验》，《光明日报》2006年3月1日。

简化为：能够消除不确定性。突发事件的报道应该适用信息的标准，这与突发事件本身的特点也相匹配。在过去相当长时间内，我国进行突发事件报道多是“于我有利”的原则，更多考虑的是政府社会形象以及国际影响，并没有考虑新闻传播之于突发事件应急处理的积极意义。

国际红十字会在 2005 年年度报告中指出，灾害发生时，信息与水、食物、避难所、医疗等救援要素同样重要。信息在灾害中“尤为关键，但经常难以企及。良好通畅的信息能挽救人命，这已经反复得到验证”①。

美国、俄罗斯、韩国等国家危机管理中都十分注重政府和媒体的合作，充分利用媒体的信息引导作用。日本更是在这方面积累了丰富的经验，当然这源于其特有的地理环境的必然要求，新闻媒体的功能在突发事件处理中被更多的考虑进来。1996 年夏秋时期日本流行 O－157 病毒，各个新闻媒体对此病毒都有所报道，它们的报道，不只简单地通报病毒的流行和产生的巨大危害，而是分层次地进行了多角度的报道，大致分为以下几个层次。

> （1）病毒的出现，危险的程度（传染快，发病快，有死亡可能，属新出现的病毒，无有效的治疗药物，已有人因此死亡）；
>
> （2）病毒的传染途径（食物传染，主要存在于生食物中）；
>
> （3）病毒的传染范围（主要是日本，别国也有）；
>
> （4）如何预防这一病毒（把食物做熟即可）。②

从信息的角度来评价突发事件报道。其一要求快，其二要求实用。在突发事件中，信息传播的速度常常是在与死神争夺生命。实用是突发事件中对于信息的特殊要求，从日本媒体对于 O－157 病毒的新闻报道可以看出，通过阅读相应的信息，公众能够作出如何避险的决策，如食物的选择，旅游、商务行程的调整，生活习惯的改变等。新闻报道的实用性是基于新闻真实而生发。信息的实用性不仅对于媒体在突发事件中有所要求，从长期来看，进行长期的危机教育也是传媒作为社会公器的职责所在。就

---

① 佚名：《灾害信息关乎人命》，《中国减灾》2005 年第 10 期。

② 栾轶玫：《关于灾难新闻报道的角度选择》，《中国广播电视学刊》1997 年第 12 期。

如郑贞铭教授一再呼吁的，媒体报道应是“资讯与智慧并重”[①]，按照郑教授的逻辑，灾情的发生是资讯，如何避险就是智慧。

对于社会安全事件，有学者质疑新闻报道时效性的意义与价值，依据在于：突发事件报道不利于事件处理，反而有可能扩大事件规模，如银行挤兑等。本书认为：（1）国内范围的社会安全事件，如拆迁引起的群体性冲突、银行挤兑、民族冲突等，这些突发事件大多不是突然发生的，都有少则数小时、多则几个月的酝酿过程。新闻报道引起事件规模的扩大，只有两个可能：其一，新闻报道不够快、信息不够多；其二，政府应急工作效率低。（2）涉及国际冲突的社会安全事件，政府必须快速反应。媒体若抢在了政府前面进行报道，只能说明政府执政失误、执政能力不足。

四　媒体应急报道管理须置于法律框架内

SARS 疫情过后，与突发事件报道相关的法律纷纷进入制定、审议程序，代表性的有正在审议制定的《突发事件应对法》，以及国务院常务会议讨论并原则通过的《中华人民共和国政府信息公开条例（草案）》。信息公开条例的制定，目的是为了提高政府信息公开的效率和水平，切实保障人民群众的知情权、参与权和监督权。

《突发事件应对法》对于地方政府的权限责任做出了明确界定，政府应该及时传播信息，避免瞒报等。但该草案第 57 条规定：“新闻媒体违反规定擅自发布有关突发事件处置工作的情况和事态发展的信息或者报道虚假情况，情节严重或者造成严重后果的，由所在地履行统一领导职责的人民政府处 5 万元以上 10 万元以下的罚款。”这条规定引发各界学者的激烈反应，其焦点在于：其一，“违反规定”指的是什么“规定”；其二，情节严重不严重，由谁来判断？其三，所在地政府进行处罚是不是合适？尽管国务院法制办公室副主任汪永清后来表示：“突发事件应对法草案中有关对媒体的处罚规定，只有在媒体违反规定擅自发布不实信息或者报道虚假情况，情节严重或者造成严重后果的情况下才适用，这不会影响新闻媒体正常报道有关突发事件的信息。”[②] 尽管进行相应的解释，但是舆论

---

① 郑贞铭：《传媒的文化传统与现代使命》，载《第六届两岸传媒迈入二十一世纪学术研讨会论文集》，2006 年。

② 《中华人民共和国突发事件应对法》2007 年 11 月 1 日起施行，上述条款被调整为：“任何单位和个人不得编造、传播有关突发事件事态发展或者应急处置工作的虚假信息。”

仍然呼吁，在审议过程中，对于该法条款应该进一步细化，明确界定出新闻媒体的报道权限。

在突发事件报道中“以领导意志行政”、“随意行政”的情况屡见不鲜，新闻媒体“报喜不报忧”、“好大喜功、吹捧政绩”的做法也不罕见，这样的做法对应急处理都是极为不利的。突发事件相关法律无论规制政府还是规范媒体，都必须有利于突发事件的应急处理。关键在于确保应急信息及时、准确、持续地向公众传递，满足公众知情的权利。知情权（the right to know）源于有关国际法和大多数民主国家宪法中的言论自由，一般被认为是从言论自由和新闻自由中引申出来的一项“潜在”的权利，具有构筑其他权利基础的基本功能。[①] 在突发事件中，知情权不仅是参政议政的权利，而且与公民的生存权息息相关。保证突发事件信息在第一时间进入突发事件社会应急网络，最大范围地实现社会传播就是维护知情权的体现。结合我国现实，在制定相关法律时，实现公众知情权就必须严格限制政府裁量权限。

消解权力下的信息不平等与信息不对称，必须保持媒体相对自主的空间。改变政府使用行政手段来管理媒体的一贯做法，以法律作准绳，界定政府与媒体之间的权与责是实现知情权的基础。还信息传播于主体——大众传媒，“既是政府对解决问题充满信心的姿态，也是尊重和保障人权在大众传播中的具体体现”[②]。

第二节　大众传播模式下群体性事件报道

群体性事件的报道被认为是新闻报道的“禁区”，长期以来大都遵循不公开报道的惯例，是突发事件中最不开放的部分，在应急处理的框架下，群体性事件的报道也应该予以改进。鉴于群体事件是大众传播的难点，探讨群体事件报道作为本章研究的重点。

群体性突发事件尽管没有被明确列入突发公共事件应急总预案中，但各地方应急预案却明确将群体性突发事件列入应急范围内，如省级的

① 刘飞宇、王丛虎：《多维视角下的行政信息公开研究》，中国人民大学出版社 2005 年版，第 17 页。

② 吕霓、闫济欣：《负面消息、政府姿态与新闻的辨析》，《北京邮电大学学报》（社会科学版）2004 年第 7 期。

《安徽省人民政府突发公共事件总体应急预案》、《天津市突发公共事件总体应急预案》和《上海突发公共事件总体应急预案》等，都把社会安全事件的内容明确为恐怖袭击事件、民族宗教事件、经济安全事件、涉外突发事件和群体性事件等。地市级如《菏泽市人民政府突发公共事件总体应急预案》中称，突发社会安全事件主要包括重大刑事案件、涉外突发事件、恐怖袭击事件、经济安全事件以及规模较大的群体性事件等。

群体性突发事件作为人民内部矛盾，为国家管理者所重视。2005 年 3 月时任总理温家宝在《政府工作报告》中强调，要“积极预防和妥善处理群体事件”，“及时合理地解决群众反映的问题，坚决依法纠正各种损害群众利益的行为”；2005 年 6 月时任主席胡锦涛在关于和谐社会的讲话中强调，“要积极预防和妥善处置群体性事件”；2006 年 2 月，温家宝在国务院第四次廉政工作会议上指出，“有些地方发生的损害群众利益问题，甚至群体性事件，很多与政府部门及其工作人员不依法办事、不按政策办事有关”；十六届六中全会《中共中央关于构建社会主义和谐社会若干重大问题的决定》中指出：要坚持依法办事、按政策办事，发挥思想政治工作优势，积极预防和妥善处置人民内部矛盾引发的群体性事件，维护群众利益和社会稳定。2009 年 7 月，中共中央办公厅、国务院办公厅印发《关于实行党政领导干部问责的暂行规定》指出，凡是具有决策严重失误，对群体性、突发性事件处置失当导致事态恶化、造成恶劣影响的，将对党政领导干部实行问责。

一　群体性突发事件的概念

所谓群体性事件，是指部分社会成员为解决同一要求和达到各自利益，在不满情绪驱使下产生的聚众性对立行为，是社会矛盾激化的特殊表现形式。[①] 群体性事件具有突发性、群体性、对抗性、反复性、联动性等特点。2008 年至 2009 年的群体性事件，规模之大影响之广前所未有，贵州瓮安“6·28”事件、陕西府谷“7·3”事件、云南孟连“7·19”事件、深圳宝安“11·7”事件、甘肃陇南“11·17”事件、广东东莞“11·25”事件。2008 年 11 月尤其不平静，从月初开始，重庆出租车司

---

① 卢进宝、曹大勇：《群体性事件的透析与防处对策》，《吉林公安高等专科学校学报》1996 年第 4 期。

机罢运引发“涟漪效应”，同一个月内，甘肃永登、海南三亚、福建莆田、广东汕头等地先后发生出租车司机停运事件。事实上群体性事件在近十几年内，一直处于高发期。中国社会科学院2005年发表的《社会蓝皮书》中就指出，从1993年到2003年间，中国“群体性事件”数量已由1万起增加到6万起，参与人数也由约73万人增加到约307万人。已成为影响社会稳定的一个重要的因素。

随着社会转型的加快，将有越来越多的群体性事件呈现出“突发性”特征，而成为“群体性突发事件”。当前现实表明，“群体性事件”往往直接起源于群众利益被侵害。劳资关系、农村征地、城市拆迁、企业改制重组、移民安置补偿等问题是直接原因。利益诉求是大部分群体性事件的目的，其原因是“市场经济对于群体利益观念的唤醒以及经济改革所带来的利益格局变动，即部分群体获益同时导致部分群体利益受损”①。2006年，全国政协常委、国务院参事任玉岭通过大量调研后认为，中国99%以上的群体事件是由百姓利益受侵害引起。因此，在处理群体事件中应以疏导为主，化解矛盾，保证社会安定的真正实现。2008年，群体性事件的政府应对出现了亮点，上海市委书记俞正声针对群众反对磁悬浮事件做出“冷处理、徐图之、慎用警”的指示。

群体性事件的称谓本身就有积极意义，该称谓一方面抛弃了原有的“阶级观”，承认社会群体之间差异的客观存在；另一方面对于该类事件原先明确的政治属性淡化，称谓本身就是中性含义。现阶段群体性事件基本上属于人民内部矛盾，基本上属于经济利益诉求问题，具有非对抗性，没有明显的政治目的，群体事件从本质上被界定为内部矛盾以及非政治化、非对抗性。“群体性事件如果只发生在内部范围内，没有危及整个国家政权和根本社会制度，这样的现象并不意味着社会已经失去了稳定，而只能看作是一种扰动。”②

群体性事件的消极影响不容忽视，但也具有积极的一面。（1）宣泄作用。群体性事件宣泄了既有的不满情绪，能使社会矛盾得以缓解，已经存在的社会关系还能保持其现有地位。群体性冲突大都涉及当前社会的敏

---

① 桑玉成、陈家喜：《群体分化与政治整合》，《云南行政学院学报》2006年第3期。

② 王来华：《舆情研究概论：理论、方法和现实热点》，天津社会科学院出版社2003年版，第337页。

感问题与矛盾，长期的积压可能会产生更大规模的爆发，有限范围内的群体性冲突对于社会保持长期稳定也有所助益。（2）改进作用。群体性事件多是群众利益受到损害时发生的，其中有政府在处理相关问题程序、方式不恰当引起，有些甚至是制度缺陷引发。比如拆迁的赔偿款问题。群体性突发事件的发生能够使得现有方式、制度得以改进与完善。（3）警示作用。群体性突发事件对于政府和群体性事件中那些存有不良目的参与者也有警示作用。各地的管理部门不能坐等事件爆发，及时发现矛盾、解决问题是解决群体性事件的最有效途径；群体性事件爆发容易被少数怀有其他目的的人所利用，而偏离其初始目的，将这部分人处理对于那些想趁乱有所企图的犯罪分子也是一个警示。

二　群体性突发事件的传播学解读

从传播学的角度，群体性突发事件属于集合行为（collective behavior）。美国社会学家斯梅尔塞认为，集合行为的发生有六个基本条件：环境条件（活动场地）、结构性压力（社会状态）、普遍情绪的产生或共同信念的形成（群体心态）、诱发因素、行为动员和社会控制能力，前四个因素成立就意味着集合行为的开始。[①] 郭庆光则认为集合行为发生需要三个条件：结构性压力、触发性事件、非常态传播活跃。[②]

（一）群体心态

在群体性突发事件中，群体心态分为：（1）长期心态。由于社会结构变化，某些群体对于一些事件有着共有的、趋于一致的认知。（2）短期心态。对于引起群体行为的触发性事件的性质意义有着相近的判断。近几年突发性群体事件所涉及的主体中，不难发现群体心态的重要性，2004年重庆万州事件涉及的主体是假冒“公务员”和进城务工人员（后者在当地称为“扁担”，也就是挑夫——作者注）；2005年安徽池州群体事件冲突涉及主体是外地投资商人和当地“摩的”司机；2005年定州群体事件则涉及失地农民和征地企业。从这三个例子中群体事件涉及双方的对比不难发现，长期的群体心态在其中的作用。造成这种长期群体心态的原因源自社会结构紧张状态，社会学中的金字塔（上层小下层大）社会结构

① 陈月生：《群体性突发事件与舆情》，天津社会科学院出版社2005年版，第68页。

② 郭庆光：《传播学教程》，中国人民大学出版社1999年版，第96页。

已经不能描述中国现有的阶层状态。“倒丁字型结构”[①] 可以用来解释我国目前社会所面临的社会矛盾以及社会问题。在这种紧张结构下，社会始终处在一种强张力之下，社会群体始终处于一种对立、矛盾以及冲突之下。这种情形在城市之中更加明显。数据显示，城市居民最低收入1/5 人口只拥有全部收入的2.75%，仅为最高收入1/5 人口拥有收入的4.6%。[②]收入的巨大差距，失地农民、下岗工人以及外来务工者的低收入阶层会产生“相对剥夺感”，处于社会结构下层的群体对于上层群体普遍有着不满的情绪。短期的群体心态在以上三次群体性突发事件中表现更加明显，城市中的弱势群体在触发性事件中都受到损伤，而事件发生当下肇事者并没有立即得到相应的处罚，甚至有被包庇的嫌疑，由此群体性事件得以“突发”。

（二）触发性事件

触发性事件是群体性突发事件的导火索，刺激既有的群体心态导致群体事件的发生。从以上几次群体事件来看，导致触发性事件发生的双方反而并不是群体性事件最后的对立方，在三件事中最后都演化成对于政府作为的不满，引发相应的群体行为。触发性事件在这里并不是最初的矛盾冲突点（比如最初的冲突），而是“中介性社会事项”，突发性群体事件在最初表现的形态仅为社会治安事件，中介性社会事项的出现改变了事件的性质、规模以及发展态势。所谓中介性社会事项，在外延上包括国家管理者制定和实施的各类方针政策、制度法规、工作措施，也包括影响民众利益的事件、人物等。中介性社会事项首先作为国家管理者的权力运行的结果。从以上三次突发性群体冲突来看，其中两件（万州事件、池州事件）均由治安事件开始，但这并不是引发群体事件的直接原因，随后警察对于治安事件的处罚是群体性事件的激发点；定州事件是拆迁引起的群体性突发事件，其主因并不是拆迁本身，而是拆迁中的补偿问题，围绕赔偿款发生的程序不公、暴力执法是最终导致群体事件发生的根本原因。2005 年6 月22 日，《定州日报》刊登新组成定州市市委、市政府《处理“6·11”案件指导思想提纲》，其中明确指出“油绳村问题的形成原因，表面上是由征地引起的，实质上是个别人挖空心思寻求个人利益，处理重大问题不

① 李强：《“丁字型”社会结构与“结构紧张”》，《社会学研究》2005 年第2 期。

② 李华良：《城市居民收入差距加大》，《中国文化报》2006 年2 月14 日。

公正、不公开引起的”。

（三）非常态传播

群体性突发事件都有着较长的酝酿过程，拆迁征地引起的群体事件酝酿时间较长，定州征地冲突早在2003年年底就已经存在，万州事件、池州事件也经过了数小时的聚集才最后发生大规模冲突。群体事件酝酿的过程就是流言、谣言不断产生变异的过程。按照《池州日报》社论中所说，“6·26”事件的起因是一起很普通的治安纠纷，之所以愈演愈烈，越闹越大，直至演变成打砸抢烧事件，主要是少数不法分子唯恐天下不乱，制造谣言，蛊惑群众。一些群众轻信谣言，以讹传讹，在不法分子的煽动下参与了打砸抢烧活动，助长了嚣张气焰。池州事件非常态传播十分活跃。《南方都市报》记者王吉陆采写的《池州群体性事件调查：汽车撞人何以变成打砸抢?》就以四则传闻串起整篇报道，而四则传闻的变化和事件规模性质的变化也相对应。

表7-2　**池州事件流言传播及影响**

时间（6月26日）	流言	影响	政府作为
14时40分左右	“打死了不就是赔30万元吗”	引起不满、谴责肇事者、报警	接警处理不力
15时30分左右	“中学生被打死了”	围观人增加	下午15时多，市领导出面与市民对话，但效果不佳
19时左右	“官方袒护外地商人”	烧车，冲击派出所	下午18时，指挥部在市公安局指挥中心成立
20时左右	“超市老板是帮打人者的”	哄抢超市	23时，公安厅厅长到现场。23时40分，700多名警力开赴现场，局面得到控制

从列表（见表7-2）可以看出，流言的演变有这样几个特点：（1）流言变化与事件发展的变化相匹配，流言与事件的演变有着强烈地互相推动。从报道中看，几乎每一环节政府处理都有疏漏，而下一环节并没有对上一环节的疏漏有所弥补。在2005年6月27日《池州日报》报道中所指“21时许，副省长、市委书记何闽旭赶到池州传达王金山省长特别指示：要尽快疏散人群，严防不法分子继续作案，同时做好调查取证工

作，严厉打击不法分子”，文中所涉时任池州市委书记何闽旭最后证实并未到场，行动迟缓可见一斑。（2）流言有着从传言到谣言演变的趋势，从现实来看，如果说第一条还有些真实成分的话，随后几条的真实性在逐渐下降。（3）流言的一再演变与处理现场的管理者没有针对性的回应直接相关，在形成围观后“市领导出面与市民对话，但效果不佳”，此后谣言群起，聚集的人群增多。

三 媒体的介入式传播

总结我国群体性事件的报道模式，对于公开报道的限制至今仍然存在，某省明确规定“群体性事件新闻媒体原则上不进行公开报道。确需公开报道的，由省委对外宣传办公室按照省委要求提出报道意见和口径”。事后报道是最常用的报道方式，“要动员各种力量，通过各种渠道，向群众澄清事实，说明真相，同各种谣言做斗争”。群体事件事后报道模式又囿于宣传目的，程式化有余、新闻性不足，有人把这种报道方式归结起来就是：群众总是“不明真相”的；游行总是“非法聚集”的；闹事总是“别有用心”的；上级总是“光荣正确”的。2009 年，贵州省省委书记石宗源反思“瓮安事件”时称，过去对这类事件的说法已经形成了“不明真相的群众在少数坏人的煽动下”这样的公式。

群体性事件的处理最忌讳的就是拖。许多群体性事件就是拖出来的，“将小事拖大，大事拖难，难事拖久，经济问题拖成政治问题，治安问题拖成刑事问题，个别问题拖成群体问题”①。中央多次强调要从苗头抓起并解决，这是符合群体事件长时间酝酿的科学决策，突发性群体事件其实真正突发的很少，较长事件的酝酿过程足以给予政府决策者充分的操作空间，处置群体性突发事件必须更加积极主动，如此才是真正降低社会损失、维护社会稳定的最佳选择，拖的工作方式对于群体性突发事件的解决毫无益处。

（一）群体性事件中的传媒作用

在群体事件中，媒体如果还停留在事后报道的层次，媒体的价值就变得十分有限，介入式的报道模式将媒体对于群体性突发事件的传播提前。这对于沟通舆情，发布信息，处理谣言都有积极意义，由此可以避免谣言

---

① 杨犁民：《新形势下群体性事件的成因、特征和对策分析》，中国三农网（www. sannong. gov. cn），2006 年 11 月 7 日。

对于群体的影响，控制群体规模的发展。从下面两则突发性群体事件中的媒体运用，可以看出媒体在群体性突发事件中具有的重要作用。

案例一：2004年7月28日，《银川晚报》刊登了《银川市城市客运出租汽车经营权有偿使用管理办法》、《银川市城市客运出租汽车更新管理规定》；翌日，出租车司机认为新规定损害了他们的利益，部分出租车“停运”；7月31日大部分出租车开始停运，上访者增加，城市交通秩序被破坏。银川市政府鉴于形势，先是发布通告：暂缓执行两项新规，但这并没有打消上访者心中的疑虑；8月2日，银川市政府再度发布通告：明确表示两项新规不再执行；8月1日晚上，银川市市长刘学军发表电视讲话，对此次罢运给市民带来的不便向市民道歉；8月2日早晨，副市长陈银生再次与100多名出租车经营者代表进行了长达6个小时的对话；8月2日晚上，200多名来自全市23家出租车公司的经理和出租车司机，聚集银川市政府礼堂参加会议。市政府再次发布通告，明确表示《办法》和《规定》不再执行，继续执行原有有关规定；8月3日，出租车基本恢复运营。

案例二：2004年18日13时左右，重庆万州区某市场临时工胡权宗与其妻曾庆容在路上行走，当曾走到进城务工人员余继奎身边时，被余的扁担撞了一下。双方发生口角，胡权宗将余打伤，并声称自己是公务员，出了什么事花钱可以摆平；胡的话引起围观群众的义愤，并报警。当派出所民警赶到现场，欲将当事人带上警车时，有人煽动“天下公务员是一家，被打民工不会得到公正处理”，造成矛盾激化，围观群众不准车辆启动，一些人听信谣言，使事态趋于复杂化；当日18时左右，一辆警车经过新城路时，被一青年煽动部分围观者砸烧；当日20时许，在少数人的煽动下，数百人向位于高笋塘广场的万州区政府大楼集结，并砸坏区政府玻璃大门等；18日当晚，政府让几名当事人在当地电视节目中说明了真相。电视上，曾氏夫妇表明，自己当时所说的是假话，只是威胁余继奎，同时也给自己壮胆；19日凌晨，常务副区长李世奎代表区委、区政府发表广播电视讲话，再度表明政府一定会查明真相、依法严惩肇事者，之后围观民众开始逐渐离开现场；19日一早，虽然再度有大量民众聚集到万州区政府广场围观，但随着谣言的澄清，围观者渐渐恢复理性，暴力骚乱没有卷土重来。

从以上两则案例可以看出，尽管媒体的运用仍然非常滞后，但对群体性事件的解决起到积极、良性的作用。(1) 媒体是政府传递信息的重要渠道，两地政府都选择了电视这一可以即时传播、覆盖面广的媒体；(2) 媒体是公布真相消除谣言的最佳渠道。两则案例对比，银川市政府在事件发生后立刻开通了数条信息沟通渠道，包括调研、对话、会议以及大众媒体传播，政府态度积极，同时慎用警力；而万州事件中事件初始点就是个假象（公务员身份），而对于此虚假信息的回应却在8—9小时以后，最后治安事件演化成冲击政府。群体性事件冲突表现的是双方利益取向，本身政治诉求并不强，应对得力的话，还是能够避免其他政治势力的介入。

（二）介入式的报道模式

介入式的报道模式匹配群体事件特征。在群体性事件的初始阶段，往往伴随着信息的变异，如池州事件和万州事件，最初的治安事件演化成群众与派出所的冲突。这个阶段新闻媒体的适时介入能够还原事实真相，如万州事件中，如果在更早时间公布其“非公务员”身份，事件规模应该不会演化到最后程度。群体性突发事件虽然表现形式看起来是“突发”，但长期酝酿是其特点，上面列举的罢市、征地冲突都历时很久，因治安事件而起的群体性突发事件则是有着长期干、群，警、民互不信任的舆论准备，只是借偶发事件爆发。由此选择的介入式报道，针对群体性事件情况可有以下几种参与方式。

媒介介入，疏通舆情。媒介越早介入，就有可能使得断裂的舆情管道重新畅通，消解已经聚集的舆情能量，如万州事件，早几个小时报道打人者的非公务员身份，事情绝对不会发展成如此规模。

媒介参与，积极沟通。上述各突发事件都有“越处理、越扩大”的现象，其原因在于处理过程的不透明，信息在处理一方与群体一方呈现不对称，在群体一方看来，政府的暧昧、迟钝都有着不可告人的目的，群众对政府行为指向不免有种种猜测，大量流言、谣言也就有了产生和传播的空间，如果媒体能够全程参与就能实现在紧急情况下，政府与公众的沟通，消除流言、谣言的生存可能。

媒介监督，公平公正。在介入式报道中，媒体的中立立场十分重要，这是实现媒体在危机状态中充当沟通者的关键。同时，媒体保持相对独立的身份，对于政府在处理事件中存在的不公正、不公平现象能够施以舆论压力，促使政府调整自己，回归到法制轨道。对于群体性突发事件中，政府中的个别官员或者其他利益团体对公众利益的侵害，媒体也必须及时地进行舆论监督，这也是疏通舆情的一种方式。

第三节　大众传播模式实现的外部环境

突发事件大众传播模式的形成，绝非大众媒体自身可以完成的，这需要有着良好的外部环境以及相应的物质基础，在社会、政府、媒体三方的共同努力下，才会真正实现公共突发事件信息的透明与公开。对于外部环境的要求主要体现在民主政治、全球协作以及科技发展方面。

一　民主进程：政治文明与传播文明

信息公开是政治进步的象征。信息意味着更多的公共性，而公共性则意味着更多的民主，正如加拿大传播学家马歇尔·麦克卢汉（M. McLuhan）所说，任何信息的索取都能创造更深层次的民主。政府信息公开有利于推进社会民主法制发展，有利于依法治国依法行政。

现代民主观念认为，政府是否应当信息公开，是否向民众提供信息，“这并不是政府的权利决定的，而是由民众的权利决定的，这种权利是民众所共享的宪法权利”①。根据不完全统计，目前社会整体信息总量的80%以上为政府所控制和占有。事实上，这并不是一个合理的状况，因为“政府所掌握的信息资源并不是只有政府享有所有权”，而实际上“政府对公共信息只是暂时的持有者，甚至连使用权都不能独自享有，更不用说政府对所持有资源享有完全的所有权了”②。信息公开要求政府必然由“信息垄断”角色转化为“信息代理”角色，将信息主体的地位归还于公众。广义上的政府信息公开包括两个方面的内容：一是政务公开，二是信息公开。“不仅要求政府事务公开，而且要求政府公开其所掌握的其他

① 王勇：《透明政府》，国家行政学院出版社2005年版，第13页。

② 刘飞宇、王丛虎：《多为视角下的行政信息公开研究》，中国人民大学出版社2005年版，第12页。

信息。"①

民主进程的推进要求政府必须在透明与公开的环境下运行，随时接纳公众参与、公众监督，这是政治文明的具体体现。在政治文明的基础之上，传播文明才会实现。传播文明，就是在政治文明的基础上，针对公共事务有效的传播活动。传播文明以保证公共利益的最大化为目标，要求公权系统内的传播、政府与社会的互动传播、大众传播在公共政策的制定与执行上形成良性的传播生态，以加强公共事务的公众参与和社会监督。政治文明的制度建设是政治文明的核心问题，社会主义政治文明中的制度建设应是以社会公共利益为目标，以政治参与为途径，以法制为其保障制度。从这个意义上，传播文明的建设是政治文明建设的重要组成和必要保证。

在2007年11月1日起施行的《中华人民共和国突发事件应对法》中，开宗明义地提出"为了预防和减少突发事件的发生，控制、减轻和消除突发事件引起的严重社会危害"。针对预防、减少突发事件的目标，突发事件的传播也应该做到面向公众、及时预警、强调专业、规范管理、积极配合、提升水平。媒体在整个应急系统构建中，不能停留在"事后报道"的层次。依据大众媒体特征以及突发事件规律，媒体应该有自己的应急角色，这已被其他国家应急经验所证实。淡化政治框架、进入应急系统是改进媒体突发事件传播的必然选择，当然这种转换并非易事，单凭媒体一己之力绝无可能实现。从现实来看，突发事件传播在法规层面、理论层面已无大的障碍，在具体传播实践中，政府能否保持开放、兼容、自信的心态是实现突发事件传播革新的关键。

二　全球化：共时与协作

面对突然降临的灾难，各国政府在依靠自身力量的同时，积极寻求国际间人道主义援助已经是全球减灾会议达成的共识，2004年12月26日印度洋海啸就是最好的例证。灾难救援涉及的国际间机构众多，包括联合国所属机构、国际红十字会、非政府组织（NGO）以及政府间的直

① 王勇：《透明政府》，国家行政学院出版社2005年版，第9页。

接合作。[①] 随着我国加入 WTO，与国际接轨和适应全球政治经济一体化是必然的趋势，WTO 基本原则之一就是透明度原则，对于参与国均有约束力。在应对大规模自然灾难时，应建立起国际合作体制，从监测、通报、救援到发展等方面进行国家间的全面合作。这种国际合作，首先能够从全球范围内支持那些救灾能力有限的受灾国；其次能够最大限度地协调和调动全球人道主义援助资源来完成救援工作；最后还能够保障全球最大范围内所有公众在面对大规模自然灾难，尤其是跨国性自然灾难时的安全。[②] 2006 年 6 月 30 日，粤、港、澳三地代表签署了《粤港澳三地突发公共卫生事件应急合作协议》，当出现传染病疫情后，发生地将及时通报另外两地。三地一旦出现有关禽流感疫情，专家小组成员可以随时进行沟通联络。

全球化的突发事件应急需要各国的积极配合。SARS 疫情前期，WHO 以及其他国家组织对于我国的做法颇有微词，随后我国政府对于国际卫生组织的积极配合赢得了国际声誉，在后来的禽流感、哈尔滨水污染事件中，我国主动进行国际协作、国际沟通，对事件的合理解决起到了积极作用。全球化应急网络的建立必须有大众媒体的重要位置，甚至在突发事件信息传播系统构建上，大众媒体网络本身就是组成部分。全球联动机制的建立，全球信息网络的构建，有利于各国沟通情况，互通有无，对于本国的应急处理也有诸多的益处。

三 科技发展：突发事件传播优化的可行与必行

印度洋地震海啸之所以损失惨重，关键在于缺乏完善的监测监控和预测预警系统；而伦敦邦斯菲尔德油库大爆炸事件，其应急处置就比较成功，原因也在于应急系统立即对可能引起的各种潜在危害因素进行了风险评估，给出了系统、详细的预防应对方案。[③]《国家突发公共事件总体应急预案》的“工作原则”中明确指出：要依靠科技，提高素质。加强公共安全科学研究和技术开发，采用先进的监测、预测、预警、预防和应急

---

① 参见赵炜、程云松、黎檀实《灾难救援中的国际间协作》，《中国危重病急救医学》2005 年第 10 期。

② 参见刘莘《 对付全球灾难，需要国际合作》，《光明日报》2006 年 5 月 14 日。

③ 参见陆春、冯洁、郭东建、裘晓晖《地震台风，要用高科技“管”起来》，新浪网（www. sina. com），2007 年 2 月 9 日。

处置技术及设施，充分发挥专家队伍和专业人员的作用，提高应对突发事件的科技水平和指挥能力，避免发生次生、衍生事件。

2006年出台的《国务院关于全面加强应急管理工作的意见》把“推进国家应急平台体系建设”列为“加强应对突发公共事件的能力建设”的首要工作，明确指出要“加快国务院应急平台建设，完善有关专业应急平台功能，推进地方人民政府综合应急平台建设，形成连接各地区和各专业应急指挥机构、统一高效的应急平台体系”。所谓应急平台，是以公共安全科技为核心，以信息技术为支撑，软硬件相结合的突发事件应急保障技术系统，是实施应急预案的工具；具备日常管理、风险分析、监测监控、预测预警、动态决策、综合协调、应急联动与总结评估等功能。由此观之，科技是应急系统的基础，科技水平的高低直接决定了应急效率的高低。在应急信息系统建设中，对于科技含量提出了更高的要求，相应的设备都应该在某些特殊环境、特殊强度下保持稳定性。

互联网在突发事件中对于应急系统的建设十分重要，互联网的交互性、共时性、开放性和跨地域性与突发事件的特征吻合。互联网首先是应急平台的重要构成；其次，开放的网络也是不可或缺的补充与辅助，它为应急信息更方便、迅速、及时和跨地域性的传播提供可能。

科技对于新闻媒体同样至关重要，是实现在危机状态下，完成新闻报道任务的必要条件，物质支持主要体现在设备上，这包括在采访设备、交通工具以及通信设备上。高科技装备是采访报道顺利实施的基础。早在1998年，上海东方电视台就成为我国内地首家装备直升机的新闻媒体，供东视进行突发事件空中报道、空中影视拍摄等服务。手机等无线通信设备已经较为普及，但有时现场的环境让常规的通信设备失去作用，记者需要通过海事卫星电话或者类似服务向总部传送恶劣采访环境的最新情况。高科技设备同时也是采访者安全的保障，先进的设备能够在恶劣的环境下提高记者自身的安全系数。

本章小结

突发事件大众传播模式是理想的突发事件传播模式，其特点在于：适应突发事件本身的规律；强化信息传播的概念；以公众为中心。在大众传播模式下，群体性突发事件的报道也有革新空间，媒体介入式报道能够降低群体事件规模，甚至避免群体事件的发生。突发事件的大众传播模式的形成，绝非大众媒体自身可以完成的，这需要有着良好的外部环境以及相应的物质基础，在社会、政府、媒体三方的共同努力下，才会真正实现公共突发事件信息的透明与公开。

第八章　突发事件报道实践研究

第一节　突发公共事件中新闻报道的应急机制

2006年1月8日，国务院发布《国家突发公共事件总体应急预案》。该预案是全国应急预案体系的总纲，明确了各类突发公共事件分级分类和预案框架体系，是指导预防和处置各类突发公共事件的规范性文件。我国每年因突发事件造成的损失惊人。2004年，全国发生各类突发事件561万起，造成21万人死亡，175万人受伤。全年仅自然灾害、事故灾难和社会安全事件造成的直接经济损失就超过了4550亿元。①

在突发公共事件的应急体系中，媒体也应有其重要的位置。"无论科技多么发达、预报多么准确，如果相关信息不能及时传达到有关部门和让公众知晓，防灾工作就是失败的。"② 大众媒体的信息传递的快速性、覆盖面广的特点能够在突发公共事件的发生发展的不同阶段起到积极的作用。

突发事件往往是客观事物的一种急剧变动的状态，甚至是一种从量变到质变的状态，它较之处于常态的事物有着不同的规定性和复杂性，呈现出偶然性、破坏性、继发性、关联性等特征。③ 面对突发公共事件的新闻报道需要一个常规的程序，能够针对性地快速反应，进行报道的组织与安排，并将媒体内部的作业流程作有目的地调整，这就需要在媒体组织内部建立针对突发公共事件新闻报道的应急机制。

---

① 数据来自倪正茂《写在〈紧急状态法〉草案即将审议之际》，《解放日报》2005年4月12日。

② 国际减灾战略计划负责人布里塞诺语，来自《联合国和亚广联携手推动自然灾害预警工作》，联合国网站新闻中心，2005年5月11日。

③ 熊伟：《谈谈突发事件报道的"特征对位"》，《新闻战线》2001年第12期。

一　新闻报道应急机制的启动原则

国家总体预案将突发公共事件分为自然灾害、事故灾难、公共卫生事件、社会安全事件四类。根据不同突发公共事件发生、发展的性质和规律，在应急机制启动方面也存在不同的要求。

对于可预测的突发公共事件，比如某些自然灾害如台风、暴雨等，应该随着灾害的临近加大报道力度。整个报道过程要较早启动，报道力度随着灾害发生的变化而变化。媒体对台风的报道要随着台风登陆的时间、地点变化而不断调整报道的内容和重点。对于可预测的或者不能准确预测的自然灾害如地震等，需要在灾害发生后立即启动应急机制，通过媒体及时传递信息，尤其是地震的发生往往伴有余震，必须提醒群众并传递相关信息。

对于一些关联性强、继发性强的突发事件，比如投毒事件、污染事件、化学药品的泄漏以及近年来频发的公共卫生事件如 SARS 疫情、禽流感疫情等，其危害并不能随着事故的发现而终止，甚至继发的危害远远大于事故现场的危害。此类事件必须在第一时间报道，将事件的继发危害降低到最小。在媒体的选择上应该首先选择那些传播周期最快最短的媒体，比如电视、广播，通过游走字幕、插播等形式将相关信息实时传播给受众，起到告知、警示的作用。报纸等出版周期较长的媒体再依次介入。

对于事故灾难应该在第一时间启动应急报道机制。此类事件的报道首先能够消除事故现场人员的亲属的担忧与恐惧；其次快速报道对于整个事件的相关行业是个警醒，对于那些在生产安全的相关职位上玩忽职守者敲响警钟。如矿难报道，对于整个采矿行业的生产安全在未来都将产生良性影响。

对于那些牵涉众多群众的社会安全事件，如经济安全事件中的银行挤兑等，过早的启动应急报道机制在某些情形下并不是最优化的选择。在对于 1995—1997 年我国台湾地区 63 起金融挤兑事件的研究表明，媒体过早报道造成谣言四起，挤兑规模加大，甚至媒体自身的再辟谣也无济于事。[①] 在报道应急机制的启动上要遵循两个原则：第一是和政府行为保持

① 林宝安：《1990 年代的金融挤兑、合并与金融秩序》，2002 年台湾社会学年会“重访东亚：全球、区域、国家、公民”研讨会，台湾社会学会与东海大学社会系合办，2002 年 12 月 14 日、15 日。

一致与同步，服从政府处理此类事件的统筹安排与规划；第二是在传播媒体的选择上坚持有度的原则，可以首先选择那些区域化的媒体如有线广播和有线电视，做有针对性的传播，避免此类信息在传播过程中转变为流言，产生更大范围的影响。

二 新闻报道应急机制的组成

新闻报道应急机制应该能涵盖突发公共事件报道的各个部分，与突发事件的前兆、发生、发展、结束相对应，既包括面对突发事件的报道的决策，同时也必须从各个方面协调报道活动的进行，以及对于应急报道进行支持与保障。一个有效的新闻应急报道机制应由以下四个程序组成：突发公共事件的启动评估机制，突发公共事件报道中的组织机制、支持机制以及应急报道后的评估机制。

（一）新闻报道应急机制的启动评估机制

应急预案中的对于突发事件严重程度的评估是应急机制启动的关键，对于新闻报道的应急机制也同样重要，评估的结果——公共事件的严重程度和发展态势决定新闻报道应急程序是否启动以及在哪个层次启动，这是新闻报道应急程序的决策依据。媒体同样应该设立相应的机构，组成突发事件报道临时决策小组，小组成员既有媒体的高层领导，同时还需要此领域的资深记者和编辑，同时根据突发事件的性质、特点，吸纳其他相关领域的专家和学者参与。《国家突发公共事件总体应急预案》将突发公共事件按照其性质、严重程度、可控性和影响范围分为四级，参照此划分以及评估方法，决策小组在面对突发公共事件时，必须依据科学的决策过程，对于相关的信息进行评估。

突发公共事件的报道往往介入越早越好，这样能够监测到其发展的轨迹，起到社会预警的作用。因此对于突发事件进行评估往往要在未发生（自然灾害）、孕育（社会安全事件）、刚发生（公共卫生事件）时进行，在这个阶段评估整个事态的严重性是非常困难的，但却是十分必要的。对于突发事件发展趋势的评估结果决定报道的组织（领导层、报道人员）准备与物质（版面、设备、资源）准备，相关准备不足往往难以形成传播效果；准备过量又造成人力、资金的浪费（见图 8－1）。

评估突发事件趋势的内容主要是对于以下指标系数的估计：分析突发事件的可能发生规模、分析突发事件的可能影响度、分析突发事件的报道难度、分析突发事件的公众关注度。这四项评估将决定突发事件报道应急规模。前两项是评估突发事件本身，后两项则是根据前者对于相应的新闻价值的估计和报道难度的估计，从而决定对于媒体现有资源的使用程度和使用范围。

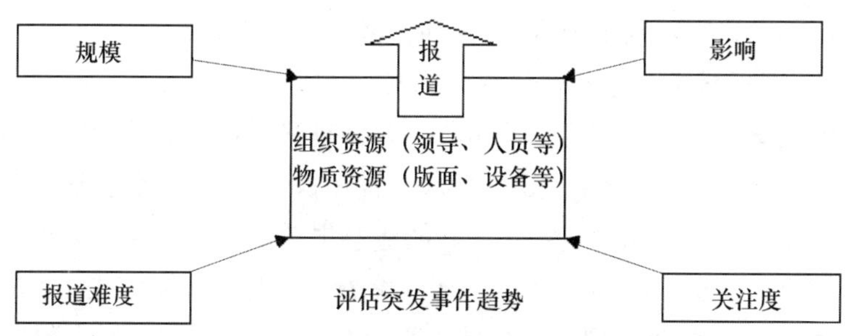

图 8－1　突发事件趋势评估

在突发公共事件的初始或者刚发生后就评估整个事件的发展趋势和规模有相当的难度，因此需要借助一些参照系来增加对于整个事态演变预测的准确度，通过对于相关信息的借鉴能够相对准确的预估整个事件的规模和影响以及报道的难度与规模。

（1）借鉴权威。对突发事件的预估必须借助某些权威信息源，这包括相关领域专家和学者所提供的经过科学计算的信息。比如台风即将登陆时，根据风力和风速，气象专家能够估算出台风的登陆点、破坏度等，根据这样的信息能够相应地开展报道。又如某些工厂的爆炸，产生的有害气体的扩散范围以及持续时间的相关信息，也能给传媒提供报道的决策依据。

（2）借鉴历史。对于历史的借鉴也能提供给决策者相关的信息，比如此前发生的类似突发事件所造成的影响，通过对地震的等级、台风的风级；工厂的规模；人口的密集度等相关指标的对比和计算，能够通过起始的相关信息大概得知事态发展的程度，给突发事件的报道提供依据。

（3）借助专业。突发事件的报道需要在报道中随着事件的发展进行不断的调整，这就需要实时的专业支持。比如在台风、地震以及和化学污染有关的报道时，必须有专业人士随时提供相关的技术、信息支持，这对于报道人员本身的安全和报道任务的完成都是十分必要的。

在估计突发事件规模时，会出现很多的“不确定性”，媒体应该坚持“小几率放大原则”。预防是投入成本最小的危机处理方式，在突发事件还在孕育过程中或者有发生的可能时，如果将微小的发生概率放大，进行媒体预警，那么在事件发生时，人们有了相关准备，损失也会降低。如台风在大洋中形成时就进行报道，并提供相关知识和信息，即使最后由于大气状况台风没有影响到本地区，付出的代价也是值得的。

（二）新闻报道应急机制的组织机制

媒体组织突发事件应急管理团队，以事态发展程度的准确信息作为基础，快速发出指令，并调动相关资源，展开报道并协调各方力量提供支持。能不能在第一时间形成相关的新闻应急报道团队，快速调集资源，往往是新闻应急报道成败的关键。2004 年 9 月 23 日，日本新潟地区发生地震，NHK 的报道受到批评。因为此次地震发生在周六，NHK 多数职员都在休息，加上机构庞大，人力调配慢，导致报道落后。所以传媒业内部的组织结构也必须相应地进行组织变革，以适应突发事件频发的危机需要。传媒组织结构有以下几个改进的方向，能够使得媒体组织适应快速、多变的突发公共事件报道要求。

（1）媒体组织结构的扁平化

组织结构的扁平化是通过减少管理层次和裁减冗员而建立起来的一种紧凑的扁平型组织结构，它能使组织变得灵活、敏捷，从而提高组织效率和效能。[①] 扁平化的组织结构能够改变大型传媒因为组织结构层级过多而反应慢的缺点，信息在扁平化的组织结构中流通更加顺畅，因而组织结构中无论是纵向的信息流通，还是横向的部门互动，都变得更加容易、快捷，在突发公共事件的应急报道中更容易传递信息、布置任务以及开展采写编播等活动。

（2）媒介组织结构的虚拟化

在企业里，虚拟化组织结构是靠某项产品或项目为纽带、以合同形式联结而成，一旦项目完成，虚拟化组织即告解体。虚拟的团队能够有效地对现有的资源进行配置，完成指定项目。在突发公共事件的应急报道中，媒体针对不同的报道内容进行内部人力的重新组合，跨越部门限制，依据

① 王唤明：《对基于战略的激励的思考》，中国管理传播网（www. hroot. com），2005 年 8 月 18 日。

编辑、记者的特长、特点组成团队，将突发事件的报道任务交给某个团队，当报道任务完成后，团队自动解散，等待下一次突发事件出现时进行重新组合。组织结构的虚拟化强调应急报道的适应性与针对性，这就要求媒体必须对于组织中每个人的特点有清晰的认识与了解，最好通过人力资源的数据库式的管理，结合自愿的原则，在突发事件发生时能够迅速遴选最佳人选，投入报道中。

（3）注重团队建设

团队建设（Team Building）是近年来西方企业进行组织变革的一项重要措施。在突发公共事件的报道中，“团队精神”不可少，团队成员之间必须形成相互信任、相互支持、相互保护的团队意识，这样才能同舟共济，完成报道任务。在日常采访中，记者习惯于单打独斗，但突发公共事件的报道强调团队作战，注重员工之间的分工与合作。如何将个人的特点与团队的总体目标融合，这需要一个学习及磨合的过程。

（三）新闻报道应急机制的支持机制

评估完突发事件并发出相应报道指令后，组成的报道团体开始进行报道活动，这个阶段如何保障报道团队工作的顺利进行以及将发回的信息在第一时间处理是关键。报道的前方与报道的后方相互脱节将会有负面影响。首先是报道没有办法高质量地完成，由于缺乏相应物质、信息方面的支持，前方人员甚至连现场都难以到达，更重要的是，与总部失去联系，报道团队本身的安全也将受到威胁；其次是如果没有良好的保障体系，报道团队采集的相关信息无法在第一时间发回媒体，新闻价值将因为时效的下降而降低；最后是如果各个环节的相互协调出现差错时，会出现难以形成合力，导致配合出现问题，使整个突发事件报道失败。新闻报道应急机制的支持机制主要体现在物质支持、信息支持、流程支持以及其他支持上面。

（1）物质支持

物质支持主要体现在设备上，这包括采访设备、交通工具以及通信设备上。物质基础是采访报道顺利实施的基础，早在1998年，上海东方电视台就成为我国内地首家装备直升机的新闻媒体，供电视台进行突发事件空中报道、空中影视拍摄等服务。手机等无线通信设备已经较为普及，但有时现场的环境让常规的通信设备失去作用，记者需要通过海事卫星电话或者类似的通信服务向总部传送采访现场的最新情况。物质支持同时也是采访者安全的保障，先进的设备能够在恶劣的环境下提高记者自身的安全系数。

（2）信息支持

信息支持体现在两个方面，其一是报社指挥机构不断利用媒体相关资源收集更多新的信息，迅速提供给前方报道人员，供其在采访过程中迅速接近新闻现场、调整采访计划，找寻采访目标；其二是智力支持，报社指挥现场应该有专家等“外脑”坐镇，对于记者发回的采访资料进行判断、分析，及时将意见反馈回去，利于采访的调整和深入。

（3）流程支持

新闻应急报道机制启动时，媒体整个工作流程应该为之调整，尤其是类似“非典”这样的公共卫生事件发生时，媒体不能再遵循日常的采编流程。在媒体内部设立突发公共事件信息优先的“绿色通道”，对于采访传送回来的稿件、素材在第一时间进行加工、制作，下游的印刷、发行程序也必须进行紧密配合，各个环节高效流畅运行才能保证突发事件新闻报道任务的完成。

（4）其他支持

其他支持还包括取得相关机构的支持与帮助、对于前方报道人员的健康状况的维护以及对于各种设备运转的维护等其他保障新闻应急报道正常、高效运行的其他方面的因素。

（四）新闻报道应急机制的效果评估

新闻报道应急机制效果的评估是整个机制运行的最后一个环节。效果评估的主要目的是完善新闻报道应急机制，提高媒体组织对突发公共事件的能力，提高反应速度和传播效果。其主要内容包括：测量新闻应急报道效果、评价新闻报道应急机制的完善性和总结相关经验。前两项内容在量和质上对新闻报道应急机制进行评估，后一项为建立完善的新闻报道应急制度提供反馈，并最终优化新闻报道应急机制整个流程。因此新闻报道应急机制的效果评价的目的就在于：寻求增加应急新闻传播正效果的改进方法，以及寻求造成新闻报道应急机制不能够顺畅运行的薄弱环节。

效果评估依据自上到下的评价逻辑，从结构—流程—人员—内容这四个方面依次对整个新闻报道应急机制进行评估。

（1）结构

新闻应急报道的成败多数并不取决于具体参与报道的人员，而是由于组织结构中繁多的层级结构以及错综复杂的部门关系，造成决策、执行的不力。检视在系统内部横向合作的能力以及信息横向传播的通畅程度，才能确保媒体系统在应对公共突发事件时高效运作。

（2）流程

流程考察的是整个应急机制从事件的评估、报道团队的组成以及报道实施等整个过程的程序。对于整个过程考察的目的是为了发现程序中的不必要环节和还能进一步提高的环节，为下一次的新闻应急报道积累经验与教训，优化应急报道流程、提高传播效果。

（3）人员

新闻报道应急机制对于人员评估包括相关人员行为和绩效的评估。这里所说的包括相关人员对突发事件如何行动和反应、是否履行各自岗位的职责、在非常规状态下的工作效率等。对于人员的评估将分层次进行，大致可以分为对决策管理层、指挥管理层以及实施层的评估。

（4）内容

对于新闻报道内容的评估是整个新闻应急机制评估的关键，评估包括新闻的专业评估（新闻的采写编播质量）以及传播效果的评估。传播效果的评估尤其关键，它既是新闻采写质量的重要的评价指标，同时对于整个新闻应急机制的改进深具意义。

第二节　两岸台风灾害报道比较

一　研究动机

中国是受自然灾害损害最为严重的国家之一。中国 70% 以上的大城市、半数以上人口、75% 的工农业产值，分布在气象、地征、地质和海洋等灾害严重的地区，灾害对社会经济发展的制约影响非常严重。我国受到的自然灾害损失已位居世界第三，每年经济损失超过了 2 万亿元人民币。[①] 我国目前已经初步形成自然灾害预警、预报体系，有关部门能根据

① 顾瑞珍：《我国自然灾害损失居世界第三 减灾意识待提高》，新华网（www. xinhuanet. com），2005 年 10 月 12 日。

灾害管理规律对灾害进行及时预报，并在积极预防、减少损失以及降低人员伤亡方面卓有成效。

在自然灾害预警体系中，媒体也应该有其重要的位置。“无论科技多么发达、预报多么准确，如果相关信息不能及时传达到有关部门和让公众知晓，防灾工作就是失败的。”① 大众媒体的信息传递的快速性、覆盖面广的特点能够在自然灾害发生前、发生时、发生后充当不同的角色，起到积极的作用。自然灾害来临前，媒体可以起到公共预警体系的一部分，传达灾害信息，提醒防灾准备、提供防灾知识等；灾害发生时，媒体能够快速传递情况，提供救灾决策依据；灾害发生后媒体能够起到协调、组织救助，监督、总结防灾措施，总结经验应对下次自然灾害，此外还能够消除流言，引导舆论，恢复社会正常状态。

本书研究还有强烈的媒体现实性。长期以来，由于大陆媒体政策以及媒体体制等原因，自然灾害的报道存在诸多的缺陷，在报道中遵循的更多的是人为的规定而不是科学规律，自然灾害报道理念和实践都需要改进。中国大陆对于自然灾害的报道中的误区与不足主要表现在以下几点。

（一）自然灾难报道的滞后

20 世纪 80 年代以前，政府出于对社会稳定及政治因素的考虑，对于灾难的报道往往是滞后的。1976 年 7 月 28 日河北唐山发生大地震，虽然第二天的《人民日报》有报道，但从新闻标题《河北省唐山、丰南一带发生强烈地震/灾区人民在毛主席革命路线指引下发扬人定胜天的革命精神抗震救灾》即可看出，新闻内容多是人如何与灾难抗争，对于灾难本身涉及甚少，其死亡数字更是在 3 年之后才公之于世。更有甚者是 1970 年 1 月 5 日发生的云南通海大地震，地震 4 天后《云南日报》才以《我省昆明以南地区发生强烈地震/灾区人民一不怕苦二不怕死迎击地震灾害》为题进行报道，内容可想而知。此次地震死亡人数直到 30 年之后的 2000 年才为世人知晓。20 世纪 80 年代以后，灾难报道在及时性方面有所增强，究其原因也是从社会稳定及对外宣传的角度出发，对“突发事件凡外电可能报道或可能在群众中广为流传的，应及时作公开报道，并力争

---

① 国际减灾战略计划负责人布里塞诺语，来自《联合国和亚广联携手推动自然灾害预警工作》，联合国网站新闻中心，2005 年 5 月 11 日。

赶在外电、外台之前”①。但是并没有放弃审查的环节，只是为保证突发事件发稿时效性，“各自治区、直辖市政府和国务院有关负责人对新闻单位送审的稿件，应随到随审，不要拖延，尽快退新闻单位”②。对于自然灾害的报道还有特别的规定，“关于地震、气象、洪水等可能造成重大影响的预报或预测，一般不作公开报道；需要报道时，必须经国务院有关部门批准，由新华社统一发布”③。自然灾害报道的滞后，尤其自然灾害在预警阶段的报道滞后就更不奇怪了。

2003 年以后，政府应急预案的设立在一定程度上改变了报道滞后的局面，但是仍然强调自然灾害报道的管理。北京市《突发公共事件总体应急预案（2005 年修订）》规定：“突发公共事件的信息发布和新闻报道工作，应按照党中央、国务院和北京市相关规定，由市应急办会同市委宣传部对发布和报道工作进行管理与协调。”④ 对于自然灾害报道的管理程序，造成自然灾害报道的迟滞，在自然灾害的预警阶段，如果没有经过充分的报道，公众难以从其他渠道获取关于灾难的信息以及如何在灾难中避险的知识，自然灾难所带来的社会损失会因此加大。

（二）自然灾害报道内容的偏颇

复旦大学王中教授对于我国灾难报道理念有精辟的总结：“灾难不是新闻，抗灾救灾才是新闻。”此理念贯穿于我国灾难报道，直至今天。1950 年 4 月 2 日中央人民政府新闻总署给各地新闻机关的《关于救灾应即转入成绩与经验方面报道的指示》中，要求“各地对救灾工作的报道，现应即转入救灾成绩与经验方面，一般不要再着重报道灾情”。近年来，自然灾害报道中对于抗灾、救灾的比例已经没有出现过往那种压倒式的优势，但“救灾”报道思维仍然存在，“天灾人祸带给人们的本来是一出‘悲剧’，但一些报道却硬把它演化成一曲‘颂歌’，使得这些灾难本身带给人们的警示作用丧失殆尽”⑤。此评论仍然适用于至今个别媒体的灾难报道。救灾的报道在整个灾难报道中是重要的，但不能因此将灾难本身在新闻报道中边缘化。相

① 引自《中央宣传部、中央对外宣传小组、新华通讯社关于改进新闻报道若干问题的意见》，1987 年 7 月 18 日。

② 引自《国务院办公厅、中宣传部关于改进突发事件报道工作的通知》，1989 年 1 月 28 日。

③ 同上。

④ 按照此预案规定，自然灾害属于突发公共事件范畴——作者注。

⑤ 沈正赋：《灾难性事件报道方法论初探》，中国新闻研究中心，2003 年 9 月 18 日。

反，通过对于灾难景象的客观描述，能够唤起更多人的关注，为灾难后的救助贡献一份力量；大众也将因报道而获益，在下次自然灾害发生时，能够积极而科学地面对自然灾害的发生，社会损失会因此而降低。

（三）在报道思想上人本思想缺失

灾难报道的指导方针决定，以往灾难中突出的是救灾者的形象，这种报道形式往往以“群像式+典型式”的报道模式，从参与救灾的群体和个人两方面来塑造典型，对于灾难本身以及灾难中的受难者则着墨甚少。自然灾害报道要回归到灾难本身，因为对于安全的需要位列人类的基本需求，而“任何灾祸都会造成损失，都会影响安全，而人类对于安全最具敏感”①。这方面信息的提供是社会对于媒体最为基本的要求。在自然灾害报道中，媒体的目光应该更多投射在灾难中生命个体尤其是困难群众的生存状态。对于受灾人群的报道一方面体现新闻中人本思想，另一方面也能因此动员社会各方力量进行灾后的重建和救助。在灾难报道中还要报道灾难中温情、人性的一面，灾难中的互相鼓励、互相救助以及人类亲情在非正常状态下散发的光辉，值得记者去记录、传播。

在自然环境、社会环境下，在报纸关于自然灾害报道的现状的基础上，本书试图通过比较分析福建、台湾两家报纸，分析其中的异同之处，并借以阐释媒体对于台风灾害报道的一般规律。

二 样本选取

本书选取商业化报纸为研究对象。选择福建省的《海峡都市报》、台湾的《自由时报》为样本。

《海峡都市报》创办于1997年10月1日，由福建日报社主办，每日出版。经过数年的发展，《海峡都市报》已成为全省最有影响力的媒体，发行量、零售量、自费订阅率、城区发行密度等代表媒体影响力的重要指标均居福建全省首位。

《自由时报》创刊于1987年，于1988年改为今名。《自由时报》是台湾发行量最大的报纸之一。据ACNielsen调查，其报纸的阅读率连续五年居台湾省第一位。② 由于台湾当天报道的报纸难以获得，相关新闻只能

---

① 王洪钧编著：《新闻采访学》，台湾正中书局1996年版，第178页。

② 相关介绍来自《自由时报》网站。

取自网站。台湾地区“三大报”中《中国时报》、《联合报》网站数据库由于检索时间的限制，不能检索到数月前“海棠”台风的新闻；而《自由时报》网上数据库可以查询到1年以上的新闻内容。《自由时报》尽管在政治立场上有浓厚的“台独意识”，这是我们坚决反对的，但通过有限的资料对比，可以发现，《自由时报》的自然灾害报道理念和过程基本能够展现台湾报纸该类报道的共性，具有代表性。当然，由于受到商业主义的渗透，《自由时报》对自然灾害以及其中的伤亡常有过分煽情的报道，这也是不能忽视的该报偏颇。

本书以两报网站在2005年7月13日（“海棠”台风形成时）至2005年7月23日，11天左右的时间内，有关“海棠”台风的新闻报道为研究对象。此处新闻报道限定在新闻消息和通讯、评论、读者来信等其他体裁样式的新闻作品不在研究之列。此时间段内涵盖了“海棠”台风的形成、在两地的登陆，过境全过程，2005年7月23日后相关报道很少。报道样本的采集和分析以“则”为单位。共搜集样本124则，其中《自由时报》87则，《海峡都市报》37则。由于所有样本来自各报网站，受到来源限制，报道的标题、版式等因素都不列入研究范围。本书仅从报道量及报道分布、报道形式、报道内容以及新闻源四个方面考察每份报纸在自然灾害（台风）发生的不同阶段媒体所承担的角色和功能，并比较海峡两岸灾难报道的异同（见图8－2）。

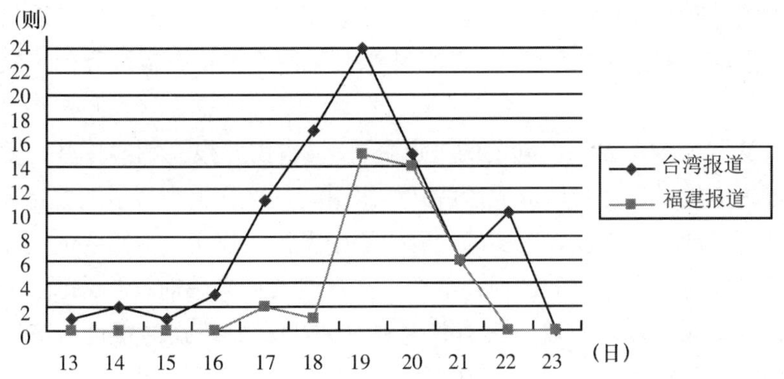

图8－2　两报“海棠”台风报道量及分布（2005年7月13日—7月23日）

三 比较分析

（一）报道量及分布

《自由时报》关于台风“海棠”的报道从2005年7月13日开始，在生活新闻版上题为《36.5℃ 北市超HOT》的消息中提到，“今年第五号台风‘海棠’昨天上午形成，距离台湾约三千公里，……依照目前大气环境看来，台风外围环流十七日将影响台湾，但对台湾陆地的威胁程度，则须视太平洋高压强弱，十五、十六日将是关键期，气象局正密切观察中”①。而类似的报道在《海峡都市报》中并没有出现，尽管在2005年7月19日的报道中提到：“‘海棠’出生于今年7月12日，早在本月初，省气象台就预报7月有一个强台风影响或登陆我省。气象部门的预报为什么有这么高的精确度呢？许金镜说，台风没诞生就能预报，主要归功于计算机的模拟演算，这项计算在我国已经比较成熟。”② 但直到7月17日，《海峡都市报》才采用了一篇新华社的稿件，开始第一次报道。新华社的稿件来自新华社浙江分社，题为《台风“海棠”可能明日登陆浙南闽中》，内容大都与浙江有关，除去当日天气预报新闻《今晚有阵雨降温开始了》，提醒出门带雨具外以及泉州新闻版（属于地方版，发行限于泉州地区——作者注）上《台风“海棠”可能威胁泉州》消息（437字）外，再无另外信息对“海棠”台风进行解读。第二天（7月18日）《海峡都市报》则刊登由10位记者署名采写的总计3000字左右的综合报道，题为《“海棠”极可能正面袭击我省》，才首次清晰提到“‘海棠’逼近福建”，预计登陆的时间是在7月19日凌晨到中午，首次正面报道离台风登陆时间不足24小时。

从“海棠”台风登陆前的报道来看，《自由时报》明显更胜一筹。首先，报道较早，在台风形成后就开始报道。其次，整个报道随着台风的运动和逼近展开，不仅在现实的预警提醒中发挥了作用，更重要的是让人们心理上同时有个适应的过程，不至于在自然灾害来临时发生恐慌。《海峡都市报》报道起步较晚，没有作有序递进的、追踪式的报道，第一次正式面向全省报道就是“正面袭击”，反差极大，不利于人们心理的接受，

---

① 许敏溶：《36.5℃ 北市超HOT》，《自由时报》2005年7月13日。

② 章微：《追问“海棠”三个为什么》，《海峡都市报》2005年7月19日。

也不利于个体调节心理的平衡，以平和、积极的心态面对灾害的发生。

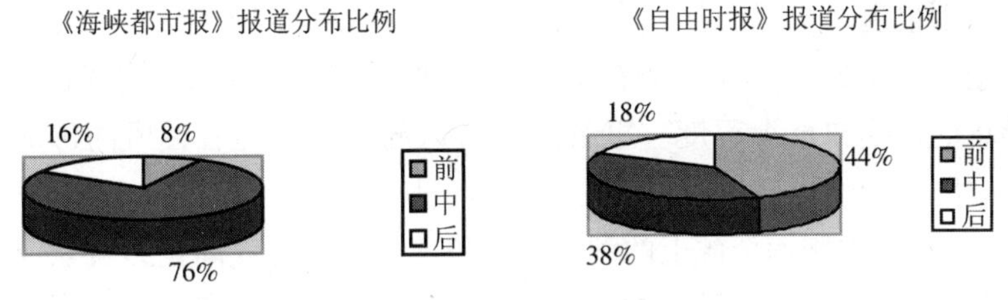

图8－3　两报“海棠”台风报道比例

在整个报道量的分布上（见图8－3），两报也差异明显。与《自由时报》相比，《海峡都市报》从台风登陆到台风过境的时间段内的报道比例明显偏大，达到总报道量的76%，而《自由时报》台风登陆前的报道和台风侵袭中的报道量基本相当，甚至略为高出5个百分点。尽管在编辑手法上有所差异，比如《海峡都市报》更倾向于运用整版报道形式，使用小标题来隔开每个分主题，而《自由时报》更多的是使用短消息的形式，但是总体上《海峡都市报》报道比例失调，对于台风预警的报道量不足，有改进的空间。

在台风预警的报道面上，《海峡都市报》尽管在7月18日的大篇幅报道中涉及众多的单位和组织，但是整个报道仍然不是十分细致，缺乏必要的细节。新闻内容多类似“省国土资源厅及时启动防灾预案，要求各地进行地质灾害的巡查、排查，加强对隐患点的监测，及时通报台风信息，在危险区域内设置警示牌。要求暴雨期间各矿山企业必须停止采矿，围垦等工程建设工地要停止施工”等，涉及单位仅限于各个厅局级别。而《自由时报》则把采写的重点放到更小的防灾以及灾害涉及的单位：《排洪　北市抽水站　准备好了》、《恒春机场关闭　北上塞车》、《土石流警戒 桃竹16村撤离》等，在《陆空交通　今天喊停》的消息中报道了台湾岛内各个航空公司的国内外航线运营状况，并提醒旅客退票等事宜。

（二）报道形式

对于“海棠”台风的报道两家报纸都动用了为数众多的记者，使用了巨大的版面资源。“海棠”台风的新闻不仅屡次出现在报纸的头版，在台风过境的时间段内，两家报纸还分别作了专题报道。《自由时报》在焦点新闻版以《强台海棠袭台——特别报导》为题，在7月19日、7月20日作专题报道；《海峡都市报》也在同样的时间里以《海棠来袭》为题作专题策划报道，与“海棠”在两地登陆及过境的时间吻合。

版序以及版面空间因素能够影响新闻的阅读率，继而影响读者对于相关信息的接受和重视程度。报纸对于台风的报道应随着台风的形成、逼近、登陆而调整报道的版序及安排适当的版面空间。纵观整个报道过程，《自由时报》在版面资源上的利用值得借鉴，甚至可以固化为台风或者自然灾害（可预期的）报道中版面使用的程序。在“海棠”形成时（7月13日至7月16日），在生活新闻版进行报道；随着台风的逼近，并确定在台湾登陆时（7月17日至7月18日），开始使用头版新闻+焦点新闻+生活新闻版；在台风登陆及过境的过程（7月19日至7月20日）中使用头版新闻+焦点新闻（专题报道）；在台风过境后第一天（7月20），使用焦点新闻，7月22日，版面报道回复到焦点新闻+生活新闻版。完成一次自然灾害报道的循环（见图8-4）。在此期间，有个新闻事件插曲，2005年7月21日第六号台风“奈格”形成，“离台湾还有四千余公里”（“海棠”是本年第五号台风——作者注），该内容在该报焦点新闻版上以《又有台风形成》为题进行报道；后来经过监测，台风对台湾没有影响，在7月23日生活新闻版又以《奈格确不来　班彦往北走》为题进行报道（“班彦”是本年第七号台风）。在台风侵袭期间又有台风形成无疑是民众关注重点；确定对本地没有影响后，该新闻的新闻价值降低，因此安排在次要的版面上报道。根据新闻价值的大小安排相应的版序，符合设置议程的传播学规律，符合人们接受心理，能够产生较好的传播效果。

两报在“海棠”台风的报道中，都使用了大量的图片，涉及内容比较丰富，既有台风来临时的情形，也有台风侵袭中的状况，更有台风破坏的情景。这里强调指出的是图示的作用，用图示预报天气首创于《今日美国报》（*USA TODAY*），有利于读者在最短时间了解天气在未来的变化。在台风来临或者登陆时，读者最感兴趣的是台风的行进路线，但是通过语言描述台风的登陆地点、时间、行进路线过于繁杂，对于那些缺乏地理、气候知识的人理解起来也有难度，因此图示不失为最佳选择，既符合科学报道客观性、准确性的要求，也满足大众直观、简化的阅读需要。从媒体实践来看，使用资讯图像（informational graphics）尤其是报社原创的图像是一个趋势，2002年美国报纸中接近五成（47.2%）报纸在每天的头版上平均都有 1 个资讯图像，而且有 44.6% 的报纸在过去五年内资讯图像的数目有增加。[①] 在此次报道中，台湾《自由时报》共计使用了 5 次图示，分别在 7 月 15 日一幅（距台两千公里，台风行径的预测）、7 月 17 日两幅（以往台风路线以及行进路线）、7 月 18 日一幅（登陆、过境路线图），7 月 19 日一幅（历来三个 360°旋转台风路线）清晰、直观地传递出“海棠”行进的信息。《海峡都市报》使用 3 次图示，内容是“海棠”登陆台湾（新华社发）；“海棠”登陆预计以及“海棠”出福建路线。

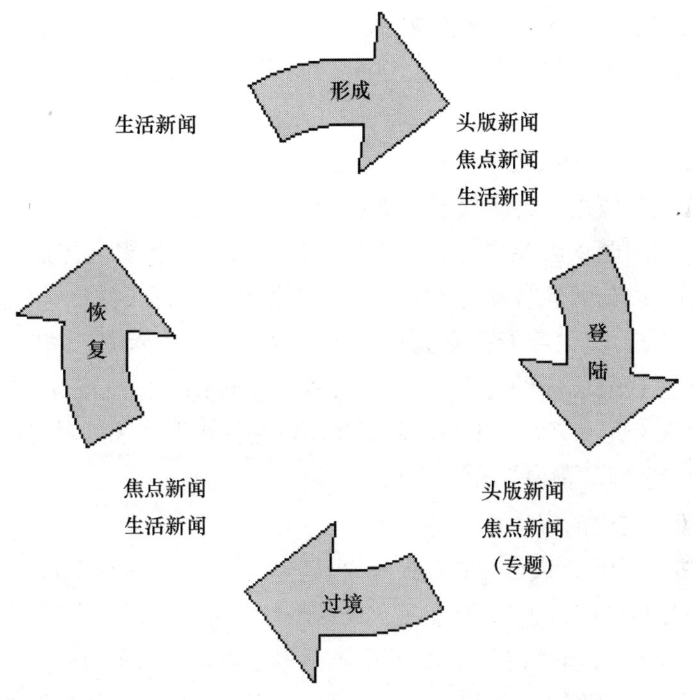

图 8－4　《自由时报》“海棠”台风报道中的版序变化

（三）报道内容

尽管灾祸的形式有所不同，但完备的灾祸新闻报道通常含有以下因

① 转引自周世丰《从竞争意涵解读苹果日报创刊前后国内三大日报在头版版面上之图像差异》，中华传播学会网站（www. ccs. nccu. edu. tw），2004 年年会论文。

素：死伤、财产损失、缘由、救护与救济、灾区景象、附带事件、法律结果。[①] 这些因素并不能在一篇报道中全部涵盖，通过连续的报道，可以将这些因素一一展现，提供读者一幅完整的新闻图景。比较两报的报道，尽管强弱有别，上述因素都基本涵盖。

与旧有自然灾害报道思路不同，《海峡都市报》此次报道表现还是较好地体现了客观性、科学性和人本性。原有自然灾害的报道模式在此次报道中体现得并不明显，这与报纸的属性、定位以及媒介环境的改进有直接的关系。《海峡都市报》关于“海棠”台风的报道整体上还是值得称赞的，在具体的报道细节上还需进一步提高、改进。通过两报对比，对于几个报道内容的细节问题进行比较分析，可以清晰地看出两报相关内容报道的一般模式。

1. 人员伤亡的报道

对于人员伤亡，新闻报道应该本着“精确”的原则，因为这是读者最为关心的问题，因此“在死伤名单中，对死者或伤者之年龄籍贯，应予以注明，以免同姓名者之亲属，遭受虚惊”[②]。《自由时报》报道方式基本遵循这个模式。“死者是永昌号大副王仲贤（五十六岁、基隆人）、失踪者是机匠钱宝成（约五十岁）”（《救援砂石轮　恶浪覆舟　1死1失踪》）；“六十九岁笋农萧来福逃避不及当场被活埋”（《洪水溃堤　南部处处淹大水》）。“海棠”台风在福建省没有造成死亡。

2. 善后内容的报道

“海棠”台风造成台湾农业损失36亿9398万元（新台币），在福建初步统计直接经济损失达26.33亿元。无论是台湾还是大陆，对于自然灾害中的善后内容尤其是农村善后工作都应该是报道重点，相关内容为灾区和其他地区读者共同关注的焦点，该项报道内容应该具体，方便救助者和需要救助者。《自由时报》关于善后内容分为两个方面，一是关于捐助事宜：《救灾包裹　邮局免费收寄》等；二是政府具体措施，《灾区临时工　将聘雇万人》等。《海峡都市报》没有对专门救助的报道，在7月20日报道中提到省委书记的指示；在7月21日《“海棠”卷走我省26.33亿》报道中涉及了损失情况以及交通的恢复，对于农村受灾的救助提及不多。

---

① 王洪钧编著：《新闻采访学》，台湾正中书局1996年版，第179—181页。

② 于衡：《新闻采访》，台北市记者公会出版社1970年版，第194页。

3. 事态报道的呼应

灾难报道是连续、动态的过程，这不仅是由自然灾害本身的规律决定的，而且在恶劣的环境中，一次性揭示所有事实真相，难度也是相当大的，需要连续性报道来陆续呈现自然灾害影响的各层面及程度。在自然灾害的报道中，报道要注意呼应，注意报道的衔接，比如在灾害中报道了交通的中断，那么在灾后应该有交通恢复的报道，在这一点上两报报道都做到了这一点。

自然灾害对于正常的社会秩序会产生巨大的影响，社会运行会因自然灾害的发生而调整或者受到损害，如人员迁移、交通管制、禁止外出、停水停电等。媒体对于社会运行轨迹的调整或者损害报道甚多，但是对于秩序的恢复往往报道得不完全，总是给人留下“悬念”。如《海峡都市报》7 月 19 日《10 级风中 10 万人大转移》中报道，“莆田已将受台风、强暴雨影响的沿海危险地带、船上、渔排、低洼地、危房、工棚及易滑坡地带的 10 万多名群众全部撤离并转移至安全地带，确保人员安全”。而灾后对于这 10 万人是否转回去没有相关报道。反观《自由时报》，7 月 20 日报道《四登山客失联　搜救未果》，在 7 月 21 日则回应以《南澳四登山客 获救下山》。报道有始有终，不留疑问，值得借鉴学习。

（四）新闻源

新闻源主要考察两个内容，一是新闻稿件的来源，另一个是新闻的信息源。从所选样本来看，两报的稿件基本上全部由自己的记者采写。台湾《自由时报》所有稿件均是由本报记者所采写；福建《海峡都市报》的稿件则有四篇来自外稿，其中第一篇报道来自新华社的稿件，第二篇来自《宁德晚报》供稿，另有两篇来自台湾媒体的消息。另外必须指出的是，《海峡都市报》的署名中有为数众多的通讯员，这也是大陆报纸的特色（见图 8 -5）。

对于消息源的考察能够判断媒体在灾难报道中与政府及其相关管理机构的关系。本书考察的消息来源分包括机构与人物职衔两类：消息的来源机构，即指新闻记者所引用的机构名称；人物职衔则指新闻消息人物被记者引用的身份。[①] 本研究中的消息来源分为三类，官方消息源、专业消息

---

① 臧国仁、钟蔚文、黄懿慧：《新闻媒体与公共关系（消息来源）的互动：新闻框架理论再省》，载陈韬文、朱立、潘忠党主编《大众传播与市场经济》，（香港）炉峰学会出版社 1997 年版，第 154 页。

源以及民间消息源。

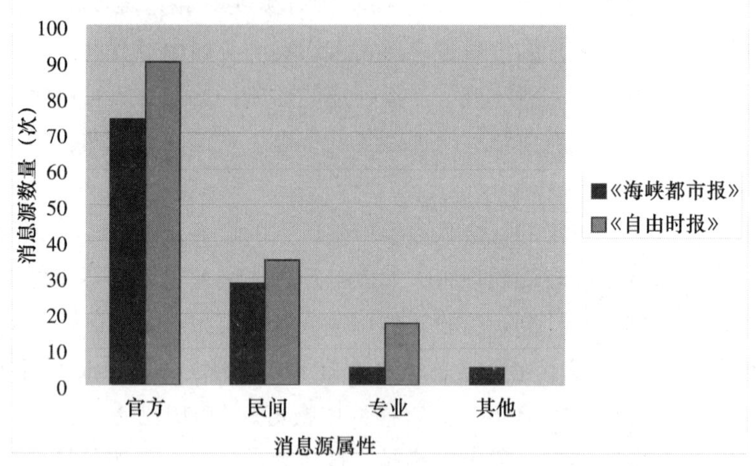

图8－5　两报消息源比较

通过统计发现，对于官方信息源的依赖是两报的共同特点，这说明在灾难报道中，媒体通常选择与政府合作的方式。从现实的角度，这种合作是应该也是必要的。无论是灾难的预防还是救助，都是以政府为主体协调进行的，政府掌握着大量的公共资源与公共设施，是自然灾害相关信息的主要提供者。相比之下，台湾媒体还是更加注重使用专业的信息源，作为官方信息源的补充和佐证，值得借鉴。与专业人士积极合作能够增进自然灾害报道中科学性，并平衡报道中科学性与通俗性之间的关系。

《海峡都市报》中其他的信息来源出现在有关“记者报道台风”（《我们差点被当成小偷》，2005年7月20日）的新闻稿件中，有报社从业人员（报社领导、本社媒体和其他媒体记者）的直接引语。

四　结论与借鉴

通过两报的比较与分析，《海峡都市报》关于此次台风的报道整体表现不错，但在两个“比例”上还有提高和改进的空间。其一是在整个报道中，预警新闻的比例偏少；其二是善后报道中，关于灾后状况报道的比例不足。

新闻媒体作为社会环境的守望者，预警是其基本的社会功能。《海峡都市报》应该在受台风影响之前进行充分的预警报道，从台风登陆时间来看，在福建登陆的时间是7月19日的下午5时，事实上，尽管没有登陆，在18日的下午到晚上某些地区风力就已经超过12级。报纸在18日之前应该提前预警，提醒广大市民如何进行防范，但从内容上来看，几乎没有相关内容。在有限的报道中，内容涉及较为宏观、不具体、缺乏指导意义。据中央电视台新闻频道报道，7月18日福州城内1/3广告牌被毁。此例就说明预警功能的缺失。整体报道中预警报道比例的失调和一贯的自然灾害报道思路有关，“关于地震、气象、洪水等可能造成重大影响的预报或预测，一般不作公开报道；需要报道时，必须经国务院有关部门批准，由新华社统一发布”①。在媒介预警报道上，大陆媒介倾向于与政府防灾救灾同步进行，媒体自身社会监测、社会教育的功能被忽略，因而报道中所涉及的往往是以行政单位为报道对象，针对公众个体的报道不多。

在善后报道中，对于受灾情况以及灾区人民状况报道甚少，在有限的几篇报道中，报纸将重点放到福州市内，对于其他地区尤其是农村的受灾状况的善后及救助几乎没有涉及。从7月21日的统计来看，福建全省有36个县受灾，受灾人口达213.41万人，紧急转移86.3万人，4个县城受淹。其后几天内，福州市之外的受灾情况在此后的报道几乎没有。灾后报道的缺失首先对于整个灾难报道的完整性是个硬伤。纵观整个报道过程，似乎总是留有“尾巴”。前面报道了人口转移、县城受淹、农田被毁等状况，后面却只字不提恢复与救助状况。前后报道没有形成呼应，给读者留下悬念。其次是缺少对于灾区尤其是农村灾区情况的报道，这对于灾区救助影响很大。在灾情发生后，媒体应该履行社会动员与社会协调的作用，传递相关信息是动员社会进行捐助、救济的基础。在《海峡都市报》的灾后报道中，关于捐助、救济事宜的相关报道甚少，由此整个报道过程呈现两头小、中间大的现象，结束得非常突兀，媒体没有履行在灾后恢复中应该担当的社会职责。最后灾后报道的缺失不利于整个防灾救灾体系的建设。社会警觉性较差，公民缺乏自救、救护的防灾意识和能力，是我国应急管理中存在的一个重要问题，与发达国家的差距很大。对于灾后情况进行报道，对于其中的经验教训进行总结，这本身就是一次非常好的普及救

---

① 引自《国务院办公厅、中宣部关于改进突发事件报道工作的通知》，1989年1月28日。

灾、防灾知识的机会，对提高公民整体应对自然灾害的水平大有裨益。此外对于在救灾中出现的不和谐因素如管理水平、工程质量问题也要进行舆论监督，避免下次台风到来时，同样的事故再次发生。灾后情况报道不足凸显媒体在灾难救助方面“人本”思想的失位。“坚持以人为本”作为基本原则写进各级政府的应急预案，应急机制其目的不仅仅是为了处理事件，其根本目的是为了人的生命、健康和幸福。对于广大农业人口而言，台风带来的不仅是生活不便、交通受影响，更重要的是台风会损毁他们赖以生活甚至生存的基础，对于他们而言，灾后的重建与救助最为关键。对于这些最需要帮助的人们，媒体不能熟视无睹，应该投入关怀、给予温暖、施以援手，这是大众媒体应该承担的责任。

通过对两报的比较，《自由时报》在以下几个方面对于台风的报道值得大陆报纸借鉴。（1）在自然灾害发生前，加强预警报道力度，能够强化公众对于灾害的准备，继而减少损失。（2）在报道形式上，按照自然灾害发生、发展的规律和公众心理接受的规律，循序而为，科学报道。（3）在报道内容上，伤亡报道应准确翔实，便于识别。报道前后呼应，有始有终。善后报道强调服务性、指导性，相关报道应细致体贴。（4）在新闻源的选择上，积极与专业人士合作，处理好报道科学性与通俗性之间的关系。学习借鉴其他媒体，对于自身报道的总结改进能够革除过往自然灾害报道中存在的弊病，提升媒体公信力，对于整个社会自然灾害预警体系的建设也深具意义。

对于台湾报纸的自然灾害的报道思路，我们也必须秉持扬弃的观点，媒体商业主义的渗透，使得台湾媒体对于灾难的报道过分渲染、夸大灾情和死难状况，此种做法有违新闻职业精神，我们不仅不能效法而且在媒体实践中要避免类似做法。

我国政府及相关部门对于自然灾害的报道程序以及报道内容有着相当详尽的规定。有些内容对于维护社会稳定、保障新闻的科学性和精确性十分必要；但是有些规定制定时间过于久远，明显表现出与社会发展、民主进程以及媒体环境不适应的一面。政府相关部门需要在新环境下重新衡量相关规定的必要性、科学性和适用性，以利于及时、高效、系统的自然灾害报道机制的建立。2005 年 9 月 12 日，国家保密局、民政部宣布因自然灾害导致的死亡人员总数，不再作为国家秘密事项，让我们看到政府在这方面的努力与进步。新闻政策、新闻法规必须与时俱进，和社会发展、社会需求保持同步。

第三节　汶川震灾报道中人文关怀的“摇摆”[1]

2008 年 5 月 12 日 14 时 28 分汶川发生 8.0 级大地震，举国之殇。面对这次重大灾害考验的不仅是灾区和全国人民，它对媒体来说也是一次大考。在这次地震报道中，媒体表现出了前所未有的专业主义，倾注了令人感动的人文关怀，体现了高度的敬业精神，这次报道是中国突发灾难事件报道的一个里程碑，媒体成为抗震救灾中不可或缺的力量。然而，在人文关怀的体现上，仍存在的一些冲突，值得我们反思。

人文关怀源自 14 世纪到 16 世纪欧洲文艺复兴时期的“人文主义”，以反对宗教蒙昧主义为逻辑起点，提倡关怀人、尊重人和以人为中心的文化思潮。其核心是对人的生存状况及历史境遇的关注，对人的尊严、人的价值及对符合人性的生活条件的肯定和对人类的解放与自由的追求。[2] 对媒体来说，所谓人文关怀，简单地说，就是以人为本，尊重人、理解人、关心人，将人作为考察一切事物的中心的价值取向。应该说，关注最大多数的人尤其是关注弱势群体，了解人、尊重人、关心人、满足人的需求一直是近年来媒体的重要议题。[3] 灾难新闻报道中的人文关怀体现在报道中以人为中心，而不是以“事”为中心，尊重人、理解人、关心人，给人特别是受灾的人以终极关怀，关注他们的个体存在、物质需要、精神状态和人身价值等，通过媒体对伤痛者进行体恤与慰藉。

在汶川地震报道中，媒体所倾注的人文关怀是前所未有的：真实负责记录现场，传播的人性化，尊重公民的知情权，积极引导舆论形成社会共识。然而，真理前进一步就成为谬误。人文关怀的体现同时也可能造成人文主义的缺失，在二者之间的转换非常容易。最能体现人文关怀的地方同时最容易造成人文关怀的缺失，一旦掌握不好分寸，就会导致人文关怀的缺失，给人造成伤害。本书从此次地震报道中出现的个案出发，研究人文关怀的体现与缺失之处，并试图探讨在灾难报道中如何体现媒体的人文关

---

① 本部分内容由滕朋指导，高广童、王璐、余虹姗、刘春、罗炆婷平执笔完成。

② 参见苑书文、贺向东《人文关怀：新闻媒体的理念追求》，《河北师范大学学报》（哲学社会科学版）2004 年第 5 期。

③ 胡忠青：《人文关怀：媒介传播的核心理念》，《太原师范学院学报》2006 年第 7 期。

怀的理论原则。

一　追求新闻还是配合救援

作为一个新闻工作者，当事件发生时，他的职责就是及时、真实地报道整个事件的全过程。当这次重大灾难发生时，新闻记者做到了第一时间对此次灾难进行负责任的报道。面对大灾难，记者们反应迅速，及时地将灾区情况告知受众，新闻媒体在救援工作中功不可没。并且正是由于媒体真实、及时的报道才使灾情真实地反映在受众眼前，消除了受众的疑虑，在灾难发生后对于消除恐慌、稳定社会，增强民族的凝聚力起了重要作用。本次汶川地震报道相比起1976年唐山大地震，2003年“非典”的报道无疑是成功的，它体现了近些年来我们传媒在报道过程中人文关怀的理念。

人文关怀就是以人为本，在灾难报道中，更要关心人，尊重人，帮助人。但是在灾难性报道中这种人文关怀亦是最难把握的，有些记者的做法也凸显了人文关怀的缺失。

2008年5月15日下午，某电视台直播一场已进行了好几小时的现场救援，一个女性被压在废墟已近72个小时，她的下身被垮掉的一段楼梯和水泥楼板紧紧压着。女主持拿着话筒大声地、不停地向观众说着观众已在画面中看到的情景。她频繁穿梭在救援现场，并时不时打断医务人员、救援人员，让他们停下救援工作来回答她提出诸如“你给她输的是生理盐水吗?”“现在救援难度大吗?”之类的问题。①

2008年5月16日晚，俄罗斯救援队刚救出一名幸存者时，周围的记者一窝蜂地拥上前去对着幸存者拍照摄像，这令俄罗斯的救援人员感到十分生气，因为幸存者此时不宜接触强光。

2008年5月18日，央视直播的抗震救灾特别节目中，主持人连线在北川抢救现场采访的记者徐波，询问现场抢救伤员情况。现场记者徐波提出要去救助伤员的手术现场进行采访，一位护士放下手中的工作为徐波穿戴防菌服。徐波进入手术现场后，不仅打断了正在手术的医生的工作，而且不小心让话筒碰到了医生，那名正在做手术的医生大声指责他：“你把我的衣服弄脏了，让我怎么工作?”

---

① 唐远清：《汶川地震报道中的新闻伦理反思》，《当代传播》2008年第4期。

事实上类似以上记者因为报道新闻妨碍救援工作的例子还很多，以致在救援工作时也发生了悲剧，如陈坚事件，以及卧龙自然保护区公安分局副局长王刚为救一名记者被直升机尾部击中，壮烈牺牲。

在地震发生后，媒体的快速反应对救援起到了很大的作用，但是在这种特殊情况下，当记者秉持“报道大于一切”的观念，仅仅注重负责真实记录现场、传播信息，就很有可能干扰现场的救援活动。此时媒体应该把握好尺度，分清孰轻孰重，当报道与救援发生冲突时，作为社会的良知，记者应该坚持救援第一，生命第一，不能为了报道新闻而影响救援工作。另外，记者也要懂得一些基本常识，并听从现场专业人员的指挥，配合救援工作。如为了保存幸存者的体力，应该避免对其进行采访；幸存者在获救时，要避免光线的照射，记者在这种情况下不要对其摄像或拍照；在手术室这种救治伤员并要保持清洁的地方，记者要避免进入以免妨碍治疗工作并且将细菌带入，造成不必要的麻烦和伤害等。真理与谬论往往就在一线之间，媒体只有在报道过程中明确界线，才能处理好二者之间的关系。

二　报道追求人性化还是煽情性

在本次汶川地震报道中新闻媒体对各方面信息的传播更具人性化，更多的是将焦点对准了人。报道的及时，平民视角的多方展现，全面而丰富的内容，对人的精神的抚慰和赞扬，让我们看到了媒体浓浓的人文关怀。

2008 年 5 月 12 日 14 时 46 分，新华网就发出快讯，是大陆发布地震信息最早的媒体，各电视台、广播电台和报纸紧随其后，陆续开始报道。新闻频道在 15 时“整点新闻”中，“头条”“口播”汶川大地震消息；此前，还以字幕形式公布了地震消息；15 时 20 分，停止新闻频道各栏目的正常播出、停止各时段的广告播出——推出突发事件现场直播。同时，各个地方电视台，广播电台都迅速跟进，进行抗震救灾报道。在这之后的十几天，大量前线记者都在不断提供来自灾区的消息，广播、电视、报纸、网络、手机等各媒体纷纷开设抗震救灾专题，对抗震救灾进行了前所未有的大规模报道，公布死亡人数，关注营救进程。

这次报道国内媒体更多地将镜头对准了普通人，不再以“事”为本和以“领导人”为本，不再和以往的灾难报道一样只报道事件的状况进展，不再只重点关注领导人的指挥救灾、探望受灾群众以及发表的讲话等。汶川地震报道中，地震的受害者和救援者主要由普通人构成，老百姓、士兵、医生、志愿者，他们成了报道的中心和主体。死亡数字只是一个符号，而一个生命的离开却会震撼心灵。这是媒体对人、对人的生命和尊严的关注。

抚慰和赞扬人的精神是人文关怀的深层体现。地震发生后，对人的精神抚慰给了灾区人民继续生存下去的勇气和力量。除了对抗震救灾进展的介绍，各种媒体都在挖掘抗震救灾中新鲜美好的主题，报道感人的事迹，弘扬灾难中的人间真情，同时也为受灾群众提供心理援助，在帮助国民恢复信心方面也起到了重要作用。媒体将一张张悲伤而坚强的脸庞被传播到了全国各地，在寄托哀思的同时，民族的凝聚力也空前增强，使全国人民在悲痛中凝聚起了不屈的力量。

诚然，媒体在很多方面都倾注了人文关怀，但是我们仍能看到一些矛盾与不足。在关注人、关怀人的基础上，一些媒体在报道中却过于注重细节，用煽情的手法报道灾难，导致了人文关怀的异化。

在大地震的报道当中，对无辜的人们所遭遇的种种不幸，生发出一定程度的悲悯情感，表达对同胞的关注，这是受众对灾难报道的正常反应，也是灾难报道所应具有的情感表现。① 而媒体作为信息的选择者、传播者，应当充分考虑灾难事件的特殊性，它具有巨大危害性，其报道的情感基调也应该是严肃而沉重的，把握好受众以及被访者的心理状态是此类报道中所必须要考虑的。灾难事件中过于恐怖、残酷、血腥的场景在媒体刊播后，同样会引起受众的紧张、不安、焦虑等心理，给他们带来不必要的压力。② 但是，很多媒体或记者受西方新闻观念即“坏消息及好新闻”的影响，把灾难新闻当成招徕受众、增加“卖点”的“好”机会，在报道中采取了突出、渲染灾难事件离奇性、煽情性元素的操作方式，使得报道过于媚俗化。

这种对灾难事件煽情性的报道主要表现在三个方面。

（1）对惨状进行不遗余力的渲染，在地震中出现的大量惨不忍睹的图片，极具煽情色彩，让读者心寒更让死者亲属悲伤。网络上大量极具现场感的新闻图片都严重伤害了受众（特别是灾区受众）的感情。如直接

---

① 刘鹏：《灾难报道中的人文关怀》，《新闻记者》2005 年第 1 期。

② 同上。

拍摄尸体的，如在废墟下伸出一只手等待救援的孩子的照片，让人感到绝望无比，也有不少人质疑：记者在当时怎么能忍下心不住地拍照而不是想方设法地帮助救援？

（2）“真情报道”式的采访，以诱导遇难者的家属和幸存者回忆痛苦经历为主要方式，这种对悲剧场景的再现使本来就不幸的他们遭受更加严重的精神伤痛。例如，2008 年 5 月 17 日凌晨，某台记者在得知失去了父母和女儿的女民警蒋敏仍在救援现场坚守岗位。记者采访她失去亲人后的情况后，又问她怎能在痛失亲人后还能拼命工作。蒋敏十分悲伤时，记者仍继续追问：“有时候，看到救出的这些老人和小孩的时候，你会不会想到自己的家人？”蒋敏越发悲伤地回答：“会想起，一切都会想起。”不久，蒋敏便因悲伤过度而昏倒。再如某台记者问一个哥哥已被埋在废墟里的小男孩这样残忍的问题：“哥哥还会回来吗？”男孩幻想着回答“会回来”，而记者却逼问：“说实话。”试问有谁在承受这么巨大的身体和心灵伤害之后，还要面对镜头无数遍地回忆痛苦，压力重重，这样过度的“人文关怀”反而让广大受众反感。

（3）频繁集中采访幸存者、遇难者家属、救援人员，既造成对受灾者的二次伤害也妨碍救援人员集中精力进行援救。[①] 例如，“乐观娃”思雨，被埋废墟十几个小时后，一直唱童谣鼓励自己等待救援，获救时心理极度脆弱，仍然不停地唱歌……然而，闻讯赶来的记者们频繁采访，让孩子一遍遍讲述当时的悲惨情景，导致孩子情绪逐渐失控，开始在医院里大喊大叫，拒绝任何人接近。医院明确答复：“拒绝记者采访，理由是孩子们已经面对了太多的镜头和闪光灯，他们身心疲惫，严重影响到他们的治疗。”

在某台赈灾晚会上，主办单位把为救 4 个学生而英勇献身的谭千秋老师的母亲请到了现场。刚经受丧子之痛的老母亲被主持人的采访触动伤心事，悲痛至极，长时间泣不成声。

媒体在展示灾难中的弱势群体状态以引起关爱与同情，在讴歌英雄如一些顽强的幸存者、舍己救人的遇难者、不顾个人安危的救援人员以号召群众向其致敬学习，这样的报道的确动人，但如果泛滥的话，反而导致抵

---

① 唐远清：《汶川地震报道中的新闻伦理反思》，《当代传播》2008 年第 4 期。

触反感情绪。①

人文关怀被誉为人类苦难的“温柔抚摸者”②，但是在灾难报道中过于关注细节、传播细节则很有可能会伤害人的尊严，甚至对当事人和一些受众造成无法挽回的伤害。因此，笔者建议在救援现场多采取更“人性化”的采访报道方式，体恤和慰藉伤痛者，避免对他们进行二次伤害，让受灾者能够尽快回归平静安宁的正常生活。

三　是慈善发起还是道德胁迫

突如其来的汶川大地震，多少生命的逝去，孰能无动于衷？媒体要如何在这种情况下尽到自己的职责？因重大灾难而起的公益性慈善活动中，媒体必须清楚自己所扮演的角色是什么。是发起慈善和爱心呼吁，让慈善成为一种美德和社会文化，还是进行道德胁迫，只是物质的索要？

汶川地震中，尤为可贵的是各大传统媒体和网站，都以人文关怀为报道理念，积极引导舆论，通过报道灾区内外的感人事迹，筹办慈善晚会等方式来发起慈善号召，筹集善款和救援物资，为生者寻找亲人。不管是在传统媒体还是网络媒体上，都可以看到举国上下，海内外人士，各企事业单位乃至普通老百姓纷纷献爱心的感人事迹。每个人都在以自己的方式，凭借自己的能力告慰逝者、安慰生者。在媒体广泛的宣传和报道下，很快使爱心和慈善成为中华儿女共呼吸的气息。

然古语说物极必反，最能体现人文关怀的地方也最容易出现人文关怀的缺失。令人痛心的是，就在举国哀悼，全民救援时，一些媒体不顾事实真相和客观原因，只是以自己的主观道德标准，连篇指责，质疑“某某怎么没有捐款，某某怎么捐得那么少”。尤其是网络媒体，越过自己的职责，大搞捐款排行榜，将慈善等同于捐款。用捐款数字的多少衡量企业和个人的道德。踩着慈善的贵躯，去绑架别人的“道德”，殊不知道德源于认同而不是胁迫。一些名人、名企不知不觉被推到了舆论的浪尖。他们的收入和捐款的数目成为众多媒体研究和报道的内容。“姚明，请不要忘了你还是个中国人!”，“麦当劳，滚出中国去!”等这样的辱骂声充斥着各网站和论坛。很多媒体更是不加分析只顾跟风转载。在这次灾难后，因为

---

① 唐远清：《汶川地震报道中的新闻伦理反思》，《当代传播》2008 年第 4 期。

② 莫凡：《试论灾难报道的人文关怀》，《新闻界》2006 年第 1 期。

一些媒体热炒“捐款数额”，房地产巨头万科所遇到的危机，让万科和万科员工也成了意外受害者，其老总王石更是被媒体和网友以道德的名义批得狗血淋头。刘德华、翁虹、刘翔、姚明等诸多明星，送出爱心后，却换回媒体的拷问和辱骂。

斯密说，“仁慈总是不受约束的，它不能以力相逼”，捐款是慈善的，但不能说慈善就等于捐款。捐款是自愿性行为，是一种社会公益，不是对富豪的清算。捐赠与否和数额大小首先是企业和个人的自由，不能用统一的道德准绳去要求和衡量每一个人，因为企业和个人没有捐赠或者捐赠数额较少，就从道德上加以斥责、鄙视、拷问，进行抵制和谩骂。斯密在《道德情操论》中写道，“我们经常可以通过静坐不动和无所事事的方法来遵守有关正义的全部法规”。和普通人一样，媒体从业者可以悲天悯人、感同身受，可以捐款捐物，但是作为社会环境的监测和协调者，更不能越过自己的职责，只是迁就受众情绪，唯受众喜好是从，做出非理性的报道，从而为一些网民的逼捐狂潮推波助澜，这样做是对富有同情心的捐助者的伤害，而此时他们需要得到的是媒体的支持，而不是谩骂和质疑。

“赈济灾区同胞，携手共渡难关”的号召发自内心。捐款，是爱心自觉，不是道德要挟；捐款倡议，是爱心呼唤，不是道德勒索。媒体，在公益性慈善事业中，要做的是及时客观地报道灾情发展情况，反映救援需要，呼唤爱心，发起慈善，让每个人知道自己可以做些什么且是自愿的。我们需要的是呼吁而来的爱心，若跨过这个点，就是在勒索人们的道德底线。媒体不能以道德的名义绑架名企和名人，再要他们用金钱和受伤的心去赎回“道德”。

四　注重信息数量还是信息质量

全国各大媒体在地震发生的第一时间，深入震区报道灾区一线的新闻，其反应之迅速，传播的信息量之大令人叹服。

汶川大地震发生不久，报纸、电视、广播、网络等各种媒体都在第一时间进行了及时详尽的报道。并且各大媒体对这场灾难的破坏程度、伤亡人数、影响范围和救灾工作的开展进度都进行了持续的关注；随着抗震救灾工作的有序进行，媒体的报道重点则放在了如何安置灾民、灾民的损失和心理创伤、灾区所需要的物资，以帮助人们了解到灾区的真实面貌，并发动各界为灾区提供帮助。

地震发生后，央视立刻派出强大采访阵容奔赴灾区，并以24小时滚动播出的办法让受众随时了解灾区的情况。而地方媒体如《华商报》、《陕西日报》、《西安晚报》等的果断调整版面，大篇幅、全方位报道地震灾情。除及时地报道灾难外，人民网、新浪网等各大门户网站都设立了“寻亲热线”，启动了灾后心理干预，使传播和接受，社会与个人，获得严格意义上的心态同步。

但是，一些媒体对于灾区的信息没有经过严格筛选和处理，更多专注于满足受众的感官需求，受众喜欢的就大量制作，受众不喜欢的就减少或不做，导致了信息的质量不高。

例如，《华西都市报》的《专家称猪长时间存活有可能》一文，对一头在地震中被埋了45天的猪进行了大篇幅的报道。这头猪就是后来举国闻名的“猪坚强”。之后，许多媒体对“猪坚强”进行了连篇累牍的毫无意义的报道：分析“猪坚强”活了这么久的原因，剑川博物馆收藏了“猪坚强”等。

再例如，媒体还对明星们赈灾活动场面大肆渲染，将严肃的灾难新闻娱乐化，报道些花哨琐碎的细节，只是为了吸引读者的注意力，而非关注慈善本身。

汶川地震的报道在信息的透明化程度上有了很大的提高，同时许多媒体报道展现了大美与大爱。地震中奋勇救人的解放军，不顾自身安危亲临灾区的国家领导人，坚强求生的受灾者，热心勇敢的志愿者等这一系列的报道都感动了亿万观众。然而对地震中所暴露的问题，多数媒体没有及时进行报道，没有发挥出大众传媒的监测环境，进行舆论监督的基本功能。受众对负面信息同样具有知情权，媒体忽略负面信息的报道在某种意义上是对受众知情权的剥夺。《南方周末》等少数媒体报道了一些汶川地震过程中所暴露出的“阴暗面”，如2008年5月22日和5月29日的《南方周末》中关于灾区偷盗现象的报道、灾民对学校校舍等建筑物建筑质量的质疑、有人假借救灾之名为自己牟取利益等。同时《南方周末》的这些报道也遭到了一些人的质疑，甚至有些人认为《南方周末》成了西方反华势力的帮凶。通过30余年来中国灾难新闻报道的历史考察，我们可以发现，对报道美还是反思丑的冲突，事实上是灾难报道中的新闻价值观冲突。将围绕《南方周末》所展开的争论，放置在30余年来中国灾难报道的历史维度中，我们会发现关于地震报道的伦理冲突，其本身就是中国灾难报道和评论的进步。[①]

在汶川地震报道中，可以看到一些媒体的人文关怀的缺失。在灾难报道中如何报道、如何把握好报道的度才能更好地体现人文关怀是值得我们思考的。媒体在灾难报道中应该配合救援，不应该为了追求新闻而干扰救援工作；应该追求人性化而不是煽情化；应该发起慈善但不应对人们进行道德胁迫；在注重信息数量的情况下要追求更好的信息质量，以人性化视角抚慰灾难中的人们，进行更加有效的新闻传播，彰显媒体的人文关怀，使媒体成为人类苦难的“温柔抚慰者”。

本章小结

如何对突发事件进行有效的传播，对媒体、公众、政府都是个具体而又细致的工作，在实践中，体现的绝非仅是某些原则和口号。如何利用大众传播来避灾、救灾、进行灾害教育，对全社会都是个非常现实和迫切的课题。对于媒体而言，需要建立新闻应急机制，应急机制首先要合乎的是灾难本身的演变规律。新闻与社会的密切互动，要求我们必须将某些新闻理念渗透到具体的报道行为中去，例如如何报道才是真正的人文关怀。媒体的言行不一对社会而言同样是一场“灾难”。

---

① 胡菡菡：《汶川地震报道中若干冲突浅析》，《新闻大学》2008 年第 3 期。

参考文献

中文类

[1]［澳］罗伯特·希斯：《危机管理》，王成、宋炳辉、金瑛译，中信出版社 2004 年版。

[2]［法］加布里埃尔·塔尔德、［美］特里·N. 克拉克：《传播与社会影响》，何道宽译，中国人民大学出版社 2005 年版。

[3]［加］文森特·莫斯可：《传播政治经济学》，胡正荣等译，华夏出版社 2000 年版。

[4]［美］G. 奥尔波特：《谣言心理学》，刘水平等译，辽宁教育出版社 2003 年版。

[5]［丹麦］詹森、［荷兰］扬科夫斯基：《大众传播研究方法——质化的取向》，唐维敏译，五南图书出版公司 1996 年版。

[6]［美］维曼、多米尼克：《大众媒体研究导论》，黄振家译，新加坡商亚洲汤姆生国际出版有限公司 2003 年版。

[7]［美］埃里克·M. 艾森伯格、小 H. K. 古多尔：《组织传播——平衡创造性和约束》，白春生等译，北京广播学院出版社 2004 年版。

[8]［美］丹尼斯·K. 姆贝：《组织中的传播和权力：话语、意识形态和统治》，陈德民等译，中国社会科学出版社 2000 年版。

[9]［美］凯瑟琳·米勒：《组织传播》，袁军等译，华夏出版社 2000 年版。

[10]［美］劳伦斯·巴顿：《组织危机管理》，符彩霞译，清华大学出版社 2002 年版。

[11]［美］罗伯特·丹哈特：《公共组织理论》，项龙、刘俊生译，华夏出版社 2002 年版。

[12] [美] 诺曼·R. 奥古斯丁:《危机管理》，北京新华信商业风险管理有限责任公司译校，中国人民大学出版社 2001 年版。

[13] [美] 斯蒂格里茨:《自由、知情权和公共话语——透明化在公共生活中的作用》，宋华琳译，《环球法律评论》2002 年秋季号。

[14] [美] 斯蒂文·小约翰:《传播理论》，陈德民、叶晓辉译，中国社会科学出版社 1999 年版。

[15] [美] 沃纳·塞佛林、小詹姆斯·坦卡德:《传播理论：起源、方法与应用》，郭镇之等译，华夏出版社 2000 年版。

[16] [美] 吴量福:《运作·决策·信息与应急管理》，天津人民出版社 2004 年版。

[17] [美] 伊恩·I. 米特若夫、格斯·阿纳戈诺斯:《危机：防范与对策》，燕清联合传媒管理咨询中心出版社 2004 年版。

[18] [美] 道格拉斯·C. 诺思:《经济史中的结构与变迁》，陈郁、罗华平等译，上海三联书店 1994 年版。

[19] [日] 蒲岛郁夫:《政治参与》，解莉莉译，经济日报出版社 1989 年版。

[20] [英] 安东尼·吉登斯:《社会学》，赵旭东等译，北京大学出版社 2005 年版。

[21] [英] 丹尼斯·麦奎尔、[瑞] 斯文·温德尔:《大众传播模式论》，祝建华、武伟译，上海译文出版社 1997 年版。

[22]《学习时报》编辑部:《国家与政府的危机管理》，江西人民出版社 2003 年版。

[23] 安贞元:《人民公社化运动研究》，中央文献出版社 2003 年版。

[24] 鲍勇剑、陈百助:《危机管理——当最坏的情况发生时》，复旦大学出版社 2003 年版。

[25] 藏国仁:《新闻媒体与消息来源——媒介框架与真实建构之论述》，台湾三民书局 1999 年版。

[26] 曹金娣:《采写内参稿也是记者的一项工作》，《传媒观察》1996 年第 3 期。

[27] 曹石:《灾害报道与“成就语言”》，《中国记者》2000 年第 5 期。

[28] 陈春花、段淳林:《中国行政组织文化》，华南理工大学出版社 2005 年版。

[29] 陈东林：《从灾害经济学角度对“三年自然灾害”时期的考察》，《当代中国研究》2004 年第 1 期。
[30] 陈合权：《社会突发事件与政府应急管理——兼论中国政府危机管理体系的构建》，《西南民族大学学报》（人文社会科学版）2005 年第 12 期。
[31] 陈力丹、陈俊妮：《松花江水污染事件中信息流障碍分析》，《新闻界》2005 年第 6 期。
[32] 陈培：《化消极因素为积极因素——南方日报的抗洪救灾报道》，《新闻战线》1959 年第 14 期。
[33] 陈世敏：《大众传播与社会变迁》，三民书局 1983 年版。
[34] 陈迅、王澍文：《危机决策》，甘肃文化出版社 2001 年版。
[35] 陈燕：《对地方党报如何做好内参报道的思考》，《新闻界》2003 年第 6 期。
[36] 陈月生：《群体性突发事件与舆情》，天津社会科学院出版社 2005 年版。
[37] 陈泽伟、王玉娟：《〈突发事件应对法〉解读：最大限度保证民主自由》，《瞭望新闻周刊》2006 年 4 月 17 日。
[38] 程曼丽：《政府传播机理初探》，《北京大学学报》（哲学社会科学版）2004 年第 2 期。
[39] 代婷婷：《突发事件报道的控制平衡》，《今传媒》2005 年第 4 期。
[40] 戴邦：《在防汛救灾报道中我们学到了什么》，《论社会主义新闻工作》，人民日报出版社 1983 年版。
[41] 戴元光：《现代宣传学概论》，兰州大学出版社 1992 年版。
[42] 单波：《20 世纪中国新闻学与传播学 · 应用新闻学卷》，复旦大学出版社 2001 年版。
[43] 当代中国的新闻事业编辑部：《当代中国的新闻事业》，当代中国出版社 1997 年版。
[44] 邓利平：《负面新闻信息传播的多维视野》，博士学位论文，中国人民大学，电子版，2001 年。
[45] 邓云特：《中国救荒史》，上海书店出版社 1984 年版。
[46] 丁柏铨：《新闻理论新探》，新华出版社 1999 年版。
[47] 丁希凌：《坚持报纸工作的两条路线斗争》，《新闻战线》1958 年第

10 期。
[48] 董伟:《人生写意》，中国广播电视出版社 2005 年版。
[49] 杜骏飞：《从“广州非典型肺炎事件”看传播危机》，中国新闻研究中心，2003 年 3 月 3 日。
[50] 范力:《科技宣传重在把好“三关”——浅议科技新闻的真实性与公信力》,《甘肃科技》2004 年第 12 期。
[51] 方汉奇:《中国新闻事业通史》（1—3 卷），中国人民大学出版社 1999 年版。
[52] 方汉奇、陈昌凤:《正在发生的历史：中国当代新闻事业》，福建人民出版社 2002 年版。
[53] 房华、吴瑞甫：《内参报道强化转轨期舆论监督》，《青年记者》2002 年第 12 期。
[54] 房宁、贠杰:《突发事件中的公共管理——“非典”之后的反思》，中国社会科学出版社 2005 年版。
[55] 冯丽:《突发公共卫生事件应急过程中的公法思考》,《山西省政法管理干部学院学报》2007 年第 1 期。
[56] 复旦大学历史地理研究中心主编：《自然灾害与中国社会历史结构》，复旦大学出版社 2001 年版。
[57] 甘惜分:《新闻理论基础》，中国人民大学出版社 1982 年版。
[58] 甘惜分:《新闻论争三十年》，新华出版社 1988 年版。
[59] 高狄:《经济宣传的宏观把握》,《新闻战线》1991 年第 7 期。
[60] 高建国：《1867 年以来中国新闻媒体公布地震信息简史及发展趋势》,《国际地震动态》2003 年第 9 期。
[61] 高庆华:《灾害学导论》，湖南人民出版社 1998 年版。
[62] 高瑞平:《试论传统文化对我国管理的影响》，《山西煤炭管理干部学院学报》2004 年第 4 期。
[63] 高山：《矿难背后的“煤腐败”》，《中国青年报》2006 年 6 月 30 日。
[64] 高世屹:《政府危机管理的传播学研究》，博士学位论文，中国社会科学院，电子版，2004 年。
[65] 高云才:《关于内参报道的思考》,《新闻知识》1994 年第 6 期。
[66] 葛玲、辛逸：《政策偏向与 1959—1961 年农村饥荒——以粮食分配

政策为中心的考察》，《二十一世纪》2006 年 10 月号。
[67] 葛逊：《九江狂澜》，海风出版社 1998 年版。
[68] 宫秀川：《国际上现代传媒在社会危机管理中的作用》，《哈尔滨市委党校学报》2004 年第 1 期。
[69] 古开法、徐斐：《自然灾害的电视报道》，《浙江社会科学》1994 年第 6 期。
[70] 郭庆光：《传播学教程》，中国人民大学出版社 1999 年版。
[71] 郭之纯：《矿难背后的“次秩序”》，南方都市报，2004 年 8 月 3 日。
[72] 国家煤矿安全检察局人事司：《全国煤矿特大事故案例选编》，煤炭工业出版社 2000 年版。
[73] 何立波：《吴芝圃与大跃进运动》，《党史文苑》2006 年第 23 期。
[74] 何如旦：《“信息瞒报”心态及媒体的对策》，《新闻实践》2006 年第 12 期。
[75] 何梓华、成美：《新闻理论教程》，高等教育出版社 2002 年版。
[76] 河北日报报社编纂委员会：《河北日报五十年》，内部资料，1999 年。
[77] 河南日报编委会：《在省委的坚强领导下》，《新闻战线》1958 年第 10 期。
[78] 河南省驻马店市史志编纂委员会：《驻马店市志》，河南人民出版社 1989 年版。
[79] 胡鞍钢、王绍光、周建明：《第二次转型——国家制度建设》，清华大学出版社 2003 年版。
[80] 胡百精：《危机传播管理》，中国传媒出版社 2005 年版。
[81] 胡键：《信息流量与政治稳定》，《社会科学》2004 年第 2 期。
[82] 胡幼伟、陈嘉彰：《2001 年台风新闻报道形态解析：兼论灾难新闻的社会责任》，2002 年中华传播学会会议论文。
[83] 胡钰：《我国新闻传播负效应》，《清华大学学报》（哲学社会科学版）1998 年第 2 期。
[84] 华惠毅：《改进突发事件报道探索》，《传媒观察》2000 年第 2 期。
[85] 淮滨县志办公室编：《淮滨县志》，河南人民出版社 1986 年版。
[86] 黄旦：《中国百年新闻思想主潮论》，博士学位论文，复旦大学，

1998 年未刊。
[87] 黄旦：《传者图像：新闻专业主义的建构与消解》，复旦大学出版社 2005 年版。
[88] 黄旦、严风华、倪娜：《全世界在观看——从传播学角度看“非典”报道》，《新闻记者》2003 年第 6 期。
[89] 黄德发：《政府治理范式的制度选择》，广东人民出版社 2005 年版。
[90] 黄建钢：《政治民主与群体心态》，中信出版社 2003 年版。
[91] 黄顺康：《强化公共危机管理的根本途径——对印度洋海啸灾难的反思》，《广州大学学报》（社会科学版）2005 年第 5 期。
[92] 黄顺康：《论公共危机管理中的政府责任》，《甘肃社会科学》2006 年第 1 期。
[93] 黄晓伟、王丽梅：《论对突发事件的报道》，《理论观察》2003 年第 2 期。
[94] 甲鲁平：《战争、疫病等危机与传播业的关系》，《华东经济管理》2003 年第 8 期。
[95] 贾春国：《党报内参的作用》，《青年记者》2006 年第 8 期。
[96] 姜晓萍、陈进：《从两次“井喷”事故看政府危机管理》，《决策》2006 年第 5 期。
[97] 蒋亚平、官健文、林荣强：《新闻失实论》，中国新闻出版社 1986 年版。
[98] 金凤：《我在〈人民日报〉写内参的经历》，《炎黄春秋》2005 年第 10 期。
[99] 金果林：《安监总局痛斥河南渑池一起特大矿难恶意瞒报事件》，中新社，2007 年 2 月 17 日。
[100] 康来仪：《紧急疫情的处理一》，《中国公共卫生》1990 年第 4 期。
[101] 柯惠新、刘来、朱川燕、陈洲、南隽：《两岸三地报纸灾难事件报道研究——以台湾 921 地震报道为例》，《新闻学研究》2004 年第 85 期。
[102] 蓝鸿文：《突发事件的采访与报道》，《新闻界》1999 年第 4 期。
[103] 朗劲松：《中国新闻政策体系研究》，新华出版社 2003 年版。
[104] 李经中：《政府危机管理》，中国城市出版社 2003 年版。
[105] 李柯勇、张旭东：《更顺畅更新颖更有效——从 2003 年淮河抗洪

谈加强和改进国内突发事件报道》，新华社新闻研究所编《传媒运行模式变革》，新华出版社 2004 年版。
[106] 李莉娟：《从“内外有别”到“内外一体”》，《对外大传播》2006 年第 7 期。
[107] 李立言：《中国矿难事故报道的新气象和冷思考》，《新闻与写作》2005 年第 7 期。
[108] 李强：《“丁字型”社会结构与“结构紧张”》，《社会学研究》2005 年第 2 期。
[109] 李锐：《“大跃进”亲历记》，上海远东出版社 1996 年版。
[110] 李锐：《“信阳事件”及其教训——〈信阳事件〉序言》，《炎黄春秋》2002 年第 4 期。
[111] 李向阳：《反映社会主义时代精神应成为主旋律——论抗洪救灾报道中的正面宣传》，《视听界》1991 年第 6 期。
[112] 李晓奇：《新时期对外宣传工作之我见》，《中国广播电视学刊》1999 年第 11 期。
[113] 李庄：《人民日报风雨四十年》，人民日报出版社 1993 年版。
[114] 李庄：《我所理解的正面宣传》，《炎黄春秋》2000 年第 1 期。
[115] 梁琴：《传播与理论宣传》，《长白学刊》2000 年第 3 期。
[116] 梁治平、贺卫方：《宪政与民主》，三联出版社 1997 年版。
[117] 廖显辉：《灾难新闻上头条的感想》，《新闻知识》1991 年第 8 期。
[118] 刘霞、向良云：《我国公共危机网络治理结构——双重整合机制的构建》，东南学术 2006 年第 3 期。
[119] 刘飞宇、王丛虎：《多为视角下的行政信息公开研究》，中国人民大学出版社 2005 年版。
[120] 刘霏：《灾难外交：中国外交发展中的一种新选择》，《安庆师范学院学报》（社会科学版）2005 年第 6 期。
[121] 刘刚：《危机管理》，中国经济出版社 2004 年版。
[122] 刘海龙：《从广州肺炎事件看流言的传播与控制》，《国际新闻界》2003 年第 2 期。
[123] 刘建明：《宏观新闻学》，中国人民大学出版社 1991 年版。
[124] 刘建明：《现代新闻理论》，民族出版社 1999 年版。
[125] 刘江华：《信息不对称条件下的政府透明度》，《财政研究》2005

年第 7 期。

［126］刘蕾、朱维：《政府形象传播刍议》，《安徽广播电视大学学报》2004 年第 3 期。

［127］刘小燕：《中国政府形象传播》，山西人民出版社 2005 年版。

［128］刘莘：《 对付全球灾难，需要国际合作》，《光明日报》2006 年 5 月 14 日。

［129］刘一平：《试论九十年代中国灾难报道机制》，《新闻大学》2001 年春季号。

［130］卢进宝、曹大勇：《群体性事件的透析与防处对策》，《吉林公安高等专科学校学报》1996 年第 4 期。

［131］卢荣春：《韦伯理性科层制的组织特征及其对我国行政组织发展的借鉴意义》，《中山大学学报论丛》2005 年第 6 期。

［132］鲁炜：《谈空难报道》，《新闻业务》1993 年第 9 期。

［133］陆春、冯洁、郭东建、裘晓晖：《地震台风，要用高科技“管”起来》，新浪网，2007 年 2 月 9 日。

［134］陆定一：《我们对于新闻学的基本观点》，《解放日报》1943 年 9 月 1 日。

［135］吕霓、闫济欣：《负面消息、政府姿态与新闻的辨析》，《北京邮电大学学报》（社会科学版）2004 年第 7 期。

［136］栾轶玫：《关于灾难新闻报道的角度选择》，《 中国广播电视学刊》1997 年第 12 期。

［137］马斗全：《“平陆事件”的背后》，《南方周末》2003 年 7 月 3 日。

［138］马海群：《信息法学》，科学出版社 2002 年版。

［139］马小军：《国外社会危机理论研究评介》，《学习时报》2002 年 9 月 30 日。

［140］毛寿龙：《政治社会学》，中国社会科学出版社 2001 年版。

［141］毛寿龙：《中国政府体制改革的过去与未来》，《江苏行政学院学报》2004 年第 2 期。

［142］弭海玲：《从组织传播彻底转变为大众传播——关于新闻改革的一点思考》，《学海》1992 年第 4 期。

［143］南京军区政治部宣传部：《弘扬主旋律 高奏抗洪曲》，《新闻与成才》1999 年第 2 期。

[144] 聂静虹：《论我国公共政策传播机制的演变》，《学术研究》2004 年第 9 期。
[145] 潘忠党：《架构分析：一个亟需理论澄清的领域》，《传播与社会学刊》2006 年第 1 期。
[146] 彭逸林、李浩然：《现代传媒应对突发性群体事件的策略研究》，《重庆大学学报》（社会科学版）2005 年第 5 期。
[147] 平舆县史志编纂委员会编：《平舆县志》，中州古籍出版社 1995 年版。
[148] 秦琍琍：《组织传播——源起、发展与在台湾之现况》，《新闻学研究》2000 年第 63 期。
[149] 秦州：《新闻搜索中的舆情“峰值”——中国近年来重大矿难报道 web 页面数分析》，《新闻界》2005 年第 5 期。
[150] 人民日报报史编辑组：《人民日报回忆录》，人民日报出版社 1988 年版。
[151] 任卫东、朱薇：《“控负”还是掩耳盗铃?》，新华网，2005 年 9 月 20 日。
[152] 任晓林：《论政府的开放性》，《 暨南学报》（人文科学与社会科学版）2004 年第 3 期。
[153] 桑玉成、陈家喜：《群体分化与政治整合》，《云南行政学院学报》2006 年第 3 期。
[154] 邵培仁：《20 世纪中国新闻学与传播学 · 宣传学与舆论学卷》，复旦大学出版社 2002 年版。
[155] 邵燕祥：《说“内紧外松”》，《羊城晚报》2003 年 5 月 12 日。
[156] 邵燕祥：《说隐瞒》，《杂文月刊》2004 年第 12 期（下）。
[157] 沈苏儒：《对外传播的理论与实践》，五洲传播出版社 2004 年版。
[158] 沈正赋：《灾难新闻报道方法及对受众知情权的影响》，《新闻大学》2002 年夏季号。
[159] 沈正赋：《灾难性事件报道方法论初探》，《新闻战线》2003 年第 9 期。
[160] 史安斌：《危机与新闻发布》，南方日报出版社 2004 年版。
[161] 宋琤：《李克林新闻生涯的三大风波》，《炎黄春秋》2004 年第4 期。

［162］苏成雪:《传媒与公民知情权》，新华出版社 2005 年版。
［163］苏伟伦:《危机管理》，中国纺织出版社 2000 年版。
［164］孙保定:《“大跃进”期间的河南农村人民公社》，《党的文献》1995 年第 4 期。
［165］孙发友:《从“人本位”到“事本位”——我国灾害报道观念变化分析》，《现代传播》2001 年第 2 期。
［166］孙覆海:《面对灾难，请多告诉我们一些细节》，《安全与健康》2003 年第 11 期。
［167］孙晶:《文化霸权理论研究》，社会科学文献出版社 2004 年版。
［168］孙镁耀:《宣传工作实用手册》，红旗出版社 1988 年版。
［169］孙萍:《灾难后的心理应激与健康卫生》，《职业教育》2005 年第 18 期。
［170］孙绍聘:《中国救灾制度研究》，商务印书馆 2004 年版。
［171］孙旭培:《解放初期对旧新闻事业的接收和改造》，《新闻与传播研究》1988 年第 3 期。
［172］孙旭培:《建国初期宣传报道与报纸批评特点》，《新闻研究资料》，总第 47 辑，中国社会科学出版社 1989 年版。
［173］孙旭培:《中国传媒的活动空间》，人民出版社 2004 年版。
［174］孙玉红、王永、周卫民:《直面危机：世界经典案例剖析》，中信出版社 2004 年版。
［175］孙振:《淮阴人民要你——一位新华社记者关于灾情报告的回忆》，《传媒观察》2006 年第 3 期。
［176］谭江涛:《灾难数据应允许适度差错》，《新闻爱好者》2003 年第 8 期。
［177］滕朋:《台风灾害报道的理性分析——以海峡都市报“海棠”台风报道为例》，《新闻知识》2006 年第 9 期。
［178］滕朋:《明代灾情传播研究》，《新闻大学》2007 年夏季号。
［179］田复:《透视西方灾祸报道》，《中国记者》2005 年第 5 期。
［180］田晓敏:《论灾害事故应急处置中的新闻管理》，《江西公安专科学校学报》2004 年第 7 期。
［181］田雨:《应急预案直面危机考验》，《光明日报》2006 年 3 月 1 日。
［182］田中初:《当代中国灾难新闻研究——以新闻实践中的政治控制为

视角》，博士学位论文，复旦大学，2005 年。
[183] 童兵：《主体与喉舌》，河南人民出版社 1994 年版。
[184] 童兵：《非典时期新闻传媒的角色审视》，《现代传播》2003 年第 5 期。
[185] 王保平：《搞好社会性突发事件的报道》，《新闻爱好者》1996 年第 1 期。
[186] 王长潇：《传媒在灾难性报道中的“美化”现象及成因分析》，《报刊之友》2003 年第 2 期。
[187] 王春海、王建平：《办好党报内参 当好耳目参谋》，《采写编》2002 年第 6 期。
[188] 王德迅：《国外公共危机管理机制纵横谈》，《求是》2005 年第 20 期。
[189] 王海涛：《政府传播基础理论研究：概念、渠道和模型》，人民网，2005 年 8 月 17 日。
[190] 王洪钧：《新闻采访学》，台湾正中书局 1996 年版。
[191] 王焕双：《敏锐反映问题 服务经济建设》，《采写编》1996 年第 3 期。
[192] 王建宏、李海强：《对突发事件报道的再认识》，紫金网，2003 年 3 月 26 日。
[193] 王凯锋：《新闻宣传与灾难报道》，《新闻爱好者》2005 年第 3 期。
[194] 王来华：《舆情研究概论：理论、方法和现实热点》，天津社会科学院出版社 2003 年版。
[195] 王满仓：《公共危机与政府公共治理再造》，《陕西省行政学院 陕西省经济管理干部学院学报》2006 年第 2 期。
[196] 王谟：《大跃进以来报纸工作的几点经验》，《新闻战线》1959 年第 10 期。
[197] 王强：《全球行政改革浪潮与中国行政现代化——从官僚制的角度思考》，《江苏社会科学》2000 年第 2 期。
[198] 王石番：《传播内容分析法——理论与实证》，幼狮文化事业公司 1996 年版。
[199] 王小南：《内参报道要从小处入手》，《新闻前哨》2001 年第 7 期。
[200] 王轩：《危机传播：后 SARS 时期上海市民危机意识受众行为组织

行为分析评估课题研究报告》，传媒学术网，2006 年 2 月 6 日。
[201] 王勇：《透明政府》，国家行政学院出版社 2005 年版。
[202] 王岳：《解析传染病防治法修订后的九大变化》，《中国护理管理》2005 年第 5 卷第 2 期。
[203] 王再承：《灾难新闻的阻碍因素及开放性》，《当代传播》2003 年第 5 期。
[204] 王子平：《灾害社会学》，湖南人民出版社 1998 年版。
[205] 魏永征：《论组织传播》，《新闻大学》1997 年秋季号。
[206] 吴鹏飞：《内参新闻在社会传播中的定位与功能》，《传媒观察》2006 年第 1 期。
[207] 吴廷俊：《对“耳目喉舌”论历史的回顾与反思》，《新闻学研究资料》，中国社会科学出版社 1989 年版。
[208] 吴宜蓁：《危机传播——公共关系与语艺观点的理论与实证》，苏州大学出版社 2005 年版。
[209] 息县志编纂委员会编：《息县志》，河南人民出版社 1989 年版。
[210] 夏鼎铭：《马克思恩格斯列宁报刊理论与实践》，复旦大学出版社 1991 年版。
[211] 夏公然、夏小梅：《激情岁月中的清白墨迹》，《观察与思考》2001 年第 12 期。
[212] 夏衍：《懒寻旧梦录》，北京三联书店 1985 年版。
[213] 向淑君：《新闻报道负面效果管窥》《广播电视大学学报》（哲学社会科学版）2000 年第 2 期。
[214] 项宁一：《互联网时代突发事件的传播应对》，《新闻实践》2006 年第 11 期。
[215] 肖金明：《面对 SARS 危机的法学审思》，《山东大学学报》（哲学社会科学版）2003 年第 3 期。
[216] 谢礼立、罗奇峰、许厚德：《论灾区开放政策》，《自然灾害学报》1992 年第 3 期。
[217] 新华社对外宣传有效性调研课题组：《进一步提高我国媒体对外宣传的有效性之一：对外宣传报道有效性的基本评价》，《中国记者》2004 年第 2 期。
[218] 徐邦友：《社会变迁与政府行政模式转型》，《浙江学刊》1999 年

第 5 期。

[219] 徐邦友：《中国政府传统行政的逻辑》，中国经济出版社 2005 年版。

[220] 徐光春：《哲学与新闻》，北京出版社 1991 年版。

[221] 徐伟新：《国家和政府的危机管理》，江西人民出版社 2003 年版。

[222] 徐学江：《突发事件报道与国家形象》，《中国记者》1998 年第 9 期。

[223] 徐铸成：《报海忆旧》，书海出版社 1981 年版。

[224] 许锦根：《反思中的前进步伐》，《新闻记者》1988 年第 6 期。

[225] 许涯文、吴元栋：《真相和流言的辩证法——从“甲肝”事件谈新闻传播的客观真实性》，《新闻记者》1988 年第 6 期。

[226] 薛澜：《危机管理——转型期中国面临的挑战》，清华大学出版社 2003 年版。

[227] 薛澜、张强、钟开斌：《危机管理：转型期中国面临的挑战》，清华大学出版社 2003 年版。

[228] 闫梁、翟昆：《社会危机处理的理论与实践》，中共中央党校出版社 2003 年版。

[229] 杨波、胡悌云、程中原、陈东林：《新中国往事》，中央文献出版社 2006 年版。

[230] 杨军、张媛：《政府危机传播研究》，《西华大学学报》（哲学社会科学版）2005 年第 12 期。

[231] 杨磊、蒋明倬：《松花江流域的多米诺骨牌》，《21 世纪经济报道》2005 年 11 月 28 日。

[232] 杨犁民：《新形势下群体性事件的成因、特征和对策分析》，中国三农网，2007 年 11 月 7 日。

[233] 尹韵公：《中国明代新闻传播史》，重庆出版社 1997 年版。

[234] 于显洋：《组织社会学》，中国人民大学出版社 2001 年版。

[235] 余琴：《〈中国青年报〉近十年来矿难报道研究》，《写作》2006 年第 17 期。

[236] 俞可平：《权利政治与公益政治》，社会科学文献出版社 2005 年版。

[237] 禹红、肖金娣：《数字化时代：灾害事件报道面临的挑战与机遇》，

《齐齐哈尔社会科学》1999 年第 3 期。
[238] 袁祖社：《权力与自由》，中国社会科学出版社 2003 年版。
[239] 岳璐：《突发公共事件中的媒介角色研究——以矿难报道为例》，人民网，2006 年 10 月 9 日。
[240] 曾国安：《灾害保障学》，湖南人民出版社 1998 年版。
[241] 曾峻：《公共秩序的制度安排：国家与社会的框架及其应用》，学林出版社 2005 年版。
[242] 张成：《对群体性突发事件处置模式及主导观念的探讨》，《辽宁警专学报》2006 年第 1 期。
[243] 张道航：《地产发展考量政府职能》，《中国改革（综合版）》2005 年第 6 期。
[244] 张方华：《政府职能梳理与重构》，广东人民出版社 2002 年版。
[245] 张广友：《目睹 1975 年淮河大水灾》，《炎黄春秋》2003 年第 1 期。
[246] 张广友：《唐山大地震采访记》，《炎黄春秋》2006 年第 7 期。
[247] 张国才：《组织传播理论与实务》，厦门大学出版社 2002 年版。
[248] 张慧元：《大众传播理论解读》，苏州大学出版社 2005 年版。
[249] 张建民、宋俭：《灾害历史学》，湖南人民出版社 1998 年版。
[250] 张君昌、郑妍《媒体舆论与全民动员：中国传媒抗击非典报道全景透视》，《现代传播》2003 年第 6 期。
[251] 张克生：《国家决策：机制与舆情》，天津社会科学院出版社 2004 年版。
[252] 张侨辉：《语篇与信息》，《福州大学学报》（社会科学版）1998 年第 3 期。
[253] 张仁善：《1949 年前后中共的新闻政策及历史效应》，《二十一世纪》2001 年 6 月号。
[254] 张任明：《迅速开放传播通道——公共危机事件中的政府传播对策》，《公关世界》2003 年第 10 期。
[255] 张树德、侯志英：《当代中国的河南》，中国社会科学出版社 1990 年版。
[256] 张树藩：《信阳事件：一个沉痛的历史教训》，《百年潮》1998 年第 6 期。

[257] 张维迎:《信息、信任与法律》，北京三联书店 2003 年版。
[258] 张永琪:《媒体该为谁扬名?》,《新闻记者》2006 年第 8 期。
[259] 赵鼎新：《社会与政治运动讲义》，社会科学文献出版社 2006 年版。
[260] 赵士林:《论中国媒体的危机报道》，博士学位论文，复旦大学，2004 年。
[261] 赵世龙：《调查中国：新闻背后的故事》，中国方正出版社 2004 年版。
[262] 赵中颉、张诗蒂:《法制新闻新论：法制新闻研究第一卷》，重庆出版社 2001 年版。
[263] 正阳县地方史志编纂委员会编：《正阳县志》，方志出版社 1996 年版。
[264] 郑杭生:《“三失”制约中国社会矛盾高发期》,《中国改革论坛》2006 年 5 月。
[265] 郑贞铭:《传媒的文化传统与现代使命》,《第六届两岸传媒迈入二十一世纪学术研讨会论文集》，2006 年。
[266] 郑重、叶又红、蒋树芝:《黄色龙卷风——上海甲肝大流行采访纪实》,《中国作家》1988 年第 5 期。
[267] 中共河南省委宣传部新闻出版处编：《新闻宣传必备》，中共河南省委宣传部出版社 1999 年版。
[268] 中国社会科学院新闻研究所编：《中国共产党新闻工作文件汇编上、中、下》，新华出版社 1980 年版。
[269] 中华人民共和国内务部农村福利司编:《建国以来灾情和救灾工作史料》，法律出版社 1958 年版。
[270] 中宣部新闻调研小组:《中国报业总量结构效益调查》，新华出版社 1996 年版。
[271] 中宣部新闻局、新闻出版署管理司：《新闻政策法规须知》，学习出版社 1994 年版。
[272] 中宣部政策法规研究室:《宣传文化政策法规选编》，学习出版社 1996 年版。
[273] 中宣部政策法规研究室：《宣传文化政策法规选编（1996—1997)》，学习出版社 1997 年版。

［274］中宣部政策法规研究室：《中华人民共和国新闻出版法规汇编（1991—1996）》，人民出版社 1997 年版。

［275］中央宣传部办公厅：《党的宣传工作文件选编（1949—1992）》，中共中央党校出版社 1994 年版。

［276］钟纥：《煤矿官股撤资“暗流”汹涌》，人民网，2005 年 10 月 28 日。

［277］钟新：《危机效应与传媒功能》，《国际新闻界》2003 年第 3 期。

［278］钟新：《危机传播研究——信息流及噪音分析》，博士学位论文，中国人民大学，2005 年，国家图书馆藏。

［279］周方：《荣誉之战——新华社中国抗洪救灾对外英文报道与海外通讯社的一次成功较量》，《新闻战线》1998 年第 10 期。

［280］周汉华：《我国政务公开的实践与探索》，中国法制出版社 2003 年版。

［281］周汉华：《政府信息公开条例专家建议稿——草案、说明、理由、立法例》，中国法制出版社 2003 年版。

［282］周楠：《论正面报道的负面效应问题》，《新闻知识》2004 年第 6 期。

［283］朱国云：《科层制与中国社会组织管理模式》，《管理世界》1999 年第 5 期。

［284］朱穆之：《朱穆之论对外宣传》，五洲传播出版社 1995 年版。

［285］朱瑞福：《论公开报道与内参的有机结合》，《新闻战线》1999 年第 2 期。

［286］朱延智：《企业危机管理》，中国纺织出版社 2003 年版。

英文类

［1］Alison Anderson, *Media, Culture and the Environment*, UCL Press, 1997.

［2］Ann M. Major. &L. Erwin Atwood, "Environmental Stories Define roblems, Not Solutions", *Newspaper Reserch Journal*, Vol. 25, No. 3, Summer, pp. 8 - 22.

［3］Anne Gregory, "Communication Dimensions of the UK Foot and Mouth

Disease Crisis", *Journal of Public Affairs*, Vol. 5, Issue 3 -4, pp. 312 - 328, 2001.

[4] Beck U., *Risk Society: Towards a New Modernity*, London: Sage, 1992.

[5] Berelson. B, *Content Analysis in Communication Research*, New York: Free Press, 1952.

[6] Coombs W., T. & Holladay., S. J., "Helping crisis managers protect reputational assets", *Management Communication Quarterly*, Vol. 16, pp. 165 -86, 2002.

[7] Cottle & Simon, *Media Organization and Production*, London: Sage, 2003.

[8] Dake. K., "Myths of nature: culture and the social construction of risk", *Journal of Social*, Vol. 48, pp. 21 -37, 1992.

[9] Damon P. Coppola, "Gripped by fear: Public risk (mis) perception and the Washington, DC sniper", *Prevention and Management*, Vol. 14, pp. 32 -55, 2005.

[10] Daniel Riffe, Stephen Lacy&Frederick. G. Fico, *Analyzing Media Messages: Using Quantitative Content Analysis in Research*, N. J.: Erlbaum Associates, 1998.

[11] Daniels, T. D. & Spiker. B. K., *Perspectives on Organizational Communication*, IW: Brown, 1987.

[12] David Denney, *Risk and Society*, Sage Publications Ltd., 2005.

[13] Dennis howitt, *The Mass Media and Social Problems*, New York: Pergamon Press, 1982.

[14] Doreen. G. Fernandez & Violet. B., *Valdes Risky Ventures Readings on Communication Health and Environmental News and Issue*, Quezon City: ADMU, 1998.

[15] Entman R. M., "Framing: Toward clarification of a fractured paradigm", *Journal of Communication*, Vol. 43 (4), pp. 51 -58, 1993.

[16] Farace, Monge, & Russell, *Communicating and Organizing*, Mass, Addison - Wesley Pub., 1977.

[17] Fearn - Banks. K., *Crisis Communication: A Case Book Approach*, Law-

rence Erlhau Associatcs: Mahwah, 2002.

[18] Gasom, W. A. & Modigliiani, A. , "Media discourse and public opinion on nuclear power: A constructionist approach", *American Journal of Sociology*, Vol. 95, pp. 1 - 37, 1989.

[19] Geneva Overholser, "Good Journalism and Business: An Industry Perspective", *Newspaper Reserch Journal*, Vol. 25, No. 1, winter, pp. 8 - 17, 2004.

[20] Gitlin, *The Whole World is Watching*, Berkeley: The University of California Press, 1980.

[21] Goffman. E. , *Frame Analysis: An Essay on the Organization of Experience*, New York: Harper and Row, 1974.

[22] Gow. H& Otway. H. , *Communicating with the Public About Major Accident Hazards*, London: Elsevier Science Publishers, 1990.

[23] Graber. D. A. , "Content and meaning: What's it all about", *American Behavorial Scientist* , Vol. 33 (2), pp. 144 - 152, 1989.

[24] Granatt M. , *Civil emergency and the media : A Central Government Perspective in Disasters and the Media*, MacMillan: Basingstoke, 1999.

[25] Hazel Kemshall, *Risk, Social Policy and Welfare*, Buckingham: Open University Press, 2002.

[26] Holsti, O. R. , *Content Analysis for the Social Sciences and Humanities*, Reading, Mass: Addison - Wesley, 1996.

[27] John McManus& Lori Dorfman Youth, "Violence Stories Focus on Events, Not Cause", *Newspaper Reserch Journal*, Vol. 23, No. 4, Fall, pp. 6 - 19, 2002.

[28] Kathleen, *Crisis Communications A Casebook Approach*, Mahwah, NJ: Lawrenc Erlbaum associates Publishers, 2002.

[29] Kevin M. Carragee& Wim Roefs, "The neglect of power in recent framing research", *Journal of Communication*, Vol. 54 (2), pp. 214 - 233, 2004.

[30] Marc Raboy&Bernard Dagenais, *Media, Crisis and Democracy: Mass Communication and the Disruption of Social Orde*, London: Sage Publications Inc. , 1992.

[31] Micheal Killberg, *Public Affairs Reporting* , New York : St. Martin's Press, 1992.

[32] Moore H. E. & Williams E. R. , *The Newspaper Tells the Story of Tornadoes Over Texas: A study of Waco and San Angelo in Disaster*, Austin, TX: Universityof Texas Press, 1958.

[33] Morrison & Tumber, *Journalists at War: The Dynamics of News Reporting during the Falklands Conflict* , London: Sage, 1988.

[34] Nigg, J. M. , "Communication under conditions of uncertainty: Understanding earthquake forecasting", *Journal of Communication*, Vol. 32 (1), pp. 27 -36, 1982.

[35] Niklas Luhmann, *Risk : A Sociological Theory*, translated by Rhodes Barrett, New York: Aldine de Gruyter, 1993.

[36] Nimmo, D. & Combs, J. E. , *Nightly Horrors: Crisis Coverage by Television Network News*, Knoxville. TN: University of Tennessee Press, 1985.

[37] Oda, S. , "The role of broadcasting media in providing disaster - related news and information", *Studies of Broadcasting*, Vol. 32, pp. 33 - 57, 1996.

[38] Pan, Zhongdang & Kosicki, "Priming and media impact on the evaluations of the president's performance", *Communication Research*, Vol. 24 (1), pp. 3 -30, 1997.

[39] Pan, Zhongdang& Kosicki, Gerald M. , "Framing analysis: An approach to news discourse", *Political Communication*, Vol. 19, pp. 55 - 76, 1993.

[40] Patrick Stuver, "Maximizing emergency communication", *Risk Management*, Vol. 53 (5), pp. 30 -35, 2006.

[41] Perrow. C. , *Normal Accidents*, New York: Basic Books, 1984.

[42] Redding. W. C. & Sanborn. G. A, *Business and Industrial Communication*, Book. New York, 1964.

[43] Redding. W. C. & Tompkins. P. K. , "Organizational communication—past and present tense", *G. Goldhaber & G. Barnett (Eds.), Handbook of Organizational Communication*, Norwood. NJ: Ablex, pp. 5 - 33, 1988.

[44] Robert G. Picard, "Commercialism and Newspaper Quality", *Newspaper Reserch Journal*, Vol. 25, No. 1, Winter, pp. 54 - 75, 2004.

[45] Roxanne Parrott, "Emphasizing Communication in Health Communication", *Journal of Communication*, December, pp. 751 - 787, 2004.

[46] Roy Boyne, *Risk*, Buckingham, Open University Press, 2004.

[47] Scanlon. T. J., Luukko, R. & Morton, G., "Media coverage of crisis: Better than reported, worse than necessary", *Journalism Quarterly*, Vol. 55, pp. 68 - 72, 1978.

[48] Seeger, Sellnow. T. L. & Ulmer. R. R., "Communication, Organization, and crisis", *Michael Roloff (Ed.)*, *Communication Yearbook* 21, Thousand Oaks, CA: Sage Publications, 1998.

[49] Sheldon Kriakay&Alonzo Plough, *Environmental Hazards: Communication Risks as A Social Process*, Dover. MA: Auburn House, 1988.

[50] Simon, A. F., "Television news and international earthquake relief", *Journal of Communication*, Vol. 47, pp. 82 - 93, 1997.

[51] Singer, E. & Endreny, P. M., *Reporting on risk: How the Mass Media Portray Accidents, Diseases, Disasters, and Other Hazards*, New York: Russell Sage Foundation, 1993.

[52] Singer, Rogers & Glassman, "Public opinion about AIDS before and after the U. S. government information campaign of 1988", *Public Opinion Quarterly*, Vol. 55, pp. 161 - 179, 1991.

[53] Sood, Stockdale & Rogers, "How the news media operate in natural disasters", *Journal of Communication*, Vol. 37, pp. 27 - 41, 1987.

[54] J. Spencer, "The different influences of newspaper and television news reports of a natural hazard on response behavior", *Communication Research*, Vol. 19, pp. 299 - 325, 1992.

[55] Stephen Lacy & Hugh J. Martin, "Competition, Circulation and Advertising", *Newspaper Reserch Journal*, Vol. 25, No. 1, Winter, pp. 18 - 39, 2004.

[56] Steven R. Corman, *Foundation of Organizational Communication: A Reader (2nd Edition)*, New York: Longman, 1995.

[57] Svyantek, Daniel J. & Deshon, P., "Organizational Attractors: A Chaos

Theory Explanation of Why Cultural Change Efforts Often Fail", *Public Administration Quarterly* , Vol. 17, pp. 342 - 358, 1993.

[58] Turner, R. H. , *The Mass Media and Preparation for Natural Disaster*, *In Disasters and The Mass Media*, proceedings of the Committee on disasters and the mass media workshop, pp. 281 - 292. Washington, D. C. : National Academy of Sciences, 1980.

[59] William W. Neher, *Organizational Communication*: *Challenges of Change*, Boston : Allyn and Bacon, 1999.

[60] Willis& Albert Adelowo Okunade, *Reporting on Risking*: *The Practice and Ethics of Health and Safety Communication*, London: Praeger, 1997.

[61] Seymou Matin Lipset and Cay Maks, *It Didn' t Happen Hee*: *Why Socialism Failed in the United States*, New York: W. W. Norton & Company, p. 266, 2000.

后　记

本书是在我博士学位论文基础之上修订完成的。回顾论文选题之初，毋庸讳言，选择这个题目首先因为突发事件报道是个热门话题。当按照“热门研究结合基础概念”的思路开始研究时，困难接踵而至。首先是资料获取的不易。为找一份报纸，我几乎寻遍武汉各大高校图书馆。当我决心将记者的“采写心得”列为首选资料时，这又是一项极其艰难的工作。其次是本文的行文注重“互动”，突发事件传播中，政府、传媒、社会现实、公众的互动，新闻实践、新闻理论的互动，记者、官员的互动，以及突发事件之间的互动。这需要宏观兼具微观的学术思维，对于我也是巨大挑战，不知不觉中新闻理论史、新闻采写史、中国当代史都稔熟于心。最后是量化研究的使用，对于还处“窥径”阶段的我来说，在具体操作中，问题接二连三，幸有良师益友相助，才使得研究顺利完成。

首先感谢我的导师孙旭培教授，他对论文的指导可谓事无巨细，从论文选题、确定框架、资料收集到论文写作、修改，都提出了明确、具体的意见，使论文逻辑清晰、论证严密。孙旭培教授严谨求精、持之以恒的治学态度铭刻我心。“虽不能至，心向往之”，未来我的学术研究当以此为志，督促、激励自己不断前行。

感谢吴廷俊教授在我出国学习、学术交流、论文写作中给予我的大力支持。感谢新闻与信息传播学院的屠忠俊、石长顺、赵振宇教授在论文开题、写作中的宝贵意见。感谢何志武、余红老师在学习、生活中的无私帮助。感谢南洋理工大学的汪炳华院长、郝晓明副院长给予我学习机会，助益博士论文资料收集。南洋理工大学的徐小鸽博士、欧石燕博士也对本文写作提出具体意见。

张振亭同学堪称“益友”，不仅帮我从台湾收集资料，更热心地为我提供华师图书馆资源。论文写作中也不吝赐教，耗时费心提出具体意见。

感谢殷旎、刘永昶、高海波等同学，你们使我的博士三年变得有趣且阳光。

论文完成已然五年。五年中，突发事件频繁发生，各种相关规章制度也纷纷出台，但文中所质疑的传播模式也依旧以各种形态在运行，突发事件的不传播、缓传播、少传播和传播内容的置换在各地都时有展现。现实离理想的传播形态，甚至离法规制度规定的传播形态，依旧有着不短的距离。

本书的出版得益于陕西师范大学新闻与传播学院的支持。

本书是受陕西师范大学中央高基本科研业务费专项资金资助的阶段成果。

滕朋

2013 年 12 月 26 日